O COLAPSO DAS CONSTITUIÇÕES DO BRASIL

UMA REFLEXÃO PELA DEMOCRACIA

MANOEL CARLOS DE ALMEIDA NETO

Prefácio
José Sarney

Posfácio
Ricardo Lewandowski

O COLAPSO DAS CONSTITUIÇÕES DO BRASIL
UMA REFLEXÃO PELA DEMOCRACIA

Belo Horizonte

FÓRUM
CONHECIMENTO JURÍDICO

2022

© 2022 Editora Fórum Ltda.

É proibida a reprodução total ou parcial desta obra, por qualquer meio eletrônico, inclusive por processos xerográficos, sem autorização expressa do Editor.

Conselho Editorial

Adilson Abreu Dallari
Alécia Paolucci Nogueira Bicalho
Alexandre Coutinho Pagliarini
André Ramos Tavares
Carlos Ayres Britto
Carlos Mário da Silva Velloso
Cármen Lúcia Antunes Rocha
Cesar Augusto Guimarães Pereira
Clovis Beznos
Cristiana Fortini
Dinorá Adelaide Musetti Grotti
Diogo de Figueiredo Moreira Neto (*in memoriam*)
Egon Bockmann Moreira
Emerson Gabardo
Fabrício Motta
Fernando Rossi
Flávio Henrique Unes Pereira

Floriano de Azevedo Marques Neto
Gustavo Justino de Oliveira
Inês Virgínia Prado Soares
Jorge Ulisses Jacoby Fernandes
Juarez Freitas
Luciano Ferraz
Lúcio Delfino
Marcia Carla Pereira Ribeiro
Márcio Cammarosano
Marcos Ehrhardt Jr.
Maria Sylvia Zanella Di Pietro
Ney José de Freitas
Oswaldo Othon de Pontes Saraiva Filho
Paulo Modesto
Romeu Felipe Bacellar Filho
Sérgio Guerra
Walber de Moura Agra

Luís Cláudio Rodrigues Ferreira
Presidente e Editor

Coordenação editorial: Leonardo Eustáquio Siqueira Araújo
Aline Sobreira de Oliveira

Av. Afonso Pena, 2770 – 15º andar – Savassi – CEP 30130-012
Belo Horizonte – Minas Gerais – Tel.: (31) 2121.4900 / 2121.4949
www.editoraforum.com.br – editoraforum@editoraforum.com.br

Técnica. Empenho. Zelo. Esses foram alguns dos cuidados aplicados na edição desta obra. No entanto, podem ocorrer erros de impressão, digitação ou mesmo restar alguma dúvida conceitual. Caso se constate algo assim, solicitamos a gentileza de nos comunicar através do *e-mail* editorial@editoraforum.com.br para que possamos esclarecer, no que couber. A sua contribuição é muito importante para mantermos a excelência editorial. A Editora Fórum agradece a sua contribuição.

Dados Internacionais de Catalogação na Publicação (CIP) de acordo com ISBD

A447c	Almeida Neto, Manoel Carlos de
	O colapso das Constituições do Brasil: uma reflexão pela democracia / Manoel Carlos de Almeida Neto. - Belo Horizonte : Fórum, 2022. 200 p. ; 14,5cm x 21,5cm. ISBN: 978-65-5518-325-2
	1. Direito. 2. Direito Constitucional. 3. Teoria do Estado. I. Título.
2022-5	CDD 342 CDU 342

Elaborado por Vagner Rodolfo da Silva - CRB-8/9410

Informação bibliográfica deste livro, conforme a NBR 6023:2018 da Associação Brasileira de Normas Técnicas (ABNT):

ALMEIDA NETO, Manoel Carlos de. *O colapso das Constituições do Brasil*: uma reflexão pela democracia. Belo Horizonte: Fórum, 2022. 200 p. ISBN 978-65-5518-325-2.

*Aos meus pequenos
João Manoel Ribas de Almeida
e Isadora Ribas de Almeida,
com amor.*

SUMÁRIO

PREFÁCIO
José Sarney 11

CAPÍTULO 1
INCONFORMISMO CONSTITUCIONAL
Longevidade e Profusão de Constituições. Instabilidade Constitucional. Quatorze Textos Constitucionais. Comparativo Internacional. Desenvolvimento Civilizatório. Inconformismo Constitucional Permanente. Primavera dos Povos. Constituição Material Paralela. Cartas e Constituições. Colisão de Constituições. 15

CAPÍTULO 2
PERCEPÇÕES DE CONSTITUIÇÃO
O que é uma Constituição. Percepção Sociológica. Fatores Reais de Poder. Percepção Jurídica. Resistência Absolutista. Estado Democrático. Soberania Popular. Objeto Cultural. Constituição Total. Decisionismo Político. Guardião da Constituição. Aristocracia de Toga. Estado Totalitário. Pressupostos da Jurisdição Constitucional. Inconstitucionalidades. Jurisdição e Democracia. Estados de Exceção. 25

CAPÍTULO 3
CONSTITUIÇÃO JURADA
Eleições no Império. Homens Bons e o Povo. Ordenações e Pelouros. Primeira Constituição Vigente no Brasil. Constitucionalismo Ibérico. Revolução portuguesa de 1820. *La Pepa*. Constituição Espanhola de Cádiz de 1812. Vigência e Aplicação em 1821. Constitucionalismo na Praça. Partida do Rei e as Cortes de Lisboa. 47

CAPÍTULO 4
CARTA NATIVA

Instruções Eleitorais. Carta de 1824. Instruções de 1822. Conselho Privado de 1823. Carta Imperial de 1824. Noite da Agonia e Dia dos Moleques. Estabilidade e Plasticidade Constitucional. Golpe da Maioridade. Praxe Parlamentarista. Revoluções Nativas. Moderador, o Quarto Poder. Tridimensionalidade e Tetradimensionalidade. Freios e Contrapesos. Conselho de Estado, o Quinto Poder. Sistemas Eleitorais dos Círculos, do Terço e do Censo. Organizações Partidárias, Fatores de Poder e a Queda do Império.. 53

CAPÍTULO 5
CARTA EMERGENCIAL

Movimentos Republicanos. Estatuto Constitucional de Emergência de 1889. Proclamação e Fundação da República. Governo Provisório. Comissão dos Cinco e o Projeto de Constituição. Ruy, o Revisor... 69

CAPÍTULO 6
CONSTITUIÇÃO REPUBLICANA

Roupagem Republicana. Constituinte Consumada e Esvaziada. Regulamento Alvim. Constituição de 1891. Congresso Engessado. Presidencialismo, Federalismo e Controle de Constitucionalidade. Autonomia Municipal. Voto Descoberto. República das Espadas. República do Café com Leite. Bico de Pena, Degola e Verdade Eleitoral... 75

CAPÍTULO 7
CARTA PROVISÓRIA

Movimentos Revolucionários. Aliança Liberal. Estopim da Revolução. Tenentismo Remanescente. Primeira Era Vargas. Governo da Junta Militar Provisória. Poder Constituinte e a Carta Provisória de 1930. Dissolução do Legislativo. Primeiro Código Eleitoral. Sufrágio Feminino. Institucionalizações de Estado. 85

CAPÍTULO 8
CONSTITUIÇÃO REVOLUCIONÁRIA

Revolução Constitucionalista de 1932. Constituição de 1934. Criação da Justiça Eleitoral. Papel do Senado na Jurisdição Constitucional. Constitucionalismo Social. 95

CAPÍTULO 9
CARTA POLACA

Superposição do Executivo. Fascismo Ascendente. Chico Ciência. Carta de 1937. Estado Autoritário e Unitário. Pena Capital. Leis Constitucionais. Pan-americanismo Industrial. Tribunal Superior Eleitoral e a Constituinte. Deposição de Vargas. Redemocratização. 101

CAPÍTULO 10
CONSTITUIÇÃO LIBERAL

Constituinte Heterogênea. Constituição de 1946. Código Eleitoral de 1950. Liberalismo. Segunda Era Vargas. Populismo. Trabalhismo. Deposição. Carta-Testamento. Impedimento Relâmpago e Legalidade. Usina de Crises, Levantes e Golpes. Reformas de Base. Primeiros Efeitos do Ato Institucional. 111

CAPÍTULO 11
CARTA TROICA

Instalação do Regime Militar. Triunvirato. Atos Institucionais. Atos do Comando Supremo da Revolução. Autoproclamado Poder Constituinte Originário. Natureza Constitucional do AI-1 de 1964. Mutilação da Constituição de 1946. Código Eleitoral de 1965. Emenda Constitucional 16 de 1965. 121

CAPÍTULO 12
CARTA AUTORITÁRIA

Diretas Adiadas. Natureza Constitucional do AI-2 de 1965. Regime Autoritário. Partidos Extintos. Quórum do Supremo Majorado. Atos Complementares. Eleições Controladas. 129

CAPÍTULO 13
CARTA CONGRESSUAL

Congresso Submisso e o AI-4. Carta de 1967. Juristas de Exceção. Outorga de fato. Poder Constituinte. Natureza Constitucional. Institucionalização dos Atos de Exceção. Ministério da Verdade. Teatro de Fantoches. 135

CAPÍTULO 14
CARTA DITATORIAL

Regime Recrudescido. Nova Ordem, Sem Escrúpulos de Consciência. Poder Constituinte de Fato. Irmãos Aleixo. Repressão. Censura. Natureza Constitucional do AI-5, de 1968. Atos Complementares e o Fechamento do

Legislativo Federal, Estadual e Municipal. Fim do *Habeas Corpus*. Fardas e Togas, o julgamento do AI-2. Quórum do Supremo Manipulado. Golpe dentro do Golpe. Degradação Democrática. 141

CAPÍTULO 15
CARTA EMENDADA

Emenda Constitucional sem Congresso. Carta Constitucional Outorgada de 1969. Nuances Jurisdicionais da EC 1/69. Enfraquecimento do Regime Militar. Lei de Anistia. Pluripartidarismo Restabelecido. 157

CAPÍTULO 16
CONSTITUIÇÃO CIDADÃ

Redemocratização. Atentados a Bomba. Quadro Repressor. Crise Econômica. ABC Paulista. Manifestações Populares. Diretas Já. Transição Democrática. Tancredo, Ulysses e Sarney. Constituição de 1988. Autonomia e Fidelidade Partidária. Tormentas Presidenciais. Estado Policialesco. Tropeços Democráticos. Crise Permanente dos Fatores Reais de Poder. 161

CAPÍTULO 17
CONSTITUIÇÕES PARALELAS

Garantias dos Regimes Democráticos. Seis Repúblicas. Constituição Material Paralela. Progressismo, Conservadorismo e Autoritarismo. Fatores Reais de Poder e as Constituições Escritas. Batalha das Constituições Paralelas escrita e não escrita. Regras do Jogo Democrático nas Arenas Jurídica e Política. Sabotagem e Demolição de Instituições Democráticas. Sopros Totalitários. Autoritarismo Escamoteado. Retrocesso Civilizatório. Mitigação e Proteção das Liberdades de Expressão e de Imprensa. Preservação da Democracia. 173

POSFÁCIO
A HISTÓRIA COMO TRAGÉDIA OU COMO FARSA
Enrique Ricardo Lewandowski 189

REFERÊNCIAS 193

PREFÁCIO

É essencial conhecer a História das constituições brasileiras para compreender os grandes problemas institucionais que provocaram sucessivas crises desde nossa independência. O livro sobre o colapso das Constituições do Brasil: uma reflexão pela democracia, do professor Manoel Carlos de Almeida Neto, ao sintetizar essa História, revela suas principais características e alerta que o grande perigo que nos roda está no que chama de "Constituição material paralela, real e não escrita", consubstanciado nas tentações autoritárias que ciclicamente nos alimentam.

Manoel Carlos foi Secretário-Geral da Presidência do Supremo Tribunal Federal e Secretário-Geral do Tribunal Superior Eleitoral, cargos que coroaram sua atividade como servidor público no Judiciário – e que exerceu com grande eficiência, reunindo conhecimento jurídico e capacidade administrativa.

Sua tese de doutorado pela Universidade de São Paulo – "O Poder Normativo da Justiça Eleitoral" – recebeu o grau *Summa Cum Laude* por sua excelência, sob elevada orientação do Ministro Ricardo Lewandowski, catedrático das Arcadas a quem o autor permaneceu ligado nas pesquisas de pós-doutorado que originaram esta obra.

Já como professor, Manoel Carlos ensina Teoria do Estado aos alunos de graduação da Faculdade de Direito da USP, no Largo de São Francisco, orientou inúmeros estudantes, em várias regiões do Brasil. Sua dissertação de mestrado na Universidade Federal da Bahia foi orientada pelo professor Edvaldo Brito. Em suas obras publicadas destacam-se "O Novo Controle de Constitucionalidade Municipal" (ed. Forense, 2010), "Direito Eleitoral Regulador" (ed. Revista dos Tribunais, 2014) e "Juiz Constitucional" (ed. RT, 2015).

O professor Manoel Carlos de Almeida Neto é profundo conhecedor do Direito brasileiro e de nossa História. Sua sólida formação permite-lhe fazer essa variante do Direito Comparado que é a análise de formas constitucionais distintas através do tempo e não do espaço. Pôde traçar assim um panorama dos princípios constitucionais que as têm norteado e que têm se consolidado ao longo de nossa

História. O conhecimento desses princípios é essencial para a análise e interpretação da Constituição Brasileira, salientando sua importância como jurista.

É evidente que o grande fator de proteção da Lei é o respeito que cada povo dá a ela. O Brasil tem, nesse sentido, um péssimo histórico de descumprimento da Lei. A rejeição da Lei vem não apenas, como poderia parecer à primeira vista, dos cidadãos, mas, em primeiro lugar, das próprias instituições.

Os exemplos são tantos que perturbam. Cito, para começar e ficar no plano da Lei Maior, o rito de emenda à Constituição. Como é notório, tivemos desde a Constituição de 1824 um aumento da facilidade deste rito: na de 1824, a segunda votação – sempre exigida – seria feita por uma Câmara eleita com poderes específicos para a modificação; na de 1891, ela seria feita no ano seguinte; na de 1934, praticamente o mesmo ("em dois anos consecutivos"); na de 1946, em duas sessões legislativas; nas de 1967 e 69, em duas sessões; na de 1988, em dois turnos. Essa extensão do poder constituinte derivado levou, sem dúvida, à grande diferença entre o número de reformas constitucionais: enquanto as duas primeiras cartas só foram alteradas uma vez cada, a atual Constituição já recebeu 106 emendas ordinárias, além de seis de revisão. Mas não é sobre isso que quero chamar a atenção. É evidente que os constituintes originários, ao longo do tempo, quiseram dar à segunda votação do projeto de emenda constitucional um caráter de ratificação, de sobrepesar. Para isso é necessário, evidentemente, um tempo. Nos nossos dias este tempo está definido nos regimentos internos das Casas do Congresso e é de cinco sessões.

E o que acontece, nesse momento soleníssimo do Parlamento Brasileiro – tão grave que o Poder Legislativo não ouve nenhum dos outros poderes e tão solene que, para ressaltar a condição de mudança do Estado de Direito, a promulgação será feita em sessão especial pelo Presidente do Congresso Nacional? Se distorce a lei e, em rápida sucessão, se abrem e encerram sessões de poucos minutos, de maneira a forjar – é crua a palavra, mas é a verdadeira – um interstício. A pressa para fazer a reforma – quantas vezes casuística e, até, pasme-se, de disposições transitórias! – é tão grande que não se pode esperar cinco sessões em dias consecutivos, mas sim resolver tudo naquelas escassas horas em que se mantém um acordo construído em condições que se pode imaginar.

Como mostra o Prof. Manoel Carlos, nossas constituições padecem de fragilidades permanentes. Parte delas resulta de um vício de origem. A Carta de 1824 foi outorgada pelo Imperador para substituir a que não permitira que fosse concluída, a da Assembleia Constituinte de 1823, sobre a qual pairava o espírito de José Bonifácio, a esta altura insuportável para quem lhe devia o trono e, mais ainda, para os interesses retrógrados e escravocratas. A de 1891 deveu-se ao gênio de Ruy Barbosa, mas resultou do golpe de Estado de um grande soldado ressentido, Deodoro, ao lado de um mestre da traição, Floriano, e foi tão desgarrada da sociedade que precisou, para se manter, instituir o voto a descoberto com atestado,[1] resultando em presidentes eleitos com 95% dos votos, e incumbir Pinheiro Machado de derrubar os raros adversários que passavam.

Em 1934, quando há um forte movimento constitucionalista – que resultara na Revolução de 1932 –, as coisas parecem bem encaminhadas. Mas o caudilho mete seus dedos gordos e deixa suas marcas por cima do trabalho de Afrânio de Mello Franco, João Mangabeira, Raul Fernandes e outros grandes nomes. A eleição presidencial é indireta e direcionada a Vargas, o papel do Senado é confuso, há representação profissional etc. Apesar disso ela não atende todos os objetivos de Getúlio e é fuzilada. Não é necessário falar da *Polaca*. Finalmente em 1946 a Constituinte é livre. Será? Ainda há o caso do plurissenador que não comparece e manda indiscretamente. Constrói já o caminho para seu retorno; a Carta não se preparara para isso. A primeira eleição inconteste é a de Jânio, que enfrenta as fragilidades do regime. Sua renúncia, o golpe parlamentarista contra Jango, o plebiscito presidencialista e a incapacidade de consenso sobre as reformas – muitas delas necessárias – levam a sua destruição paulatina a partir de 1964. 1967 e 1969 sofrem vício de origem; e sobre elas plainam os atos institucionais.

O fim do regime militar foi construído com enorme apoio popular. Conduzido pelo destino nas circunstâncias trágicas de 1985, coube-me convocar nossa última constituinte. Havia finalmente um consenso nacional a desejá-la – como já houvera em 1934 e 1946 – e as condições, que lhe dei, de ter sua independência garantida. Mas as correntes internas a carregaram de interesses pessoais e corporativos. Fiz então o difícil aviso de que ela continha o germe da ingovernabilidade. Mas fui o primeiro a jurá-la e a defendi sempre, na Presidência da República, no Senado Federal e, agora, como simples observador.

---

[1] Lei 426/1896, art. 8º PU - O voto descoberto será dado, apresentando ao eleitor duas cédulas, que assinará perante a mesa, uma das quais será depositada na urna e a outra lhe será restituída depois de datada e rubricada pela Mesa e pelos fiscais.

Defendê-la é também reconhecer suas virtudes e seus defeitos. A crise quase permanente que temos vivido, com – como ressalta o prof. Manoel Carlos – enorme pressão de vontades autoritárias, é resultado de suas fragilidades. É preciso um consenso nacional para avançar na correção destes problemas. Nada se fará com o atual sistema representativo, por ser vulneral aos interesses corporativos, problema que vem do voto proporcional – uninominal, que vem da multiplicidade de partidos políticos, que vem da falta de democracia partidária. O sistema de governo já provou, depois de 130 anos, que não serve a nossos interesses nacionais. É preciso avançar para o parlamentarismo. Nada avançará sem se redefinir as competências e responsabilidades dos entes nacionais, municípios, estados, União. Os três Poderes têm que ter seus limites clarificados, para que a harmonia seja a base do Estado.

A tarefa é enorme. Como Afonso Arinos, não acredito que seja possível convocar uma nova Assembleia Constituinte ou dar os poderes de uma ao Parlamento. Temos que agir dentro das regras da Constituição, e ela é uma só. Comecemos pelo mais simples: vamos seguir a Lei.

Este livro do professor Manoel Carlos – *O Colapso das Constituições do Brasil: uma reflexão pela democracia* – é um valioso subsídio ao estudo de nossas Constituições, indispensável ao exame de suas potencialidades e conhecimento de suas fraquezas. É trabalho insubstituível na literatura de nosso Direito Constitucional.

José Sarney
Membro da Academia Brasileira de Letras.
Ex-Presidente da República e do Congresso Nacional.

CAPÍTULO 1

INCONFORMISMO CONSTITUCIONAL

Longevidade e Profusão de Constituições. Instabilidade Constitucional. Quatorze Textos Constitucionais. Comparativo Internacional. Desenvolvimento Civilizatório. Inconformismo Constitucional Permanente. Primavera dos Povos. Constituição Material Paralela. Cartas e Constituições. Colisão de Constituições.

Ao contrário de países que possuem constituições longevas como os Estados Unidos da América (1787), Holanda (1814), Noruega (1814), Bélgica (1831), Argentina (1853), entre outros, a nossa conturbada experiência política de raízes coloniais, da jornada do Império às nossas seis Repúblicas, revela que o Brasil viveu sob a égide de múltiplas Constituições escritas, de matizes ideológicos diversos, com longos períodos de eclipse democrático, por força de atos normativos autoritários que receberam o timbre formal de Constituição.

Para aprofundar o quadro de instabilidade reinante, ainda vigorou no país uma Constituição alienígena, que durou 24 horas, uma Emenda Constitucional integral, 21 Leis Constitucionais, 17 Atos Institucionais, 9 Atos do Comando Supremo da Revolução, 105 Atos Complementares e decretos que, embora destituídos do título "Constituição", possuíram natureza constitucional, ocuparam o topo da pirâmide de hierarquia das leis e não raro evocavam a potência do Poder Constituinte originário em suas justificativas para usurpar a soberania popular. Por isso, seja do ponto de vista factual, técnico ou teórico, não é correto afirmar que no Brasil vigoraram apenas 7 Constituições formais, definitivamente, esse número não está correto.

Para compreender o colapso constitucional brasileiro, é preciso, em primeiro lugar, ter compromisso com a nossa história constitucional e esse estudo demonstrará que vigoraram no Brasil não apenas 7 Constituições, como consta, por exemplo, nos sítios eletrônicos da Câmara dos Deputados e do Senado Federal, mas o dobro disso.

Na realidade, foram 14 textos com natureza constitucional e supremacia no ordenamento jurídico, publicados por fatores reais de poder, investidos de força constituinte de fato ou de direito no objetivo de instaurar uma nova ordem no Brasil, a começar pela (1ª) *Constituição espanhola* de Cádiz, a *La Pepa*, publicada em solo brasileiro por decreto real, e jurada por D. João VI, em 21 de abril de 1821, com determinação que o texto fosse rigorosamente observado no país.

Em seguida tivemos a (2ª) *Carta nativa*, de 25 de março de 1824, que vigorou no Império, por 65 anos, até a instauração de uma nova ordem constitucional, pela (3ª) *Carta emergencial*, outorgada pelo Decreto 1, de 15 de novembro de 1889, que revogou o texto constitucional anterior, decretou o fim do império, do Estado unitário e instalou um Governo Provisório republicano e federativo, investido do poder constituinte originário de fato, e foi essa *Carta* outorgada que vigorou no Brasil até a promulgação da (4ª) *Constituição Republicana*, de 24 de fevereiro de 1891, que aprimorou o desenho do novo mapa político do país, com um ideário federalista e durou quatro décadas, até que movimentos revolucionários do início dos anos 30, impulsionados pela grave crise econômica e em busca da verdade eleitoral, derrubaram a República Velha.

Nascia uma nova era de poder denominada Vargas, fundada por meio da (5ª) *Carta provisória*, outorgada pelo Decreto 19.398, de 11 de novembro de 1930, que instituiu o Governo Provisório e ocupou o topo da hierarquia normativa brasileira até a promulgação da (6ª) *Constituição revolucionária*, de 16 de julho de 1934, de curtíssima duração, pois os revolucionários de 1930 abraçaram o retrocesso com a outorga da (7ª) *Carta polaca*, de 10 de novembro de 1937, de natureza fascista e ditatorial, que manteve Vargas no poder, turbinada pela decretação de poderosas Leis Constitucionais, até a redemocratização do país, em 1945.

Após o fracasso do Estado Novo, a (8ª) *Constituição liberal*, de 18 de setembro de 1946, fez reviver o regime democrático, até que foi minada por movimentos dos fatores reais de poder consubstanciados em conspirações, levantes militares e a mobilização de elites conservadoras, os quais descambaram para o autoritarismo e culminaram com a deposição do presidente João Goulart, em 1964, em nome da nova "revolução".

Em 9 de abril de 1964, o Regime Militar publicou a sua primeira Lei Fundamental, com roupagem de Ato Institucional, era uma (9ª) *Carta troica* outorgada por um triunvirato militar que representava o autoproclamado *"Poder Constituinte originário da Revolução Vitoriosa"*, o qual mutilava a Constituição de 1946, mas, de fato, estabelecia uma nova ordem constitucional no Brasil. Na sequência, em 27 de outubro de 1964, o regime publica uma nova (10ª) *Carta autoritária*, outorgada por meio do Ato Institucional nº 2, o qual evoca o mesmo poder constituinte originário de fato, coloca-se no topo da hierarquia das normas do Estado e mantém a Constituição de 1946 subordinada e despedaçada, naquilo que a nova *Carta* constitucional não a revogou.

Nesse ambiente normativo autoritário e caótico o Ato Institucional nº 4 determinou que o Congresso Nacional se reunisse extraordinariamente para "discussão, votação e promulgação" do projeto de Constituição apresentada pelo Regime Militar. Na realidade, o Executivo outorgou uma (11ª) *Carta Congressual* em 1967, por intermédio do Congresso Nacional, que se encontrava absolutamente subserviente, com oposição defenestrada. Tamanha era a subserviência do Congresso, que, para cumprir o prazo imposto pelo Regime Militar, fraudou-se até mesmo o tempo, uma vez que o relógio do Plenário foi propositalmente paralisado, às 23h54, no final da noite do último dia de votação, por determinação e temor reverencial do então presidente do Congresso Nacional.

E, por entender que a Carta de 1967 não era suficiente para garantir o projeto autoritário, em 13 de dezembro de 1968, o Regime Militar novamente lançou mão do alegado poder constituinte originário para editar o mais duro de todos os seus atos, a mais nefasta (12ª) *Carta ditatorial* que já vigorou no Estado brasileiro, o Ato Institucional nº 5, que instaurou uma obscura ditadura militar e manteve a Carta de 1967 subordinada, naquilo que lhe restou.

A *Carta ditatorial* consubstanciada no AI-5 se manteve em vigor, simultaneamente, como uma espécie de "Constituição ditatorial sombra", até a sua revogação, em 11 de outubro de 1978. Durante esse período, em 17 de outubro de 1969, sobreveio a (13ª) *Carta emendada*, pela inusitada fórmula de Emenda Constitucional nº 1, com 200 artigos embutidos no 1º, revogando e reescrevendo integralmente a Carta de 1967, para incorporar o conteúdo normativo dos atos institucionais.

No total, durante o regime seguiram-se 9 Atos do Comando Supremo da Revolução, 17 Atos Institucionais e 105 Atos Complementares, todos com natureza constitucional e alguns investidos do autoproclamado poder constituinte originário e revolucionário, que legalizaram o regime militar por 21 anos, até o raiar da democracia com o movimento progressista das Diretas Já, em 1985, e a promulgação da (14ª) *Constituição cidadã* de 1988, que consolidou a vitória de um novo processo de redemocratização, fortaleceu as instituições democráticas e afirmou o rol de direitos e garantias fundamentais dos cidadãos, para evitar que abusos voltassem a ocorrer.

Como se demonstra, a nossa tela de durabilidade constitucional se emoldura no quadro de países com excessivos textos constitucionais, especialmente na América Latina,[1] onde o índice de golpes, revoluções e troca de Constituições é proporcionalmente maior, se comparado com nações da América do Norte, África, Ásia, Europa e Oceania. É que nos países latinos, observou Afonso Arinos, "de organização política tumultuosa, o Direito escrito varia continuamente, quer por meios violentos, quer pela adoção de costumes constitucionais que venham preencher lacunas ou modificar a própria lei escrita", ao contrário da aplicação da Constituição costumeira inglesa, assentada em sólida base histórica.[2]

No comparativo internacional, entre todas as nações dos cinco continentes, apenas 31 países tiveram mais de oito Constituições formais em sua história. Entre os americanos: Cuba (9), México (9), Colômbia (10), Costa Rica (11), Guatemala (11), Chile (11), El Salvador (12), Nicarágua (14), Honduras (15), Peru (16), Bolívia (17), Equador (23), Haiti (24), Venezuela (25) e a recordista mundial, República Dominicana (34). Entre os africanos: Burundi (9), Chade (9), Congo (9), África-Central (10), Egito (10) e Gana (10). Entre os asiáticos: Síria (10) China (11), Afeganistão (12) e Tailândia (18). Por fim, entre os europeus: Albânia

---

[1] "A historicidade das nações compreendidas como América Latina apresenta pontos de encontro, encaixes que demonstram que países de uma mesma região costumam desenvolver-se de forma homogênea. Os fatos históricos ligados ao descobrimento, à forma de colonização, à natureza exploratória das relações colônia-metrópole ao crescimento sempre aprisionado pelos interesses das elites, bem como os processos emancipatórios financiados sempre pelo capital estrangeiro (para dizer o mínimo), desde sempre influenciaram o surgimento, implementação e exercício da jurisdição constitucional e do controle de constitucionalidade", *in*: STRECK, Lenio Luiz. *Jurisdição Constitucional*. 5. ed. Rio de Janeiro: Forense, 2018, p. 81.

[2] FRANCO, Afonso Arinos de Melo. *Curso de Direito Constitucional brasileiro*. 3. ed. Rio de Janeiro: Forense, 2019, p. 52.

(9), Grécia (10), Polônia (10), Espanha (11), França (14) e Sérvia (15), segundo o *Constitute Project*.[3] Todos com nuances político-institucionais e regimes de governo que lhes são próprios.

Para a referida fonte estrangeira, o Brasil teve 8 (oito) Constituições, nos anos de 1824, 1891, 1930, 1934, 1937, 1946, 1967 e 1988. Estaríamos, pois, na preocupante 170ª posição, entre 201 nações, o que expressa uma elevadíssima instabilidade político-constitucional.

Entretanto, na realidade histórica do constitucionalismo brasileiro, tendo em conta que tivemos 14 textos constitucionais que vigoraram com supremacia em território nacional, poder-se-ia concluir que somente 9 países, em todos os continentes tiveram mais Constituições do que o Brasil. Isso significa que, se considerarmos o quanto demonstrado nesse estudo, em um *ranking* de estabilidade constitucional entre 201 países, ocuparíamos a caótica 192ª colocação. Qual a explicação para tamanha instabilidade constitucional? Quais os efeitos desse colapso constitucional para o desenvolvimento civilizatório do Brasil?

É preciso sair da zona de conforto que encoberta a nossa balbúrdia político-constitucional para enfrentar o fato de que, segundo o relatório divulgado em dezembro de 2020, pelo Programa das Nações Unidas para o Desenvolvimento (Pnud), da Organização das Nações Unidas (ONU), o Brasil ocupa, entre 189 países avaliados, a 84ª colocação no *ranking* mundial do Índice de Desenvolvimento Humano (IDH) e, entre países da América Latina, ocupamos o 6ª lugar, atrás do Chile, Argentina, Uruguai, Peru e Colômbia.[4]

Isso não condiz com a posição que o país ocupa no *ranking* de países com as maiores economias do mundo. Segundo a agência de classificação *Austin Rating*, o Brasil terminou 2020 em 12º lugar e chegou a ocupar a 6ª posição, em 2011, antes da queda de 4,1% do Produto Interno Bruto (PIB).[5] Figuramos, portanto, entre as maiores economias do planeta e, paradoxalmente, com índices inaceitáveis de desenvolvimento humano.

Não é difícil observar que, quanto maior o número de constituições, maior será a instabilidade político-institucional do Estado e, consequentemente, maior será o nosso retrocesso civilizatório. Daí a importância de aprofundarmos o olhar sobre as causas da profusão de

---

[3] Cf. Constitute Project. The world's Constitutions to read, search, and compare. Disponível em: https://www.constituteproject.org/?lang=en. Acesso em: 15 jul. 2021.
[4] Cf.: https://www.br.undp.org/content/brazil/pt/home.html.
[5] Cf.: https://www.austin.com.br/Ratings-Preliminares.html.

textos constitucionais em nosso país, para perquirir em qual posição queremos chegar como nação soberana e civilizada.

Causa primeira da nossa patologia é o fenômeno relevantíssimo compartilhado no Brasil que são os movimentos permanentes e atemporais em favor de uma nova Constituição, independentemente da época ou do regime político ao qual o país esteja submetido. No império ou na república, na democracia ou na ditadura, por aqui sempre existiram, no passado e no presente, grupos organizados de poder que objetivam a queda da Constituição vigente, motivados por progressismo, conservadorismo ou puro autoritarismo.

Até mesmo na *Sexta República*, como se sabe, inúmeros movimentos políticos e sociais, legítimos e ilegítimos, democráticos e antidemocráticos, pretendem derrubar a *Constituição cidadã* de 1988. Extremistas defendem pública ou dissimuladamente o fechamento das duas casas do Congresso Nacional e do Supremo Tribunal Federal, dois poderes da República, e fazem campanha aberta pela volta da ditadura militar.

De outro lado, dentro das regras do jogo democrático, conhecidas personalidades do mundo político, do cenário jurídico nacional[6] e até internacional[7] defendem ou discutem a convocação de uma nova Assembleia Nacional Constituinte.

Trata-se do que denominamos *inconformismo constitucional permanente* dos fatores reais de poder que regem o Brasil, o que significa um sentimento atemporal de aversão a certa Constituição escrita promulgada ou outorgada, com movimentos invariáveis de fomento constitucional – legítimos ou ilegítimos – em busca de concreta alteração, supressão ou revogação da Lei Fundamental, no todo ou em parte relevante, em razão das diferentes percepções do que seja uma Constituição.

Compreender esse sentimento de *inconformismo constitucional permanente* dos fatores reais de poder é uma das chaves para decifrar a primeira questão apresentada no livro, sobre o porquê da caótica profusão de textos constitucionais em nosso país. Este é o nosso primeiro foco de reflexão.

Mas existe ainda uma segunda reflexão central, tão relevante quanto a primeira, sem a qual não será possível compreender o colapso

---

[6] DALLARI, Adilson de Abreu. Por que convocar uma Constituinte e redigir uma nova Constituição Federal. *Revista Consultor Jurídico*, de 5 de novembro de 2020.

[7] ACKERMAN, Bruce. O Brasil precisa de nova Constituição. *Correio Braziliense*, de 13 de julho de 2020.

constitucional brasileiro, que é sobre o duelo permanente entre duas Constituições paralelas, a escrita *versus* a não escrita. Isto é, o conflito entre a Constituição formal, jurídica, contra a verdadeira Constituição material, sociológica, consubstanciada nos fatores reais de poder, tema que será dissecado nos capítulos seguintes.

Na origem dos povos, a resistência de alguns chefes de Estados modernos em aceitar Constituições escritas remonta aos séculos XVIII e XIX e restou imortalizada na célebre frase de Frederico Guilherme IV, que reinou na Prússia entre 1840 e 1861, ao rejeitar a Constituição de 1848, em discurso de abertura do primeiro parlamento, durante um período revolucionário e de lutas contra monarquias absolutistas europeias que ficou conhecido como a *Primavera dos Povos*:[8] "Julgo-me obrigado a fazer agora, solenemente, a declaração de que, nem no presente, nem para o futuro, permitirei que entre Deus do céu e o meu país se interponha uma folha de papel escrita, como se fosse uma Providência".[9]

Essa aversão a um texto constitucional escrito não se limita apenas aos monarcas absolutistas ou governantes autocráticos, mas pode encontrar ressonância nos mais variados grupos ou fatores de poder que regem as nações em seu tempo, em razão de interesses legítimos ou ilegítimos, por razões individuais ou coletivas, ou ainda em função de sentimentos nobres ou egoísticos.

Para decodificar o problema brasileiro, é necessário compreender quais são as forças dominantes do nosso constitucionalismo, tendo em conta aspectos sociológicos, políticos, jurídicos e culturais, que fizeram oscilar, ao longo de turbulenta história política e eleitoral, essa quantidade tão elevada de leis fundamentais e supremas.

Nossos múltiplos textos constitucionais, entre Constituições e Cartas, ora promulgadas, ora outorgadas ou simplesmente decretadas, revelam a existência de substanciosos fatores reais de poder que compõem uma espécie de *Constituição material paralela*, não escrita,

---

[8] "No início de 1848 – o ano do Manifesto Comunista – um furioso vendaval político varreu a Europa Ocidental, ameaçando deitar por terra, em pouco tempo, o edifício conservador e imperial, que o Congresso de Viena erigira em 1815. As palavras de ordem eram: nacionalismo, trabalho e liberdade. Iniciando-se com a revolução popular de Paris de 24 de fevereiro, em questão de poucas semanas o movimento estendeu-se, como um rastilho de pólvora, ao sudoeste da Alemanha, Baviera, Prússia, Áustria, Hungria, Lombardia, os Estados Pontifícios e a Itália meridional. Segundo a expressão que fez fortuna, foi 'a primavera dos povos.'" (COMPARATO, Fábio Konder. *A Afirmação Histórica dos Direitos Humanos*. São Paulo: Saraiva, 2007, p. 167).
[9] "Zurchen mir und mein Volk soll sich ein Blatt Papier drägen", Friedrich Wilhelm IV.

sempre viva, caótica e muitas vezes incontrolável, com potência suficiente para modificar a realidade político-jurídica tanto para o bem-estar e restauração do Estado democrático como para usurpá-lo em deploráveis golpes.

Essa atmosfera de inconformismo constitucional – que no Brasil é permanente – impulsiona os fatores reais de poder para movimentos de refundação das Constituições escritas por meio de manobras silenciosas ou ruidosas que, no limite da suportabilidade social, tal como retratado pelo jovem Alexis de Tocqueville em suas lembranças de 24 de fevereiro de 1848, são escrutinadas no campo de batalha de revoluções como a que derrubou o trono de Luís Felipe: "Desci imediatamente e, mal havia posto o pé na rua, senti pela primeira vez que respirava em cheio a atmosfera das revoluções: o meio da rua estava vazio; as lojas estavam fechadas; não se viam carruagens ou transeuntes; não se ouviam os gritos habituais dos vendedores ambulantes; diante das portas, os vizinhos reunidos em pequenos grupos cochichavam a meia voz, com aparência assustada".[10]

A grande revolução do Brasil não foi um fato ocorrido em um determinado instante, ao contrário, representou um processo matizado em três quartos de século, conforme observou Sérgio Buarque de Holanda.[11] Após 65 anos de maturação e instabilidades contados a partir da Carta imperial de 25 de março de 1824, de cujo solo pedregoso e infértil brotou o nosso sistema político, a nação iniciou o regime democrático que se consolidou tendo cruzado seis repúblicas: a velha (1889), a revolucionária (1930), a autoritária (1937), a populista (1945), a militar (1964) e a cidadã (1988).

Bem registra Paulo Bonavides que, no exercício de um poder constituinte legítimo, o nosso país produziu apenas quatro Constituições, devidamente promulgadas, pois

> a história política do Brasil apresenta como principais frutos a Constituição de 24 de fevereiro de 1891, a Constituição de 16 de julho de 1934, a Constituição de 18 de setembro de 1946 e, de último, a Constituição de 5 de outubro de 1988. São os quatro únicos documentos de organização constitucional do País que resultaram em rigor de Constituintes soberanas, livremente eleitas pelos cidadãos, representativas da vontade

---

[10] TOCQUEVILLE, Alexis de. *Lembranças de 1848*: as jornadas revolucionárias de 1848. São Paulo: Companhia das Letras, 1991, p. 60.
[11] HOLANDA, Sérgio Buarque. *Raízes do Brasil*. São Paulo: Companhia das Letras, 2014, p. 204.

nacional e legitimadas pelo princípio democrático, cuja aferição conceitual deve traduzir sempre a eficaz participação dos governados na obra criadora de suas instituições.¹²

Por essa razão, em deferência ao legítimo titular do poder constituinte, o povo, preferencialmente denominamos os textos constitucionais que foram outorgados no Brasil de "Cartas".

Entretanto, os fatores reais de poder que compõem a nossa *Constituição material paralela*, real e não escrita, continuam a conflitar com o texto formal e escrito. Essa colisão entre as duas Constituições do Brasil, a real *versus* a formal, equivale a um choque de placas tectônicas que pode causar abalos sísmicos aptos a comprometer a nossa frágil democracia.

Examinar as diferentes noções de Constituição, os movimentos históricos do jogo dos fatores reais de poder, bem como os seus impactos em nossas leis fundamentais possibilitará revelar as principais causas da tensão perpétua entre as Constituições Paralelas do Brasil e nos levará a compreender o estado de *inconformismo constitucional permanente* que fomenta o ímpeto de editar tantas constituições, do Império à atual República, para que, ao final, o leitor reflita e chegue às suas próprias conclusões para responder à questão central deste trabalho, uma reflexão sobre o resultado de nossas pesquisas de pós-doutorado na *Velha e Sempre Nova Academia de Direito do Largo São Francisco*: Quais as razões do colapso constitucional brasileiro? Como poderemos defender as bases da nossa frágil democracia?

---

[12] BONAVIDES, Paulo. *Curso de Direito Constitucional*. 25. ed. São Paulo: Malheiros, 2010, p. 168.

CAPÍTULO 2

PERCEPÇÕES DE CONSTITUIÇÃO

O que é uma Constituição. Percepção Sociológica. Fatores Reais de Poder. Percepção Jurídica. Resistência Absolutista. Estado Democrático. Soberania Popular. Objeto Cultural. Constituição Total. Decisionismo Político. Guardião da Constituição. Aristocracia de Toga. Estado Totalitário. Pressupostos da Jurisdição Constitucional. Inconstitucionalidades. Jurisdição e Democracia. Estados de Exceção.

O que é uma Constituição? A resposta depende do olhar sobre o sentido de Constituição. Sob o ângulo estritamente formal, significa a Lei Fundamental de uma nação, devidamente formalizada, por escrito, com o objetivo de organizar o poder do Estado.

Entretanto, Constituições escritas e formais não raramente descumprem a missão originária dos movimentos constitucionalistas de limitar o poder estatal em defesa de direitos e garantias fundamentais dos cidadãos, para navegar em sentido diametralmente oposto, nas águas turvas dos Estados de Exceção.

Isso acontece porque uma "folha de papel" em branco aceita tudo, para o bem e para o mal, especialmente quando impressa conforme a conjunção das forças de poder dominantes durante determinado momento histórico.

Portanto, sob o ângulo formal, as Constituições escritas possuem natureza jurídica de norma fundamental, superior no ordenamento legal de um Estado, independentemente da pena legítima ou ilegítima de quem a editou, pois, no final das contas, eventual caráter usurpador e autoritário não lhes retira o título formal de Constituição, ainda que se mostre maléfica, injusta e deletéria.

Para compreender a realidade constitucional do Brasil, entretanto, é preciso deixar de lado o olhar estritamente jurídico-formal, pois a diversidade do mundo fático transcende os limites do mundo do "dever ser" e, como já diziam os jurisconsultos romanos, o Direito nasce dos fatos (*ex facto jus oritur*), daí a necessidade de se examinar a realidade sociológica de nossas Constituições, em sentido material, enxergar o mundo real do "ser", das coisas como são, dos fatores de poder que influenciaram o início e o fim das Leis Fundamentais brasileiras.

Ao longo da história, um profundo debate acadêmico buscou investigar a verdadeira percepção ou sentido de Constituição. Para percorrer esse caminho, busca-se compreender os diferentes significados empregados quanto às leis fundamentais e, principalmente, quais os riscos e as consequências para o Estado e para a humanidade de se adotar esta ou aquela concepção.

Como ponto de partida para as reflexões teóricas postas neste capítulo, questiona-se: qual a melhor percepção sobre Constituição – sociológica, jurídica, política ou cultural?

Sob o olhar sociológico, a Constituição é fruto da própria realidade social e nela encontra a sua verdadeira origem. Pertence, portanto, ao mundo *material* e *real* do *ser*, dos fatos como são, e não ao mundo formal do *dever ser*.

A doutrina do Sociologismo Constitucional baseia-se nas premissas teóricas desenvolvidas pelo social-democrata Ferdinand Lassalle (*Breslau*, 1825-1863), contemporâneo de Karl Marx (*Trier*, 1818-1883), sendo que ambos estiveram do mesmo lado durante a revolução prussiana de 1848, ao tempo da *Primavera dos Povos*.[13] O ideário sociológico de Lassalle foi eternizado com a palestra que proferiu em 16 de abril de 1863, na antiga Prússia, sobre o significado de uma Constituição (Über die Verfassung). Essa conferência aos trabalhadores prussianos foi reduzida a termo e se disseminou pelo mundo. No Brasil,[14] foi publicada no livro *"A essência da Constituição"*,[16] contextualizada por Aurélio Wander Bastos, ao observar que:

---

[13] "Eu não quis me envolver na agitação dos banquetes. Estando proibidas as manifestações públicas conduzidas pela oposição, esta recorre a banquetes, que reúnem grande número de pessoas e se revelam verdadeiros comícios, entre fins de 1847 e fevereiro de 1848. A proibição de um deles deflagrará a revolução que derruba, nesse mês, o rei" (TOCQUEVILLE, Alexis de. *Lembranças de 1848*: as jornadas revolucionárias de 1848. São Paulo: Companhia das Letras, 1991, p. 46).

[14] José Afonso da Silva bem recorda as premissas de Lassalle: "(i) a constituição é primordialmente uma forma de ser, e não de dever ser; (ii) a constituição é imanência das situações e estruturas sociais do presente, que, para uma grande parte do pensamento do

[...] se o Über die Verfassung é a contribuição ao pensamento jurídico clássico que o consagrou entre os constitucionalistas, o seu trabalho político mais importante é fundamentalmente voltado para o estudo de problemas e indicações de alternativas para o sindicalismo, especialmente alemão-prussiano da época: Programa dos Operários, conhecido em alemão como Arbeiter Program, divulgado em 1863. A tese central deste trabalho foi a sua intransigente defesa do sufrágio universal igual e direto para os operários, como forma de se conquistar o Estado para implementar reformas sociais. Nesta publicação, defendeu a necessidade de os operários se organizarem em partido político independente como instrumento de viabilização de suas demandas, o que o levou, em maio de 1863, a fundar, em Leipzig, a Associação Geral dos Trabalhadores Alemães, da qual foi presidente, e que, historicamente, pode ser vista como a entidade que antecedeu a formação da social-democracia alemã.[16]

As reflexões de Lassalle têm início com as indagações: "O que é uma Constituição? Qual a verdadeira essência de uma Constituição?". Para o jurista, a partir do momento que os problemas constitucionais ganharam imensa relevância social a ponto de serem discutidos compulsoriamente por milhares de pessoas, em todos os lugares, o tempo todo, é necessário enfrentar e compreender a questão a partir de percepções do mundo real.

Passado um século e meio, no Brasil, o cenário de efervescência dos temas constitucionais continua pulsante.

Lassalle afirma que respostas puramente jurídicas não são suficientes para compreender nem explicar o real sentido da Constituição. Não bastaria dizer que a Constituição é um pacto juramentado entre o governante e seu povo, ou que ela seja a Lei Fundamental proclamada por certa nação com a finalidade de organizar o Estado.

Distingue a Constituição das leis comuns ao afirmar que "no espírito unânime dos povos, uma Constituição deve ser qualquer coisa de

---

século XIX – e não somente para Marx –, se identificam com situações e relações econômicas; (iii) a Constituição não se sustenta numa norma transcendente, pois a sociedade tem a sua própria 'legalidade', que é rebelde à pura normatividade e não se deixa dominar por ela; o ser tem sua própria estrutura, da qual emerge ou à qual deve adaptar-se o dever ser; (iv) a concepção racionalista da constituição gira sobre o momento de validez, a concepção sociológica o faz sobre a vigência considerada esta como praticidade e efetividade das normas, na verdade como eficácia social da regra jurídica" (SILVA. José Afonso. *Aplicabilidade das normas constitucionais*. São Paulo: Malheiros, 2000, p. 22-23).

[15] LASSALLE, Ferdinand. *A Essência da Constituição*. Rio de Janeiro: Lumen Juris, 2001, p. 33.
[16] *Ibidem*, p. ix-x.

mais sagrado, de mais firme e de mais imóvel que uma lei comum".[17] Sob esse raciocínio, entende que as Constituições jurídicas dos Estados modernos são meras *folhas de papel* escritas e influenciadas por forças ativas – *fatores reais de poder* – que regem a sociedade, entre os quais, o rei, o exército, a aristocracia, a grande burguesia representada pelos capitalistas e capitães de indústria, os banqueiros, a pequena burguesia e a classe operária, além da consciência coletiva e cultura geral do povo.

Todos esses elementos de poder, para Lassalle, são fragmentos da verdadeira e real Constituição, a material e não escrita, que sempre existiu em todos os países, em todos os momentos de sua história.

Com argúcia e simplicidade, para ilustrar e revelar os fatores de poder, Lassalle propõe aos ouvintes um exercício hipotético e improvável: imaginar que um grande incêndio alastrado nas bibliotecas públicas e particulares, bem como nas gráficas da imprensa nacional, queimou todas as leis do país, sem que restasse uma única lei escrita na nação.

As consequências desse desastre ficcional seriam diferentes não apenas a depender das distintas formas de governo, mas, especialmente, das respostas dos fatores de poder que resumem e exemplificam.

Na *Monarquia Absolutista*, o rei dispensaria as leis escritas e convocaria o Exército para fazer cumprir suas ordens. Na *Aristocracia*, a nobreza juntaria ou dispensaria o Legislativo[18] e faria prevalecer seus interesses perante a Corte. Lassalle lembra que a Constituição prussiana de 1848 previa que o rei nomearia todos os cargos do Exército e da Marinha (art. 47), sem que se exigisse de seus ocupantes o juramento de guardar a Constituição (art. 108). Ao desobrigar as Forças Armadas de jurar obediência à Constituição, criou-se uma força organizada à margem da Lei Fundamental, contra a supremacia desorganizada da população.

A *grande burguesia*, de outro lado, representada pelos grandes capitalistas, indústria e a grande produção mecanizada, possui demandas que lhes são próprias, em ambiente de liberdade concorrencial, de modo que uma Constituição que não lhes atendesse implicaria o fechamento das fábricas, com demissões em massa e a paralisação do comércio. O contexto criaria grande comoção e mobilização social pelos

---

[17] *Ibidem*, p. 8.
[18] A existência do Senado, para Lassalle, "equivale a pôr nas mãos de um grupo de velhos proprietários uma prerrogativa política formidável, que lhes permitirá contrabalançar a vontade nacional e de todas as classes que a compõem, por mais unânime que seja essa vontade" (*Ibidem*, p. 20).

operários famintos e desempregados, com apoio da grande burguesia prejudicada, o que fatalmente lhes garantiria o triunfo, uma vez que os grandes industriais são, todos eles, fragmentos da Constituição.

Os *banqueiros*, que detêm todo o crédito e dinheiro do país, podem causar grande impacto nos governos que lhes contraem empréstimos, em troca do papel da dívida pública. Lassalle adverte que a nenhum governo é conveniente se indispor com os banqueiros, "os grandes banqueiros, sejam eles quem forem, a bolsa, inclusive, são também partes da Constituição" [19] que podem causar colapso ao sistema financeiro de uma nação.

A *consciência coletiva* e a *cultural geral* também são partes relevantes da Constituição, uma vez que a sociedade não aceitaria a promulgação de leis injustas, a exemplo da norma penal que vigorou na China que punia os pais pelos roubos cometidos pelos filhos.

Por fim, a *pequena burguesia* e a *classe operária* são fragmentos da Constituição. Mesmo que um governo pudesse satisfazer privilégios da nobreza, dos banqueiros, dos grandes industriais e capitalistas, para privar certas liberdades políticas,[20] não conseguiria retirar a liberdade pessoal, transformando o trabalhador em escravo ou servo, como na Idade Média, porque *o povo* também é parte da Constituição.

Após discorrer sobre os fragmentos da Constituição material e esses agentes que consubstanciam os fatores reais de poder, Lassalle assim conclui sobre a essência da Constituição:

> Esta é, em síntese, em essência, a Constituição de um país: a soma dos fatores reais de poder que regem uma nação.
>
> Mas que relação existe com o que vulgarmente chamamos de Constituição? Com a Constituição Jurídica? Não é difícil compreender a relação que ambos os conceitos guardam entre si. Juntam-se esses fatores reais do poder, os escreveremos em uma folha de papel e eles adquirem expressão escrita. A partir desse momento, incorporados a um papel, não são simples fatores reais do poder, mas verdadeiro direito – instituições jurídicas. Quem atentar contra eles atenta contra a lei e, por conseguinte, é punido.

---

[19] *Ibidem*, p. 16.
[20] Lassalle exemplifica a situação com o "Sistema Eleitoral de Três Classes", que derrubou o sufrágio universal e vigorou na Prússia de 1849 até a Revolução de 1918 e que dividia os eleitores em três grupos desiguais, no qual 153.808 pessoas riquíssimas (primeira classe) e outros 409.904 eleitores de posses médias (segunda classe) tinham a mesma representação que 2.691.950 cidadãos modestos, operários e camponeses (terceira classe) (*Ibidem*, p. 18-20).

Ninguém desconhece o processo que se segue para transformar esses escritos em fatores reais do poder, transformando-os dessa maneira em fatores jurídicos.[21]

Do ponto de vista sociológico, Lassalle verifica a relação entre as duas concepções de Constituição: de um lado a Constituição real e efetiva, integralizada pelos fatores reais de poder que regem a sociedade, essa Constituição verdadeira sempre existiu em todos os países, em todos os momentos de sua história; de outro lado, a percepção jurídica, da Constituição escrita e formal dos Estados modernos, que possui o objetivo de documentar em "folha de papel"[22] todas as instituições e princípios do governo vigente.

E não adianta plantar uma macieira no quintal de casa e pendurar uma folha de papel no seu tronco com a frase "Esta é uma figueira", pois os seus frutos desmentiriam essa ficção. Igualmente, sustentou Lassalle,[23] a verdadeira Constituição material não muda o seu sentido por conta de um pedaço de papel.

De fato, a sabedoria constitucional demonstra que certos costumes dos povos e dos Estados não mudam em razão de leis escritas e, no campo de batalha das revoluções, o resultado prático na vida e no quotidiano das pessoas é que enquanto as leis de direito público são refundadas, as normas do direito privado continuam em vigência. Todavia, nem sempre essa refundação se sustenta na Constituição real. A propósito, Fachin observou que "as relações dentro da sociedade, pois, a rigor se edificam, em tal contexto, fora da 'Constituição do Estado', e dentro, portanto, das codificações civis, vale dizer, do Direito Privado. O espaço jurídico privado é considerado lugar privilegiado de exercício da liberdade individual, campo da autonomia, direito natural por excelência, que antecede ao próprio conceito de Estado moderno".[24]

Para Lassalle, uma Constituição escrita só pode ser boa e duradoura "quando esta constituição escrita corresponder à constituição

---

[21] Ibidem, p. 17-18.
[22] Alusão à citada frase do Rei Frederico Guilherme IV da Prússia, ao rejeitar a Constituição de 1848 no primeiro parlamento: "Julgo-me obrigado a fazer agora, solenemente, a declaração de que nem no presente nem para o futuro permitirei que entre Deus do céu e o meu país se interponha uma folha de papel escrita como se fosse uma Providência" (Zurchen mir und mein Volk soll sich ein Blatt Papier drägen. Friedrich Wilhelm IV).
[23] Ibidem, p. 37.
[24] FACHIN, Luiz Edson. Direito Civil: sentidos, transformações e fim. Rio de Janeiro: Renovar, 2015, p. 14.

real e tiver suas raízes nos fatores do poder que regem o país".[25] Se a Constituição formal não se ajustar aos *fatores reais de poder*, ela fatalmente sucumbirá perante a constituição real, a das verdadeiras forças vitais do país, porque de nada servirá o que se escrever em uma folha de papel sem o respaldo dos fatos reais e efetivos de poder.

Identificar os sinais de malogro da Constituição constitui o ponto relevante do pensamento de Lassalle. Quando, por exemplo, um partido político levanta uma bandeira com o objetivo de "cerrar fileiras em torno da Constituição", é sinal de que a Lei Fundamental escrita pode estar morrendo, por razões muito simples: "quando uma Constituição escrita responde aos fatores reais de poder que regem um país, não podemos ouvir esse grito de angústia".[26]

Nesse sentido, considera que é "mau sinal quando esse grito repercute em todo país, pois isto demonstra que na Constituição escrita há qualquer coisa que não reflete a Constituição real, os fatores reais de poder", uma vez que "somente o fato de existir o grito de alarme que incite a conservá-la é prova evidente da sua caducidade para aqueles que saibam ver com clareza".[27]

A longevidade de uma Constituição está diretamente ligada ao equilíbrio de forças político-sociais que correspondem aos fatores de poder que regem um país. Sob uma percepção político-sociológica, Lassalle explica de forma magistral o fenômeno de queda das Constituições:

> Os problemas constitucionais não são problemas de direito, mas de poder, a verdadeira Constituição de um país somente tem por base os fatores reais e efetivos do poder que naquele país vigem e as constituições escritas não têm valor nem são duráveis a não ser que exprimam fielmente os fatores do poder que imperam na realidade social: eis aí os critérios fundamentais que devemos sempre lembrar.[28]

Quase um século depois, em 1959, Konrad Hesse publicou *"A força normativa da Constituição" (Die normative kraft der verfassung)*, obra que reacende o debate em defesa da preservação da força normativa e da vontade de Constituição, como uma resposta a Lassalle.

---

[25] LASSALLE, Ferdinand. *A Essência da Constituição*. Rio de Janeiro: Lumen Juris, 2001, p. 33-37.
[26] *Ibidem*, p. 39.
[27] *Ibidem*, p. 39.
[28] *Ibidem*, p. 40.

Ao examinar o sentido sociológico de Constituição, Hesse assentou que essa concepção é baseada em uma situação de conflito permanente, em que a Constituição jurídica sucumbe diante da Constituição real:

> Em síntese, pode-se afirmar: a Constituição jurídica está condicionada pela realidade histórica. Ela não pode ser separada da realidade concreta de seu tempo. A pretensão de eficácia da Constituição somente pode ser realizada se se levar em conta essa realidade. A Constituição jurídica não configura apenas a expressão de uma dada realidade. Graças ao elemento normativo, ela ordena e conforma a realidade política e social. As possibilidades, mas também os limites da força normativa da Constituição resultam da correlação entre ser (Sein) e dever ser (Sollen).
>
> A Constituição jurídica logra conferir forma e modificação à realidade. Ela logra despertar 'a força que reside na natureza das coisas', tornando-a ativa. Ela própria converte-se em força ativa que influi e determina a realidade política e social. Essa força impõe-se de forma tanto mais efetiva quanto mais ampla for a convicção sobre a inviolabilidade da Constituição, quanto mais forte mostrar-se essa convicção entre os principais responsáveis pela vida constitucional. Portanto, a intensidade da força normativa da Constituição apresenta-se, em primeiro plano, como uma questão de vontade normativa de vontade de Constituição (Wille zur Verfassung).
>
> [...]
>
> A Constituição jurídica não significa simples pedaço de papel, tal como caracterizada por Lassalle. Ela não se afigura 'impotente para dominar, efetivamente, a distribuição de poder' tal como ensinado por Georg Jellinek e como, hodiernamente, divulgado por um naturalismo e sociologismo que se pretende cético. A Constituição não está desvinculada da realidade histórica concreta do seu tempo. Todavia, ela não está condicionada, simplesmente, por essa realidade. Em caso de eventual conflito, a Constituição não deve ser considerada, necessariamente, a parte mais fraca. Ao contrário, existem pressupostos realizáveis (realizierbare Voraussetzungen) que, mesmo em caso de confronto, permitem assegurar a força normativa da Constituição. Somente quando esses pressupostos não puderem ser satisfeitos, dar-se-á a conversão dos problemas constitucionais, enquanto questões jurídicas (Rechtsfragen), em questões de poder (Machtfragen). Nesse caso, a Constituição jurídica sucumbirá em face da Constituição real.
>
> Não se deve esperar que as tensões entre ordenação constitucional e realidade política e social venham a deflagrar sério conflito. Não se poderia, todavia, prever o desfecho de tal embate, uma vez que os pressupostos asseguradores da força normativa da Constituição não foram plenamente satisfeitos. A resposta à indagação sobre se o futuro do nosso Estado é uma questão de poder ou um problema jurídico que

depende da preservação e do fortalecimento da força normativa da Constituição, bem como de seu pressuposto fundamental, a vontade de Constituição. Essa tarefa foi confiada a todos nós.[29]

Não obstante a importância desse raciocínio, ao defender que as Constituições jurídicas não são meras folhas de papel porque possuem força normativa para modificar a realidade social de maneira ativa, por meio da vontade da Constituição (*Wille zur Verfarssung*), o próprio Konrad Hesse admitiu que, na hipótese de que certos pressupostos realizáveis (*realizierbare Voraussetzungen*) não fossem satisfeitos, "dar-se-[ia] a conversão dos problemas constitucionais, enquanto questões jurídicas (*Rechtsfragen*), em questões de poder (*Machtfragen*). Nesse caso, a Constituição jurídica sucumbir[ia] em face da Constituição real".[30]

Na origem, esse sentido jurídico de Constituição nasceu juntamente com o constitucionalismo moderno e em princípio está ligado à ideia do deixa fazer, deixa ir, deixa passar (*laissez faire, laissez aller, laissez passer*) do Estado Liberal clássico. Nessa concepção, cujo expoente maior é o jurista Hans Kelsen (*Praga*, 1881-1973), a Constituição pertence ao mundo formal do *dever ser* e não do *ser*, material.

A propósito das lutas do constitucionalismo, Lewandowski observa que o objetivo que inspirou a elaboração das primeiras Constituições permanece o mesmo até hoje: a "contenção do poder e a defesa dos direitos individuais".[31]

Para Kelsen, "o fundamento de validade de uma norma apenas pode ser a validade de uma outra norma",[32] que em último grau hierárquico é denominada *norma fundamental hipotética*. Para explicar o sentido lógico-jurídico da Constituição, o *mestre de Viena* acrescenta:

> Se por Constituição de uma comunidade se entende a norma ou as normas que determinam como, isto é, por que órgãos e através de que processos – através de uma criação consciente do Direito, especialmente o processo legislativo, ou através do costume – devem ser produzidas as normas gerais da ordem jurídica que constitui a comunidade, a norma fundamental é aquela norma que é pressuposta quando o costume, através do qual a Constituição surgiu, ou quando o ato constituinte

---

[29] HESSE, Konrad. *A força normativa da constituição*. Trad. Gilmar Ferreira Mendes. Porto Alegre: Fabris Editor, 1991, p. 24-25.
[30] *Ibidem*, p. 25.
[31] LEWANDOWSKI, Enrique Ricardo. *Proteção dos Direitos Humanos na Ordem Interna e Internacional*. Rio de Janeiro: Forense, 1984, p. 53.
[32] KELSEN, Hans. *Teoria Pura do Direito*. São Paulo: Martins Fontes, 2000, p. 215.

(produtor da Constituição) posto conscientemente por determinados indivíduos são objetivamente interpretados como fatos produtores de normas; quando – no último caso – o indivíduo ou a assembleia de indivíduos que instituíram a Constituição sobre a qual a ordem jurídica assenta são considerados como autoridade legislativa. Neste sentido, a norma fundamental é a instauração do fato fundamental da criação jurídica e pode, nestes termos, ser designada como constituição em sentido lógico-jurídico, para a distinguir da Constituição em sentido lógico-positivo.[33]

Esse olhar *jurídico-positivo* de Kelsen sobre a Constituição conclui que a Lei Fundamental equivale à norma suprema, ocupando o cume da pirâmide das normas jurídicas não pressupostas. Não obstante o brilho do raciocínio lógico, talvez o maior mérito da Teoria Pura do Direito foi ter revelado a natureza do *dever ser* da norma jurídica.

Para Kelsen, a democracia só poderia ser assegurada com a existência de uma Constituição escrita, formal, sob a guarda do Poder Judiciário, que faria a fiscalização de constitucionalidade por meio da atividade de jurisdição constitucional, para garantir o estrito cumprimento da Lei Fundamental na defesa das liberdades individuais e, no papel contramajoritário, em defesa dos direitos fundamentais das minorias contra o arbítrio do Estado, ou da força esmagadora de certas maiorias.

A implementação da jurisdição constitucional defendida por Kelsen encontrou uma resistência histórica, inicialmente por força do "princípio da soberania do monarca", posteriormente por força do "princípio da soberania popular" representada pelo Parlamento, que na qualidade de representante do povo não poderia estar submetido a qualquer tipo de controle externo, e, por fim, pela pena de governos autoritários.

Na era do Absolutismo Monárquico, entre os séculos XVI e XVIII, o princípio da soberania do príncipe foi radiografado pela doutrina atemporal de Nicolau Maquiavel (Florença, 1469-1527), que não apenas descreveu, mas buscou justificativas para o exercício bruto do poder, sem nenhum limite moral ou ético na obra publicada em 1513.[34]

De outro ângulo, preocupado com as questões superiores da moralidade, severidade bíblica, problemas religiosos e o bem-estar

---

[33] *Ibidem*, p. 221-222.
[34] MAQUIAVEL, Nicolau. *O príncipe*. São Paulo: Companhia das Letras, 2010.

do Estado e dos indivíduos, Jean Bodin[35] (*Angers*, 1530-1596) repeliu a monarquia tirânica para defender, como advogado do rei (*L'avocat du roi*), a monarquia real ou legítima, em conformidade com as leis da natureza e reflexo da razão divina (*omnis potestas a Deo*). Na erudita obra de Ciência Política e de Teoria do Estado, *Os Seis Livros da República* (1576), desenvolveu o mais preciso conceito de soberania: o "poder perpétuo e absoluto de uma República".[36]

Na mesma esteira da soberania do monarca, em um período marcado por convulsões incendiárias na Inglaterra, em 1642, a guerra entre o rei Carlos I e o Parlamento de Cromwell terminou com a decapitação de Sua Majestade e a Proclamação da República (*Commonwealth*).

Nesse cenário surge uma obra de título estranho e frontispício esquisito, denominada *Leviatã, ou a Matéria, a Forma e o Poder de um Estado Eclesiástico e Civil*, uma espécie de monstro bíblico que aparece no Livro de Jó, ilustrado por um gigante coroado que emerge por detrás das colinas e paira sobre o castelo e a cidade formada por milhares de pequenas pessoas aglomeradas, entre símbolos eclesiásticos e militares, todos contrapostos.

O autor, Thomas Hobbes (*Malmesbury*, 1588-1679), descreve o ser humano artificial, que parte do estado de natureza e de caos, em que o homem é o lobo do próprio homem (*homo homini lupus*), para um estado social onde o homem seria um Deus para o homem (*homo homini Deus*), o Soberano, acima de tudo e de todos, inclusive dos bispos anglicanos e do Papa, uma vez que a obra justificava o Absolutismo com fundamentos exclusivamente racionais.[37]

Já o conceito de soberania popular foi introduzido por Jean-Jacques Rousseau na obra *Du Contract Social; ou, Principes du*

---

[35] "Houve um tempo, quando eu ensinava direito romano em Toulouse, em que eu me figurava grande sábio, coroado pelos jovens, houve tempo no qual eu fazia pouco caso dos príncipes da doutrina como Bártolo, Baldo, Alexandre, Fabri, Paul e Du Moulin; eu colocava todos esses homens no mesmo saco que a magistratura ou a ordem dos advogados; a seguir, uma vez iniciado nos mistérios dos tribunais e instruído por um longo uso, enfim compreendi de uma vez que não é da poeira das escolas, mas sim dos campos de batalha do fórum, que não é na ponderação das sílabas, mas na pesagem da equidade e da justiça, que se funda a verdadeira e sólida sabedoria do direito" (Depoimento do filósofo e teórico do Estado do século XVI, Jean Bodin. *In*: GOYARD-FABRE, Simone. *Jean Bodin et le Droit de la Republique*. Paris: PUF, 1989).

[36] BODIN, Jean. *Les Six Livres de La République*. Paris: Jacques Du Puys, 1576.

[37] HOBBES, Thomas. *Leviatã, ou a Matéria, a Forma e o Poder de um Estado Eclesiástico e Civil*. Trad. Rosina D'Angina. São Paulo: Ícone, 2014.

droit politique, publicada em abril de 1762.[38] Ao retomar o tema da legitimidade do poder, esse pensador partiu da premissa de que os homens, em um passado distante, teriam vivido no estado de natureza, longe da sociedade, rumo a uma associação ou contrato social que garantisse simultaneamente a igualdade e a liberdade.

Rousseau ultrapassou restrições opostas ao exercício ilimitado do poder, determinado pelas leis divinas e pelo direito natural, para assentar que ao povo submetido às leis caberia a sua autoria, pois somente aos associados do pacto social competiria regulamentar as condições da sociedade.

Ao refletir sobre a sensível missão do legislador, Rousseau argumentou que, assim como um grande arquiteto que antes de erguer um edifício observa e sonda o solo para saber se este pode suportar o peso daquele, do mesmo modo, um legislador sábio não se põe a escrever boas leis antes de saber se os destinatários das normas podem suportar o peso dos regulamentos.[39]

Segundo Carré de Malberg, foi Rousseau "quem deu a essa doutrina [da soberania popular] sua expressão teórica mais clara, particularmente em seu Contrato Social e ademais, quem deduziu as suas consequências práticas com uma precisão e uma coragem que não alcançou nenhum dos seus predecessores".[40] Na mesma linha, Lewandowski afirma que a partir da obra de Rousseau firmou-se o entendimento de que a vontade geral, isto é, a vontade do povo, reunida em torno do pacto fundante do contrato social, faz a lei, sem conhecer quaisquer limites ou restrições (*Quidquid populi placuit legis habet vigorem*).[41]

Com o surgimento do Estado Social, no fim da Primeira Guerra Mundial, a lei deixou de ser a expressão de uma vontade geral anônima, no sentido rousseauniano da expressão, conforme almejavam os ideólogos do Estado Liberal de Direito dos séculos XVIII e XIX, e

---

[38] ROUSSEAU, Jean-Jacques. *Du contract social; ou, Principes du droit politique.* Amsterdam: Chez Marc Michel Rey, 1762, p. 323.

[39] "*Comme, avant d'élever, un grand édifice l'architecte obferve & fonde le fol, pour voir s'il en peut foutenir le poids, le fage inftituteur ne commence pas par rédiger de bonnes loix en elles-mêmes, mais il examine auparavant fi le peuple auquel il les deftine eft propre à les fupporter*" (ROUSSEAU, Jean-Jacques. Op. cit., p. 92).

[40] MALBERG, R. Carré. *Contribution à la theorie générale de l'État.* Tome Premier. Paris: Recueil Sirey, 1920, p. 875.

[41] LEWANDOWSKI, Enrique Ricardo. *Globalização, Regionalização e Soberania.* São Paulo: Juarez de Oliveira, 2004, p. 225-227.

passou a representar o resultado da vontade política de uma maioria parlamentar, fundada a partir de aspirações preexistentes no seio da sociedade, ainda que de maneira fragmentada.[42]

Além da resistência histórica para a implantação da jurisdição constitucional, por conta das Monarquias Absolutistas e da soberania popular do Parlamento, que não se sujeitaria a textos escritos por governos eventualmente autoritários, em outro campo de entrave, deve-se ressaltar que o *positivismo* exacerbado, com o seu formalismo excessivo, não se coaduna com o fenômeno jurídico multifário, sobretudo na seara do Direito Constitucional, permeado de influências sociais, políticas e culturais.

Em razão de todo esse conjunto de forças e resistências, teóricos do Direito se aventuraram em obras e digressões sobre outros sentidos de Constituição, como a concepção cultural, que parte da afirmação do Direito como um *objeto cultural*.

Para essa corrente doutrinária, "o Direito é, indubitavelmente, um objeto cultural. Vale dizer: é uma entidade que, no mundo do conhecimento, apresenta-se como uma das manifestações da mente humana, isto é, exprime as ações do homem ou o produto de sua vivência e de sua convivência".[43] A cultura constitui uma *unidade organizada* material ou espiritualmente (economia, técnica, ciência, arte, usos e costumes, direito, moral, religião) que interage por símbolos, significados e valores, formando um sistema social interligado por seres humanos.

Ao examinar o tema, Hermann Heller afirma que o Estado é um modo de vida organizado, cuja Constituição se caracteriza não só pela conduta regulamentada e juridicamente organizada de seus membros, mas também pela conduta não regulada por leis escritas, embora sejam normalizadas na cultura da sociedade. Exatamente por isso, destaca – para além das Constituições escritas – a importância dos fatores naturais e culturais para a formação do Estado, em um conceito de Constituição Total ou Plena, que reúne o mundo formal com o material.[44]

---

[42] SILVA, Daniela Romanelli da. *Democracia e Direitos Políticos*. Campinas: Editora do Autor, 2005, p. 62.

[43] BRITO, Edvaldo. *Limites da Revisão Constitucional*. Porto Alegre: Sérgio Antônio Fabris Editor, 1993, p. 11.

[44] "*Estos factores naturales y culturales tienen para la Constitución del Estado uma gran importância, tanto constructiva como destructiva; pero la Constitución no normada es solo um contenido parcial de la Constitución total*" (HELLER, Hermann. *Teoría del Estado*. México: Fondo de Cultura Económica/CFE, 2002, p. 318-319).

Em outro ângulo verticalizado, Virgílio Afonso da Silva registra que a Constituição Total também é denominada de Constituição fundamento, lastreada no conceito central que signifique a lei fundamental, não somente de toda a atividade estatal, "mas também a lei fundamental de toda a vida social".[45]

Meirelles Teixeira também considera a Constituição uma expressão da cultura total, em determinado momento histórico, como um "elemento configurante das demais partes da Cultura influindo sobre a evolução cultural com determinados sentidos ou, como diz Burdeau, a Constituição vincula o poder à ideia de Direito, impondo-lhe exigências e diretrizes para a sua ação".[46]

Nesse campo, o maior exemplo de revés doutrinário recai sobre as consequências práticas da concepção política de Constituição preconizada por Carl Schmitt, que a considerou, em síntese, uma *decisão política fundamental*. Para o movimento chamado *decisionismo político*, a essência da Constituição não reside em lei ou ato normativo, mas numa *decisão política do titular do poder constituinte* – o povo na democracia ou o monarca na monarquia pura.[47]

Essa incerta conclusão de Schmitt encontra fundamento em sua percepção puramente política sobre a Constituição. Referida doutrina revelou-se extremamente catastrófica quando, na Alemanha, travou-se um intenso debate no intuito de se descobrir a quem caberia a guarda da Constituição.

Em 1931, Schmitt publicou o livro intitulado *O guardião da Constituição (Der Hüter der Verfassung)*, no qual defendia a legitimidade exclusiva do Presidente do *Reich* para desempenhar esse papel, devido à sua elevada representatividade, negando, consequentemente, tal função ao Judiciário. A tese principal decorria do factoide: "a Constituição de Weimar é uma decisão política do povo alemão unitário enquanto detentor do poder constituinte".[48]

Segundo Schmitt, o reconhecimento de um Tribunal Constitucional como guardião da Constituição transformaria o Judiciário num órgão legislador, desequilibrando todo o sistema constitucional do Estado.

---

[45] SILVA, Virgílio Afonso da. *A Constitucionalização do Direito*: os direitos fundamentais nas relações entre particulares. São Paulo: Malheiros, 2011, p. 112.
[46] TEIXEIRA, J. H. Meirelles. *Curso de Direito Constitucional*. São Paulo: Forense Universitária, 1991, p. 77.
[47] SCHMITT, Carl. *Teoría de la Constitución*. México: Nacional, 1996.
[48] SCHMITT, Carl. *O Guardião da Constituição*. Belo Horizonte: Del Rey, 2007.

Para ele, "do ponto de vista democrático dificilmente seria possível confiar tais funções a uma aristocracia de toga".[49]

Essa expressão depreciativa dos membros do Poder Judiciário – *"Aristocracia de Toga"* (*Aristokratie der Robe*) – é utilizada ainda hoje, na sexta República do Brasil, por grupos de poder à margem do Estado democrático que buscam a hegemonia do Executivo, mas padecem dos mesmos pecados capitais do seu criador, Carl Schmitt.

Ainda em 1931, Kelsen publicou uma resposta frontal a Schmitt, em artigo intitulado *Quem deve ser o guardião da Constituição? (Wer soll der Hüter der Verfassung sein?)*. Partindo da premissa de que a obra de Schmitt ignorou solenemente a possibilidade de uma violação da Constituição partir do Chefe de Estado ou de governo, Kelsen formulou a seguinte indagação: "Como poderia o monarca, detentor de grande parcela ou mesmo de todo o poder do Estado, ser instância neutra em relação ao exercício de tal poder, e a única com vocação para o controle de sua constitucionalidade?".[50]

A história logo deu razão a Kelsen. Com a ascensão de Hitler ao poder, em 1933, sem nenhuma lesão à legalidade do sistema político de Weimar, demonstrou-se da forma mais deplorável possível como um sistema constitucional pode ser completamente violado e destruído. Com essa subversão, Hitler – escória da humanidade – dizimou seis milhões de judeus[51] e intitulou-se "o juiz supremo do povo alemão", sob o argumento de que "o verdadeiro líder (Führer) sempre é também juiz. Da liderança (Führertum) emana a judicatura (Richtertum)".[52]

A propósito, Hannah Arendt lembra o modo perturbador pelo qual os regimes totalitários usam e abusam das liberdades democráticas com o objetivo de suprimi-las, ressaltando que, "nos primeiros anos de poder, os nazistas desencadearam uma avalanche de leis e decretos, mas nunca se deram ao trabalho de abolir oficialmente a Constituição de Weimar".[53]

---

[49] SCHMITT, Carl. *Der Hüter der Verfassung*. 5. ed. Berlin: Duncker & Humblot, 2016, p. 155.
[50] KELSEN, Hans. *Jurisdição Constitucional*. São Paulo: Martins Fontes, 2003, p. 241-242.
[51] Cf. "A destruição de seis milhões" (ARENDT, Hannah. *Escritos judaicos*. Barueri: Amarilys, 2016, p. 791 e ss.).
[52] PORTO MACEDO JR., Ronaldo. *Carl Schmitt e a fundamentação do Direito*. São Paulo: Max Limonad, 2001, p. 220.
[53] ARENDT, Hannah. *Origens do totalitarismo*. Trad. Roberto Raposo. São Paulo: Companhia das Letras, 2012, p. 440, 532.

Sofrendo na própria pele a perseguição pelos nazistas[54] em razão de sua origem judaica, Hans Kelsen pregou que a democracia só poderia ser garantida por uma Constituição escrita e formal, sob a guarda do Poder Judiciário, por meio da fiscalização da constitucionalidade. Em sua autobiografia, Kelsen relembrou de triste episódio vivido em aula magna na universidade, em Praga, sua cidade natal, nos idos de 1936:

> Em meados de outubro de 1936, fui só, sem minha família, para Praga a fim de começar minhas aulas. Eu havia pedido uma licença do Instituto em Genebra. No dia de minha aula inaugural, o prédio da universidade estava ocupado por estudantes nacionalistas e por membros de organizações não estudantis de nacionalidade alemã. Precisei cruzar por uma brecha estreita essa multidão insuflada pela imprensa nacionalista alemã contra minha contratação para chegar ao auditório colocado à minha disposição pelo decano para minha aula inaugural. Como se constatou em seguida, esse auditório também estava ocupado pelas organizações nacionalistas. Os estudantes que haviam se inscrito na minha aula foram impedidos com violência de entrar no auditório. [...] Quando entrei no auditório, ninguém se levantou das cadeiras – era uma afronta direta, já que, segundo a tradição acadêmica, os estudantes tinham de se levantar à chegada do professor. Logo depois das minhas primeiras palavras, ressoou o grito: 'Abaixo os judeus, todos os não judeus têm que deixar a sala', com o que todos os presentes deixaram o auditório, onde fiquei sozinho. Tive de atravessar a mesma brecha entre os fanáticos que me encaravam com olhares cheios de ódio para voltar ao decanato. Ao fazê-lo, observei que muitos estudantes eram espancados e jogados escada abaixo. Eram muitos estudantes inscritos na minha aula, que haviam sido encarcerados em um auditório e agora eram jogados fora do prédio com violência.[55]

A ideia kelseniana de democracia está relacionada com a *liberdade*, enquanto para Schmitt, a única ideia verdadeiramente democrática é a de *igualdade*. Tal discussão ganha relevo nos dias atuais, por conta das

---

[54] "São muitos os atos de perseguição contra ele desferidos pelo Partido Nacional-Socialista (nazista). Com base na Lei de Restauração do Funcionalismo, foi demitido, com efeito imediato, do seu cargo de professor em 1933. Em 1934, mais uma vez por causa de sua origem judaica, é forçado a deixar a editoria da Revista para o Direito Público (Zeitschrift für Öffentliches Recht), que ele próprio fundara. Em fevereiro de 1936, perde a cidadania austríaca e alemã e passa a ser perseguido em toda a Europa, isto é, em todos os países em que o regime nazista tivesse influência" (GUEDES, Néviton. O cerco a Hans Kelsen e a crônica de uma injustiça. *Revista Consultor Jurídico*, São Paulo, 30 jul. 2012).

[55] KELSEN, H. *Autobiografia de Hans Kelsen*. Tradução de Gabriel Nogueira Dias e José Ignácio Coelho Mendes. Rio de Janeiro: Forense, 2011, p. 102.

vantagens e riscos que a jurisdição constitucional oferece. De fato, a jurisdição constitucional não é essencial à democracia. Nas monarquias constitucionais da Inglaterra e Holanda (Países Baixos, *Netherlands*), por exemplo, o regime democrático foi edificado na Constituição material, em função das conquistas históricas de seu povo.

Nesse sentido, ao discorrer sobre a indispensabilidade de um conceito histórico de Constituição, isto é, um conjunto de regras escritas ou consuetudinárias e estruturas institucionais da ordem jurídico-política de um Estado, Canotilho anota que "um *Englishman* sentir-se-á arrepiado ao falar-se de 'ordenação sistemática e racional da comunidade através de um documento escrito'. Para ele a Constituição – *The English Constitution* – será a sedimentação histórica dos direitos adquiridos pelos ingleses e o alicerçamento, também histórico, de um governo balanceado e moderado (*the balanced constitution*)".[56]

Todavia, as experiências históricas das nações soberanas demonstram os riscos de se optar por um sistema sem um órgão fiscalizador neutro, capaz de exercer a guarda da Constituição e decidir as questões de Estado mais sensíveis, tendo em conta que os governos possuem uma tendência natural de usar o poder para impor as suas vontades políticas aos opositores.

Daí a relevância de que a garantia dos direitos fundamentais seja confiada a um órgão neutro capaz de exercer jurisdição constitucional, cujos pressupostos são: i) a existência de uma Constituição formal; ii) a existência de uma Constituição rígida e suprema; e iii) a previsão de um órgão competente para o exercício da atividade.

Como *primeiro pressuposto*, a fiscalização da constitucionalidade requer a existência de uma Constituição formal e escrita, compreendida como instrumento jurídico, uma vez que as denominadas Constituições não escritas ou costumeiras não dispõem de um controle jurisdicional de constitucionalidade propriamente dito. Konrad Hesse adverte que "a vinculação à Constituição escrita não exclui o Direito Constitucional não escrito"[57] e conclui que "a Constituição escrita ganha na vida da coletividade um significado muito superior do que em uma ordem sem jurisdição constitucional".[58]

---

[56] CANOTILHO, J. J. Gomes. *Direito Constitucional e Teoria da Constituição*. 7. ed. Coimbra: Almedina, 2003, p. 52.
[57] HESSE, Konrad. *Elementos de Direito constitucional da República Federal da Alemanha*. Porto Alegre: Fabris,1998, p. 44.
[58] *Ibidem*, p. 419.

A propósito, Hermann Heller ressalta que *"la Constitución moderna no se caracteriza, sin embargo, propiamente por la forma escrita, sino por el hecho de la estructura total del Estado deba ser regulada em un documento escrito único"*.[59]

Entende-se por Constituição formal ou escrita o documento normativo superior, elaborado por um órgão que signifique o Poder Constituinte. Já a Constituição costumeira é aquela construída ao longo do tempo, difusamente, por meio da força dos costumes e cristalizada pela história, com certa tendência de formalização em normas escritas.

Como *segundo pressuposto*, a Constituição jurídica deve ser compreendida como a norma jurídica fundamental, rígida e suprema. Por esse motivo, seria impraticável o controle judicial de constitucionalidade nos países que adotam Constituições flexíveis e inconcebível onde não se aplique o princípio da supremacia da Constituição, o qual depende da rigidez constitucional.

Por último, como *terceiro pressuposto* para o exercício da jurisdição constitucional, é necessária a existência de um órgão fiscalizador. Esse órgão pode exercer a fiscalização tanto por meio da função jurisdicional como através da função política.[60] No Brasil, como se sabe, não obstante qualquer juiz ou tribunal exercer o controle judicial de constitucionalidade das leis pela via difusa, a palavra final sobre a fiscalização é confiada ao Supremo Tribunal Federal, o guardião da Constituição.

Ao analisar os limites da jurisdição constitucional no Tribunal Constitucional Federal alemão *(Bundesverfassungsgericht)*, Konrad Hesse argumenta que a jurisdição da ordem constitucional se caracteriza pelas amplas funções de proteção jurídica e controle de constitucionalidade conferidas ao Tribunal. Tal ampliação ultrapassa o tradicional quadro jurisdicional, de forma a conferir ao Poder Judiciário os poderes de fiscalização e de manutenção do equilíbrio da ordem constitucional entre as demais funções do Estado.[61]

Desse modo a jurisdição constitucional consiste na atividade jurisdicional estatal pela qual se exerce o controle da constitucionalidade das leis e dos atos normativos, em caso de inconstitucionalidade por

---

[59] HELLER, Hermann. *Teoría del Estado*. México: Fondo de Cultura Económica/CFE, 2002, p. 342-343.
[60] BASTOS, Celso Ribeiro Bastos. *Curso de Direito Constitucional*. São Paulo: Celso Bastos Editor, 2002, p. 632-636.
[61] HESSE, Konrad. *Elementos de Direito constitucional da República Federal da Alemanha*. Porto Alegre: Fabris,1998, p. 419-420.

ação ou omissão, com o objetivo precípuo de salvaguardar a supremacia da Constituição escrita.

A noção de inconstitucionalidade é relevante para se compreender a inconformidade normativa com o Texto Maior e consiste num subproduto do *princípio da supremacia da constituição*, implicando a consequência secundária do fato da Constituição ocupar o topo da pirâmide do ordenamento jurídico. Trata-se do resultado do conflito de uma norma ou de um ato hierarquicamente inferior com a Lei Fundamental, que pode ocorrer por uma *ação* ou *omissão*.

A inconstitucionalidade por *ação* deriva de atos administrativos ou legislativos que violam, no todo ou em parte, regras ou princípios da Constituição. Ao discorrer sobre o princípio da supremacia da Constituição e a necessária compatibilidade vertical das normas da ordenação jurídica de um país, José Afonso da Silva lembra que "as normas de grau inferior somente valerão se forem compatíveis com as normas de grau superior, que é a Constituição".[62]

De outro lado, a inconstitucionalidade por *omissão* decorre da inércia ou silêncio dos órgãos do Poder Público, que deixam de praticar ato exigido pelo Texto Maior no intuito de torná-lo aplicável. Jorge Miranda adverte que estes conceitos de *ação* e *omissão* são operacionais quando ligados aos órgãos do poder, sustenta que nem toda e qualquer desconformidade com a Constituição será inconstitucional.[63]

A *inconstitucionalidade* também pode ser *formal e orgânica* ou *material*. A inconstitucionalidade formal deriva de vício de incompetência do órgão que inaugura o processo legislativo ou que produz a lei ou ato normativo. Diz-se orgânica porque o órgão que produz o ato não segue o procedimento legislativo fixado na Constituição.

Merlin Clève afirma ser desnecessário lembrar que no Brasil a inconstitucionalidade formal adquire "uma dimensão superlativa, na medida em que a Constituição Federal incorpora uma série de dispositivos de natureza regimental, disciplinando de modo quase minucioso o processo legislativo".[64]

Na prática, a complexa distribuição de competências – incluindo a legislativa – entre os entes federativos (União, Estados-membros,

---

[62] SILVA, José Afonso. *Curso de Direito Constitucional Positivo*. São Paulo: Malheiros, 1997, p. 47.
[63] MIRANDA, Jorge. *Manual de direito constitucional*. Coimbra: Coimbra, 1985, p. 274.
[64] CLÈVE, Clèmerson Merlin. *A fiscalização abstrata da constitucionalidade no direito brasileiro*. São Paulo: RT, 2000, p. 41.

Distrito Federal e Municípios) impõe uma série de ritos formais, delimitações e compartilhamento de atribuições e responsabilidades, tornando a problemática ainda mais relevante, pois o Supremo Tribunal Federal acaba por pronunciar a inconstitucionalidade formal de milhares de leis e atos normativos que desbordam das normas de conformação ao serem editados.

A inconstitucionalidade material diz respeito ao próprio conteúdo da lei ou ato normativo. Quando uma norma não for compatível com a essência de uma norma constitucional, padecerá do vício de inconstitucionalidade material.

Celso Ribeiro Bastos anota que "em nome do princípio da validade da norma em função da sua adequação à norma hierárquica superior, [conclui-se] que toda norma infringente da Constituição [seja no aspecto formal ou material] é nula, írrita, inválida, inexistente".[65]

Não custa relembrar que o controle de constitucionalidade das leis não é tarefa exclusiva do Poder Judiciário. Nosso sistema, à semelhança do francês, compartilha essa função com órgãos de natureza política. É que na França do século XVIII os juízes do antigo regime (*ancien régime*) representavam o maior obstáculo à Revolução, por suas frequentes interferências nas questões do Legislativo e do Executivo, conforme reverberava, com propriedade, a pregação panfletária do abade Emmanuel Joseph Sieyès (*Fréjus*, 1748-1836), em seu Terceiro Estado,[66] denunciando a aristocracia parasitária que sugava a nação autêntica.

Ainda sobre o tema, Dieter Grimm alerta que a jurisdição constitucional não é imune a críticas e também pode oferecer riscos à democracia, uma vez que o Judiciário poderia, em tese, afastar a vontade dos representantes do povo eleitos para o Legislativo e Executivo sem a mesma legitimidade democrática e sem a mesma responsabilidade política perante o povo.

Após ponderar sobre os riscos e vantagens da jurisdição constitucional para a democracia, ressaltando as vantagens, Grimm conclui que o sistema judicial atua em condições diferentes, pois o seu distanciamento perante a sociedade em razão da não prestação de contas – na hipótese de decisões impopulares –, ou mesmo da falta de diálogo com esta, pode ser a maior virtude da jurisdição constitucional.

---

[65] BASTOS, Celso Ribeiro. *Curso de Direito Constitucional*. São Paulo: Celso Bastos Editor, 2002, p. 626-627.
[66] SIEYÈS, Emmanuel Joseph. *Qu'est-ce que le Tiers État?* Genève: Droz, 1970, p. 125.

Isso porque a popularidade e o sucesso político não são (nem deveriam ser) parâmetro aferível aos juízes, afigurando-se como uma corruptela do sistema democrático, que necessita de um Poder Judiciário isento de bandeiras político-ideológicas e de paixões do populismo judicial.

Desse modo, a autonomia do magistrado, acrescida de critérios profissionais, "capacita a corte a insistir no respeito aos princípios das suas obrigações a longo prazo, pelo menos quando elas têm um fundamento constitucional".[67] Por isso, garantias inerentes à magistratura, como vitaliciedade, inamovibilidade e irredutibilidade de vencimentos, são fundamentais para garantir uma independência essencial à função jurisdicional.

Sobre a coexistência entre a democracia e a fiscalização da constitucionalidade, à luz da matriz norte-americana da *judicial review*, John Hart Ely ressaltou a importância do Judiciário como instrumento de desbloqueio do processo democrático a garantir, portanto, a participação das minorias.[68]

De fato, o conceito de democracia não pode ser baseado tão somente na vontade da maioria, sob pena de se caracterizar um regime antidemocrático. Em uma democracia exclusivamente majoritária, a vontade da maioria governa incondicionalmente e, em certos casos, pode esmagar direitos fundamentais das minorias.

Por isso, determinadas liberdades públicas fundamentais não podem ser violadas, como por exemplo a elementar liberdade de reunião[69] e associação para fins lícitos, ou a liberdade de informação e manifestação do pensamento. Tais liberdades garantem, no mínimo, a possibilidade de mudança em determinados regimes pseudodemocráticos.

Como se vê, a jurisdição constitucional não é indispensável à democracia, no entanto, quando bem utilizada, apresenta-se como um poderoso instrumento capaz de fortalecer as instituições democráticas, impedindo que normas vinculadas à maioria violem direitos fundamentais de minorias.

---

[67] GRIMM, Dieter. Jurisdição Constitucional e Democracia. *Revista de Direito do Estado*, Rio de Janeiro, n. 4, 2006.

[68] ELY, John Hart. *Democracy and distrust*. Cambridge: Harvard University Press, 1980, p. 115-119.

[69] *"La liberté de reunión est, de toutes les libertés collectives, la plus élémentaire"* (RIVERO, Jean. *Les Libertés Publiques*. Paris: Presses Universitaires de France, 1977, p. 356).

A partir dessa reflexão sobre as diferentes percepções teóricas quanto ao significado de Constituição, com a objetividade que a matéria requer, despojando-nos do *juridiquês* e com olhar fixo no retrovisor da história, passaremos a investigar qual a exata influência dos fatores reais de poder nos textos constitucionais escritos que vigoraram no Brasil.

Do Império à atual República, cumpre saber quais as razões para as frequentes rupturas institucionais que nos levaram a passar por tantas Constituições formais, promulgadas e outorgadas, além de inúmeros atos institucionais, leis complementares, leis constitucionais, decretos e regulamentos normativos sem roupagem constitucional, mas, na prática, com supremacia e força de lei fundante de novas ordens políticas democráticas ou, lamentavelmente, de Estados de Exceção.[70] A propósito, nas reflexões de Giorgio Agamben, como elemento constitutivo do Totalitarismo Moderno "pode ser considerado, como a instauração, por meio de Estado de Exceção, de uma guerra civil legal que permite a eliminação física não só dos adversários políticos, mas também de categorias inteiras de cidadãos que, por qualquer razão, pareçam não integráveis ao sistema político".[71]

Examinar os movimentos políticos históricos e o jogo dos fatores reais de poder é a chave para compreender a *tensão perpétua* entre as *Constituições Paralelas do Brasil* (real vs. formal), bem como o estado de *inconformismo constitucional permanente* que fomenta e impulsiona o desejo de derrubar as nossas Constituições e, não raro, a própria democracia.

---

[70] Para melhor compreensão do impacto dos Estados de Exceção na América Latina, confira: SERRANO, Pedro Estevam Alves Pinto. *Autoritarismo e golpes na América Latina*: breve ensaio sobre jurisdição e exceção. São Paulo: Alameda, 2016; VALIM, Rafael. *Estado de Exceção*. São Paulo: Contracorrrente, 2017, p. 25-37.
[71] AGAMBEN, Giorgio. *Estado de Exceção*. Trad. Iraci D. Poleti. São Paulo: Boitempo, 2004, p. 11-49.

CAPÍTULO 3

CONSTITUIÇÃO JURADA

Eleições no Império. Homens Bons e o Povo. Ordenações e Pelouros. Primeira Constituição Vigente no Brasil. Constitucionalismo Ibérico. Revolução portuguesa de 1820. La Pepa. Constituição Espanhola de Cádiz de 1812. Vigência e Aplicação em 1821. Constitucionalismo na Praça. Partida do Rei e as Cortes de Lisboa.

Na primeira metade do século XVI, realizaram-se no Brasil as primárias eleições para a escolha dos oficiais do Conselho das Câmaras, também denominado Senado da Câmara, em algumas das mais importantes cidades, como Salvador, Rio de Janeiro, São Luiz e São Paulo. O processo eleitoral era regido pelas Ordenações Manoelinas, cujo Título XLV fixava "de que modo se [faria] a eleição dos juízes, e vereadores, e outros oficiais".

Os "homens bons e o povo" nomeavam seis cidadãos como eleitores que indicavam, de três em três anos, os juízes, vereadores, procuradores, tesoureiros e escrivães para mandato de um ano, renovado por três exercícios. Os votos eram depositados em bolas de cera, chamadas "pelouros" e, curiosamente, segundo o item 4 do Título XLV da referida Ordenação, a cada ano, um menino de sete anos revolveria bem esses pelouros para, em seguida, retirar os nomes sorteados para os cargos.[72]

Apesar da expressão "homens bons e o povo", Victor Nunes Leal registrou que não se cuidava de sufrágio universal, como seria fácil

---

[72] JOBIM, Nelson; PORTO, Walter Costa. *Legislação Eleitoral no Brasil*: do século XVI a nossos dias. v. 1. Brasília: Senado Federal, 1996, p. 9.

imaginar, "o eleitorado de primeiro grau das Câmaras era bastante restrito, pois geralmente se consideravam 'homens bons' os que já haviam ocupado cargos da municipalidade ou 'costumavam andar na governança' da terra".[73] E, como detalhou Nicolau, esse cidadão de bem precisaria "ter mais de 25 anos, ser católico, casado ou emancipado, ter cabedal (ser proprietário de terras) e não possuir 'impureza de sangue'".[74]

Essa eleição era inspirada no clássico sistema eleitoral por pelouros, estabelecido em Portugal por Dom João I, por meio da Ordenação de Pelouros em 12 de junho de 1391, que normatizava a eleição do corpo político camarário,[75] o qual presidia e representava a comunidade do conselho (atualmente chamado município), formado por juízes ordinários, vereadores, procuradores e tesoureiros. O nome pelouro remonta aos projéteis das antigas peças de artilharia dos primitivos canhões portugueses, cuja forma e aparência lembravam as bolas de cera utilizadas na apuração.[76] As Ordenações Manoelinas foram substituídas pelas Ordenações Filipinas no domínio castelhano, em 1603, acentuando-se o caráter administrativo do cargo de vereador.

Na antevéspera da independência, na senda da revolução portuguesa de 1820, o Brasil adotou o primeiro texto constitucional promulgado na Península Ibérica: a *Constitución Política de la Monarquía Española*, de 18 de março de 1812, conhecida como *La Pepa* por ter sido promulgada pelas Cortes gerais e extraordinárias da nação espanhola, no dia de São José (*Pepe*), *"En el nombre de Dios Todo-poderoso, Padre, Hijo y Espíritu Santo, Autor y Supremo Legislador de la Sociedad"* (preâmbulo original).

Aprovada em 19 de março de 1812, em Cádiz, durante as festividades de São José, é considerada a primeira Constituição legítima da Espanha, uma vez que o Estatuto de Bayona, de 1808, consistia em uma Carta outorgada, com o selo napoleónico. Por isso, *La Pepa* foi uma resposta do povo espanhol às intensões invasoras de Napoleão, que

---

[73] LEAL, Victor Nunes. *Coronelismo, Enxada e Voto*. 7. ed. São Paulo: Companhia das Letras, 2012, p. 114.
[74] NICOLAU, Jairo Marconi. *Eleições no Brasil*: do Império aos dias atuais. Rio de Janeiro: Zahar, 2012, p. 13.
[75] CAPELA, José Viriato. *As freguesias do Distrito de Braga nas memórias paroquiais de 1758*. Braga: Barbosa & Xavier, 2003, p. 54.
[76] CAPELA, José Viriato. Eleições e sistemas eleitorais nos municípios portugueses de Antigo Regime. *In*: CRUZ, Maria Antonieta (Org.). *Eleições e sistemas eleitorais*: perspectivas históricas e políticas. Porto: Universidade Porto Editorial, 2009, p. 382.

espreitava a crise na dinastia de Carlos IV e Fernando VII, no intuito de constituir mais uma monarquia satélite do seu império, como havia feito na Alemanha, Holanda e Itália.[77]

Longe de figurar como uma mera e servil repetição da Constituição francesa de 1791, a originalidade e universalidade foram registradas por Marx e Engels, quando assentaram que *La Pepa* foi um verdadeiro e original desdobramento da vida intelectual espanhola, que regenerou as antigas instituições nacionais, as quais introduziram as medidas de reforma exigidas com clamor pelos pensadores e estadistas mais notáveis do século XVIII, com concessões inevitáveis aos anseios populares.[78]

A Constituição de Cádiz foi aplicada pela primeira vez na Bahia, de maneira provisória, para estabelecer uma junta de governo. Na ocasião, os revoltosos resolveram que se escrevesse ao rei pedindo-lhe que abraçasse as ideias modernas, abandonasse as tradições arbitrárias do poder e se unisse à vontade de seu povo, segundo registra Aurelino Leal em sua *História Constitucional do Brasil*, que acrescenta: "as primeiras manifestações do governo constitucional no Brazil seguiram o conceito expresso: constituíram um reflexo da revolução de 1820 em Portugal contra o absolutismo ali reinante, assim como a revolução de Portugal encontrou explicativa histórica e social nos acontecimentos que haviam trabalhado a Hespanha, que contaminara Napoles das idéas liberaes".[79]

Em obra que tive a honra de coordenar, denominada "Juiz Constitucional", o professor Paulo Bonavides assevera que a Constituição de Cádiz é parte do constitucionalismo brasileiro, uma das principais bases do constitucionalismo imperial, tempo em que "se deu duas vezes a adoção daquela Carta. A primeira vez na Bahia, de forma provisória, por ato de uma junta governativa que em 10.02.1821 ocupou

---

[77] Cf. Congresso de Los Diputados. Constitución de 1812. Disponível em: https://www.congreso.es/cem/const1812.

[78] Em artigo publicado no *New York Daily Tribune*, n. 4.244, de 24 de novembro de 1854, intitulado Espanha Revolucionária VI, Marx e Engels concluíram que "Un examen más detenido de la Constitución de 1812 nos lleva, pues, a la conclusión de que, lejos de ser una copia servil de la Constitución francesa de 1791, fue un vástago genuino y original de la vida intelectual española, que regeneró las antiguas instituciones nacionales, que introdujo las medidas de reforma clamorosamente exigidas por los autores y estadistas más célebres del siglo XVIII, que hizo inevitables concesiones a los prejuicios populares" (MARX, Karl; ENGELS, Friedrich. *Escritos sobre España*: extractos de 1854. Madrid: Editorial Trotta, 1998, p. 139).

[79] LEAL, Aurelino. *História Constitucional do Brazil*. Brasília: Ministério da Justiça, 1994, p. 4-8.

ali o poder. A segunda por um decreto de D. João VI, expedido [em 21 de abril] no mesmo ano, mas logo revogado no dia seguinte, debaixo de forte pressão da tropa portuguesa aquartelada no Rio de Janeiro".[80]

Uma terceira oportunidade em que a Constituição da Espanha também foi formalmente adotada ocorreu durante a transição do Brasil-Colônia para o Brasil-Império, não para um ato desimportante qualquer, mas para regular as eleições realizadas com base no Decreto de 7 de março de 1821, que fixou "instrucções para as eleições dos Deputados das Côrtes, segundo o methodo estabelecido na Constituição Hespanhola, e adoptado para o Reino Unido de Portugal, Brazil e Algarves".[81]

Conforme observou Francisco Belisário, essas eleições se fizeram de acordo com a Constituição espanhola de Cádiz, uma vez que "a omissão das instruções portuguesas de 25 de novembro fora intencional por parte da junta provisional e governo de Portugal com o fim de excluir o Brasil da constituinte. Reunindo-se as cortes em 24 de janeiro de 1821, foi ainda rejeitada a indicação de um deputado para que se mandasse proceder à eleição de deputados no Reino do Brasil, sendo aceita a parte da emenda relativa às ilhas dos Açores e da Madeira".[82]

Em 20 de abril de 1821, *Sábado de Aleluia*, vivia-se uma forte crise política em razão da eleição dos deputados que elaborariam uma nova Constituição para o Reino Unido de Portugal, Brasil e Algarves. O povo protestava nas ruas e nas arquibancadas da praça do Comércio, no Rio de Janeiro, contra e a favor da presença de D. João VI no Brasil e muitos pediam a aplicação da avançada Constituição de Cádiz, no primeiro e mais forte sentimento de *inconformismo constitucional* identificado na história do Brasil. D. João VI havia deixado Portugal em 1807, quando Napoleão invadiu o país, e, mesmo após a sua expulsão pelo exército Francês, em 1813, o rei permaneceu no Brasil, fato que deu ensejo à Revolução Liberal do Porto, em 24 de agosto de 1820, que exigia o retorno do rei e a instalação de uma constituinte.

---

[80] BONAVIDES, Paulo. A prevalência de Cádiz sobre Filadélfia no berço do constitucionalismo brasileiro. *In*: LEMBO, Cláudio; CAGGIANO, Monica Herman; ALMEIDA NETO, Manoel Carlos de (Coord.). *Juiz Constitucional*: Estado e poder no século XXI. São Paulo: Revista dos Tribunais, 2015, p. 455.

[81] Cf. Decreto de 7 de março de 1821. Instituto Brasileiro de Direito Eleitoral. Disponível em: http://www.ibrade.org/wp-content/uploads/2018/03/Decreto-de-7-de-março-de-1821.compressed.pdf. Acesso em: 7 jun. 2021.

[82] SOARES DE SOUZA, Francisco Belisário. *O Sistema Eleitoral no Império*. Brasília: Senado Federal, 1979, p. 50.

Sob forte pressão popular e receio de uma revolta, D. João VI assinou o Decreto de 21 de abril de 1821, em que se dobrou aos juramentos da Constituição espanhola e a publicou, com determinação que o texto fosse estritamente observado no Brasil até que sobreviesse a Constituição a ser estabelecida pelas Cortes de Lisboa:

> Havendo tomado em consideração o termo de juramento que os eleitores paroquiais desta comarca, a instâncias e declaração unânime do povo dela, prestaram à Constituição espanhola, e que fizeram subir a minha real presença, para ficar valendo interinamente a dita Constituição espanhola desde a data do presente decreto até a instalação da Constituição, em que trabalharam as cortes atuais de Lisboa, e que eu houve por bem jurar com toda a minha Corte povo e tropa no dia 26 de fevereiro do corrente ano: Sou servido ordenar, que de hoje em diante se fique estrita e literalmente observado neste Reino do Brasil a mencionada Constituição espanhola até o momento, em que se ache inteira e definitivamente estabelecida a Constituição deliberada, e decidida pelas cortes de Lisboa. Palácio da Boa Vista aos 21 de abril de 1821 – Com a rubrica de Sua Majestade.[83]

O povo, entusiasmado com a vitória, tentou impedir o retorno do rei a Portugal, quando na madrugada do domingo, soldados se confrontaram com manifestantes, deixando um saldo de 40 tiros e muitos mortos. Em apenas 24 horas depois, no dia 22 de abril, enfraquecido, o rei revogou o decreto sob o fundamento de que a Constituição espanhola teria sido implementada por influência de "homens mal-intencionados e que queriam a anarquia" e, por essa razão, manifestou: "Hei por bem Determinar, Decretar y Declarar por nulo o Ato feito ontem". Quando regressou a Portugal, de navio, em 26 de abril de 1821, após 14 anos de ausência, D. João VI deixou seu filho indicado como Príncipe Regente do Brasil.

Em discurso de abertura do 8º Fórum Parlamentar Ibero-Americano, em Cádiz, na Espanha, o então presidente do Senado, José Sarney, reafirmou a sua importância para o constitucionalismo brasileiro: "*La Pepa* é um marco na história constitucional do Brasil. Sua fórmula de monarquia liberal esteve na base da mais duradoura Constituição do país. Afonso Arinos, o grande político e constitucionalista, sustenta que as fontes das Constituições outorgadas

---

[83] BONAVIDES, Paulo. As nascentes do constitucionalismo luso-brasileiro, uma análise comparativa. *Revista del Instituto de Investigaciones Jurídicas*, México, p. 219, 2004.

no Brasil, em 1824, e em Portugal, em 1826, pelo imperador brasileiro, foram as ideias constitucionais francesas, diretamente ou por intermédio da de Cádiz". Ressaltou, ainda, que a Carta imperial de 1824 nos deu sessenta e cinco anos de um regime que se fez parlamentarista e se consolidou, em boa parte, por consequência direta de *La Pepa*.[84]

De fato, como assenta Afonso Arinos, Cádiz é o documento fundamental do constitucionalismo ibérico. Com inspiração na Constituição francesa de 1791, teve grande influência na revolução portuguesa de 1820 e, por essa razão, refletiu no Brasil e em inúmeros países da América Latina, tendo em conta que entre os signatários da *La Pepa* estavam os deputados que representavam as colônias espanholas para além-mar, como a Argentina, denominada colônia de Buenos Aires, Uruguai (colônia de Montevidéu), Equador (Guaiaquil), Venezuela, Chile, Peru e Colômbia (Vice-Reino de Nova Granada), Cuba (Havana), Panamá, São Salvador, Costa Rica, Porto Rico e México. Esse modelo também foi seguido na revolução portuguesa, com a representação das capitanias brasileiras nas eleições para as cortes de Lisboa.[85]

Ressalte-se, portanto, que, do ponto de vista formal e histórico, a Constituição de Cádiz, publicada na Espanha, em de 18 de março de 1812, foi a primeira *Carta Magna* a vigorar no Brasil em 1821.[86] Com vida e morte em apenas 24 horas, entre os dias 21 e 22 de abril de 1821, foi jurada e publicada por pressão e vontade popular e revogada pelo fator de poder imperial, sob a força das armas, restando ao povo reacender o sentimento de *inconformismo constitucional*, que no Brasil, já dissemos, é permanente.

É lamentável que a primeira Constituição a vigorar no Brasil seja esquecida e não contabilizada pelo Estado brasileiro. A efemeridade de Cádiz integra a história constitucional do Brasil e nos ajuda a compreendê-la.

---

[84] SARNEY, José. *Constituição de Cádiz*. Cádiz: Fórum Parlamentar Ibero-Americano, 2012, p. 1-5.
[85] FRANCO, Afonso Arinos de Melo. *Curso de Direito Constitucional brasileiro*. 3. ed. Rio de Janeiro: Forense, 2019, p. 18-19.
[86] COTRIM NETO. A. B. A primeira Constituição rígida do Brasil. *In: Revista de Direito do Ministério Público do Estado da Guanabara*, criada pelo Decreto 1.174, de 2 de agosto de 1966, ano I, n. 2, vol. 2, p. 30-34, maio/ago. 1967.

CAPÍTULO 4

CARTA NATIVA

Instruções Eleitorais. Carta de 1824. Instruções de 1822. Conselho Privado de 1823. Carta Imperial de 1824. Noite da Agonia e Dia dos Moleques. Estabilidade e Plasticidade Constitucional. Golpe da Maioridade. Praxe Parlamentarista. Revoluções Nativas. Moderador, o Quarto Poder. Tridimensionalidade e Tetradimensionalidade. Freios e Contrapesos. Conselho de Estado, o Quinto Poder. Sistemas Eleitorais dos Círculos, do Terço e do Censo. Organizações Partidárias, Fatores de Poder e a Queda do Império.

Em 3 de junho de 1822, um decreto real convocou a nossa primeira Assembleia Geral Constituinte e Legislativa, que previa eleição indireta, em dois graus, segundo as instruções publicadas pela Decisão 57, de 19 de junho de 1822.

As Instruções de 1822 constituem a primeira lei eleitoral brasileira, baixada especificamente com o fito de regulamentar eleições para o legislativo nacional, e não para as Cortes portuguesas, sem tampouco fazer alusão ao método espanhol. O grande objetivo da Constituinte de 1823 era formar uma sólida monarquia constitucional no Brasil que respeitasse os direitos e as garantias individuais e limitasse o poder do monarca.

A primeira Constituição "nativa" do Brasil e, também, a mais longeva de todas as que tivemos foi a Carta Imperial, que durou 65 anos (1824-1889). Fruto do processo de independência do país, a citada Assembleia Geral Constituinte e Legislativa para o Reino do Brasil de 1822 previa limites ao poder absoluto do monarca, notadamente quanto a dissolver a Câmara dos Deputados e submeter o comando das Forças Armadas ao Legislativo.

Por essa razão, em 12 de novembro de 1823, Dom Pedro I, que segundo ele próprio governava "pela graça de Deus e unânime aclamação dos povos", resolveu dissolver a Constituinte, com a invasão do Plenário, instalado no prédio da "Cadeia Velha" pelo Exército, e a prisão e o exílio de vários deputados.

O Brasil havia se tornado independente de Portugal havia apenas 8 meses, tinha 4,5 milhões de habitantes e a Assembleia logrou reunir 84 dos 100 deputados. As divergências surgiram porque o Imperador aspirava ao poder absoluto de veto e ao controle pleno sobre o parlamento. A reunião se estendeu pela madrugada e, por encaminhamento do relator, deputado Antônio Carlos Ribeiro de Andrada Machado e Silva, o Império foi instado a se manifestar sobre as persistentes "inquietações na cidade" e sobre "os motivos dos estranhos movimentos militares que perturbam a tranquilidade da capital". O parlamentar acabou preso junto com seus irmãos Martin Francisco Ribeiro de Andrada e José Bonifácio de Andrada e Silva, o patriarca da independência. O episódio que envolveu os "irmãos Andrada" ficou conhecido como a "noite da agonia".

Sobre a prisão de José Bonifácio, Aurelino Leal conta que, enquanto era conduzido ao Arsenal de Marinha, uma multidão de moleques pagos pelos portugueses vaiava e assobiava com insuportável barulho. Ao sair da carruagem fechada (*sege*), José Bonifácio se dirigiu ao general Moraes, que o esperava na porta e exclamou: "Hoje é o dia dos moleques!". A frase não era para os garotos e o patriarca partiu para o exílio.[87]

Em seguida, instituiu-se um primeiro Conselho Privado de Estado, que elaborou o nosso primeiro texto constitucional, o qual não admitia a descentralização do poder do Imperador, denominado Poder Moderador. Embora previstas as outras três funções clássicas, essa quarta instância conferia amplos poderes ao Imperador, a quem cumpria resolver os conflitos envolvendo as outras três, e não ao Judiciário.

Assim, outro projeto de Constituição foi elaborado e Dom Pedro I, autointitulado "Imperador Constitucional, e Defensor Perpétuo do Brasil",[88] outorgou a "Constituição Política do Império do Brasil" em 25 de março de 1824, que estabelecia o monarca como pessoa "inviolável e sagrada" (art. 99).

---

[87] LEAL, Aurelino. *História Constitucional do Brazil*. Brasília: Ministério da Justiça, 1994, p. 90.
[88] Preâmbulo da Carta de 1824.

O texto da primeira *Magna Carta* nascida em solo brasileiro foi preparado pelo Conselho de Estado, com inspiração em ideias inglesas e francesas, além de forte influência da Constituição portuguesa. Atribuía ao Poder Legislativo "fazer leis, interpretá-las, suspendê-las e revogá-las", assim como "velar pela guarda da Constituição" (art. 15, 8º e 9º). A Carta de 1824, portanto, não conheceu a jurisdição constitucional.

A Carta estabeleceu um Estado unitário, sem autonomia para as províncias, e, no âmbito eleitoral, fixou o sufrágio censitário, pelo qual se vedava o direito de votar às mulheres e àqueles que tivessem renda líquida anual inferior a cem mil réis, ou duzentos mil réis para eleitores de segundo grau. Para se eleger deputado, exigia-se renda de quatrocentos mil réis líquidos e, para senador, oitocentos mil réis brutos, tudo auferido pelos bens de raiz e comércio.

A importância de nossa Carta genuinamente brasileira pode ser medida por sua longevidade e eficiência no enfrentamento das crises de Estado. Considerada a partir de sua vigência com apenas uma única emenda, durou 65 anos, de 1824 a 1889, apesar das inúmeras revoltas, rebeliões e insurreições que atingiram a monarquia, bem como dos fatos de elevada significação política, econômica e social, a exemplo das intervenções no Prata e a Guerra do Paraguai, o início do protecionismo econômico com a tarifa Alves Branco, de 1844, a supressão do tráfico de escravos, a abolição, em 1888, e o início da industrialização.

Para se ter uma ideia da estabilidade da Carta Imperial, a atual Constituição Federal de 1988, por exemplo, com apenas 33 anos, já foi emendada 110 vezes.

O aspecto chave da durabilidade da Constituição Imperial certamente repousava no seu artigo 178, cuja regra inspirada no constitucionalismo inglês delimitava o seu escopo: "É só constitucional o que diz respeito aos limites e atribuições respectivas dos poderes políticos, e aos direitos políticos e individuais dos cidadãos; tudo o que não é constitucional pode ser alterado, sem as formalidades referidas, pelas legislaturas ordinárias".

Com isso, o texto constitucional portava considerável plasticidade e foi emendado uma única vez, pelo Ato Adicional de 12 de agosto de 1834, que estabeleceu um "regente eletivo e temporário", com mandato de quatro anos, enquanto o Imperador não alcançasse a maioridade.

No entanto, em 23 de julho de 1840, o deputado Andrada Machado, irmão de José Bonifácio, derrubou a regência ao apresentar e aprovar projeto de lei contendo apenas um artigo: "Sua Majestade Imperial o senhor D. Pedro II é desde já declarado maior". Assim, aos

14 (quatorze) anos de idade, por conta do episódio conhecido como "golpe da maioridade", D. Pedro II iniciava o terceiro período imperial do Brasil.

Durante esse período de regência, instituiu-se a praxe de um governo parlamentar, com a criação do cargo de Presidente do Conselho de Ministros pelo mero Decreto Executivo 523, de 20 de julho de 1847, cuja simplicidade refuta a instalação de um verdadeiro sistema parlamentarista: "Tomando em consideração a conveniência de dar ao Ministério uma organização mais adaptada às condições do sistema representativo: Hei por bem criar um Presidente do Conselho dos Ministros cumprindo ao dito Conselho organizar o seu regulamento que será submetido a minha imperial aprovação".

A Lei 387, de 19 de agosto de 1846, foi a primeira norma votada pela Assembleia Geral para disciplinar as eleições de deputados, senadores e membros das assembleias provinciais, prevendo também inelegibilidades infraconstitucionais, uma vez que vedava ao presidente, ao secretário da Província e ao comandante de Armas serem eleitos membros da Assembleia Provincial (art. 83).

Apesar de todos os percalços, a Lei Eleitoral de 1846 foi considerada um "melhoramento no método prático de eleições",[89] comparada às Instruções de 1824 e de 1842, especialmente quanto à formação das mesas eleitorais e das incompatibilidades parlamentares. Constituiu um grande avanço rumo à legitimidade da representação no parlamento.

Para Afonso Celso, a plasticidade da Carta de 1824 era tão acentuada que seria possível a implantação da própria República por simples emenda constitucional, uma vez que o texto não estabelecia limites ao poder constituinte derivado, ao contrário de outras Cartas que vedavam a modificação da forma republicana e do sistema federativo.[90]

No plano dos fatores de poder, o sentimento constitucional deriva da frustração com a violenta dissolução da Assembleia Constituinte de 1823, que revelou o autoritarismo da monarquia e foi estopim da Confederação do Equador, movimento revolucionário de natureza republicana, em desdobramento da Revolução Pernambucana de 1817, de cunho separatista, que se alastrou a outras províncias do Nordeste brasileiro em 1824.

---

[89] SOARES DE SOUZA, Francisco Belisário. *O Sistema Eleitoral no Império*. Brasília: Senado Federal, 1979, p. 68.
[90] FIGUEIREDO, Afonso Celso de Assis. *Oito Anos de Parlamento*. Brasília: UnB, 1983, p. 37.

O historiador Sérgio Buarque de Holanda adverte que "dificilmente se pode compreender os traços dominantes da política imperial, sem ter em conta a presença de uma Constituição 'não escrita' que, com a complacência dos dois partidos, se sobrepõe em geral à Carta de 1824 e ao mesmo tempo vai solapá-la".[91]

Resultado da insatisfação com os rumos da monarquia e a centralização do Imperador, essas revoluções nativas marcaram o afastamento entre a opinião pública e a Coroa, que aniquilou o grupo com apoio de tropas estrangeiras sob o comando do militar inglês Thomas Cochrane, 10º Conde de Dundonald e Marquês do Maranhão.

A *"Constituição Política do Império do Brasil"*, outorgada em 25 de março de 1824, não admitia laços de união ou federação que fizessem oposição à sua natureza unitária e centralizadora, inexistindo poder local. Além disso, a índole do Poder Moderador, Quarto Poder ou Poder Imperial revela a impossibilidade do funcionamento de um parlamentarismo minimamente aceitável, segundo o modelo inglês, tendo em conta a marca autoritária do modelo constitucional.

Paulo Bonavides registra que esse parlamentarismo tosco e rudimentar foi, de certa forma, proveitoso ao Brasil, mas precisava de aperfeiçoamentos, tendo em conta a ingerência do Poder Moderador. Argumenta que "salvo a América Portuguesa, nenhuma Constituição que seja do nosso conhecimento formalizou aquele quarto poder, em que a tridimensionalidade de Montesquieu cedia lugar à tetradimensionalidade de Benjamim Constant".[92]

Para Benjamin Constant, a separação do *pouvoir royal* e do poder ministerial fez tanta fortuna na França, que todos os lados a adotaram. O poder real seria neutro e apolítico por excelência, sem prerrogativas prejudiciais, pois, enquanto o monarca é inviolável, os ministros são responsáveis por seus atos. Por isso, na hipótese de bloqueio ou impasse entre os poderes do Estado, somente o poder real poderia solucionar a controvérsia como árbitro imparcial de todos os outros.[93]

---

[91] HOLANDA, Sérgio Buarque de. *História da Civilização Brasileira*, II – O Brasil Monárquico, 5 – Do Império à República. São Paulo: Bertrand, 1992, p. 21.

[92] BONAVIDES, Paulo. A prevalência de Cádiz sobre Filadélfia no berço do constitucionalismo brasileiro. *In*: LEMBO, Cláudio; CAGGIANO, Monica Herman; ALMEIDA NETO, Manoel Carlos de (Coord.). *Juiz Constitucional*: Estado e poder no século XXI. São Paulo: Revista dos Tribunais, 2015, p. 458.

[93] *"La séparation du pouvoir royal d'avec le pouvoir ministériel a fait fortune em France, et maintenant tous les partis s'en sont emparés. [...] Par cela seul que le monarque est inviolable et que les ministres sonr responsables, la séparation du pouvoir royal et du pouvoir ministériel este constatée. [...] De ce qu'on sentait vaguement que le pouvoir royal étai par as nature une autorité*

Para melhor compreender a natureza do Poder Moderador, é importante relembrar que, considerando as lutas entre as monarquias absolutistas e o parlamento, em 1690 John Locke refletiu sobre a bipartição do poder e escreveu que a sociedade herda dos homens livres em estado de natureza dois poderes essenciais que precisam estar em diferentes mãos: o *legislativo*, para a conservação da própria sociedade e seus membros, e o *executivo* que assegura a execução das leis. Para Locke, "quem tiver o poder legislativo ou o poder supremo de qualquer comunidade obriga-se a governá-la mediante leis estabelecidas, promulgadas e conhecidas do povo, e não por meio de decretos extemporâneos, por juízes indiferentes e corretos, que terão de resolver as controvérsias conforme essas leis" em nome da paz, segurança e bem público do povo.[94]

Entretanto, o Estado Moderno deve a Charles-Louis de Secondat, Barão de La Brède e de Montesquieu (*Bordeaux*, 1689-1755) a elaboração da Teoria da Tripartição dos Poderes, lançada na obra "O Espírito das Leis", publicada em novembro de 1748. Ao refletir sobre a teoria da liberdade da Constituição não escrita da Inglaterra, no capítulo VI do livro XI, assentou que "tudo estaria perdido se o mesmo homem ou a mesma corporação dos principais, dos nobres ou do povo, exercesse esses três poderes: o de fazer as leis, o de executar as resoluções públicas e o de julgar os crimes ou as desavenças dos particulares".[95]

Sobre a originalidade do pensamento do Barão de La Brède, Jean-Jacques Chevallier observa que "são evidentes as reminiscências de Locke, Montesquieu, porém, faz do judiciário um poder distinto, o terceiro, enquanto Locke parece ver nele apenas um ramo do Executivo".[96]

A teoria foi encampada pela experiência de inúmeras sociedades democráticas em todo o mundo, especialmente em decorrência do apego dogmático dos teóricos do Estado a uma técnica fundamental de contenção do poder.

---

neutre qui, renfermée dans ses limites, n'avait pas de prérogatives nuisibles, on em a conclu qu'il n'y aurait pas de d'inconvénient à l'investir de ces prérogatives, et la netralité a cesse" (CONSTANT, Benjamin. *Cours de Politique Constitutionnelle*. Tome I. Paris: Librairie de Guillaumin, 1872, p. 295-298).

[94] LOCKE, John. *Segundo Tratado sobre o Governo*: ensaio relativo à verdadeira origem, extensão e objetivo do Governo Civil. Trad. E. Jacy Monteiro. São Paulo: Abril Cultural, 1973, p. 90.

[95] MONTESQUIEU. *De l'Esprit des Lois*. Oeuvres complètes. v. II. Dijon, Bibliothèque de La Pléiade. Paris: Gallimard, 1951.

[96] CHEVALLIER, Jean-Jacques. *As grandes obras políticas de Maquiavel a nossos dias*. Rio de Janeiro: Agir, 2002, p. 40.

Para Montesquieu, a divisão funcional deve ser orgânica, ou seja, há de existir órgãos, usualmente denominados de "poder", incumbidos do desempenho dessas funções de modo específico, não podendo haver entre elas qualquer vínculo de subordinação. Sua intenção era elaborar uma técnica capaz de perquirir uma forma equilibrada e moderada de governo, com funções diferenciadas, de tal modo que no interior da estrutura do Estado o poder se encarregasse de controlar ou limitar o próprio poder (*le pouvoir arrête le pouvoir*).

A partir das premissas fixadas na doutrina de Montesquieu, baseada no sistema de independência entre os órgãos do poder e conexão de suas atividades, desenvolveu-se a fórmula dos *checks and balances of power*, ou seja, dos freios e contrapesos capazes de harmonizar e acomodar essas funções do Estado, com o objetivo de proteger e resguardar os direitos e liberdades do indivíduo.

A ideia dos freios e contrapesos foi desenvolvida na fundação da Constituição norte-americana, de modo altamente perceptível não apenas para os juristas, mas para toda a população diretamente ouvida nos debates constitucionais. Durante a convenção de ratificação da Carta Magna, em 25 de janeiro de 1788, no Estado de Massachusetts, entraram para a história as palavras de Jonathan Smith, um simples fazendeiro local que discursou sobre o perigo da anarquia e declarou ter descoberto, no texto constitucional, nos *"checks and balances of power"*,[97] a cura para as desordens e abuso do poder.

A Teoria da Tripartição dos Poderes, enquanto sábio mecanismo propiciador da contenção do poder pelo poder, no contexto em que foi criada, embora falando sobre a Constituição da Inglaterra, alcançou ampla significação a partir do ordenamento jurídico edificado na França. A Declaração dos Direitos do Homem e do Cidadão, de 1789, chegou a afirmar que a sociedade em que a separação dos poderes não é assegurada não possui Constituição (art. 16). A Carta Magna francesa de 1791 também contemplou o referido princípio.

Entretanto, como a natureza do poder é caracterizada por sua unidade e indivisibilidade, o que a doutrina clássica chama de separação

---

[97] "*Mr. President, when I saw this Constitution, I found that it was a cure for these disorders. It was just such a thing as we wanted. I got a copy of it and read it over and over. I had been a member of the Convention to form our own state Constitution, and had learnt something of the checks and balances of power, and I found them all here*" ('Leviathan' Swallowing Up 'Us little Folks' and on the Danger of Anarchy. *In*: BAILYN, Bernard. *The Debate on the Constitution*. Part One. New York: The Library of America, 1993, p. 907-908).

de poderes significa, na realidade, a divisão de funções e atividades estatais entre distintos órgãos autônomos denominados poderes.[98]

No Brasil-Império, conforme já mencionamos, o primeiro constituinte acrescentou à clássica divisão dos poderes um quarto poder, o moderador e, na prática, ainda existiu um quinto poder, denominado Conselho de Estado, que explicaremos a seguir, na sequência. Somente após a promulgação da *Constituição republicana* de 1891, foi que o país passou a adotar a fórmula tridimensional de Montesquieu.

A Carta Imperial de 1824 estabeleceu que "o poder Moderador é a chave de toda a organização política, e é delegado privativamente ao imperador, como chefe supremo da Nação e seu primeiro representante, para que incessantemente vele sobre a manutenção da independência, equilíbrio e harmonia dos mais poderes políticos" (art. 98).

Referido dispositivo revela a impossibilidade do funcionamento de um parlamentarismo minimamente aceitável, segundo o modelo inglês, tendo em conta a natureza autoritária e imperial da norma constitucional. Pimenta Bueno, constitucionalista do Império, definiu o Poder Moderador como:

> [...] a suprema inspeção da Nação, e o alto direito que ela tem, e que não pode exercer por si mesma, de examinar como os diversos poderes políticos, que ela criou e confiou a seus mandatários, são exercidos. É a faculdade que ela possui de fazer com que cada um deles se conserve em sua órbita, e concorra harmoniosamente com os outros, para o fim social, o bem-estar nacional; é quem mantém seu equilíbrio, impede seus abusos, conserva-os na direção de sua alta missão; é, enfim, a mais elevada força social, o órgão político mais ativo, o mais influente, de todas as instituições fundamentais da Nação.[99]

O *Poder Moderador*, *Quarto Poder*, *Poder Imperial* ou *Poder Real* forjou o nosso sistema político e exerceu enorme influência no Legislativo, ao nomear, convocar ou suspender seus membros do Senado ou Câmaras; no Executivo, ao nomear ou exonerar livremente os ministros de Estado; e também no Judiciário, com a função de suspender magistrados ou modificar decisões e penas impostas por sentença.

---

[98] TEMER, Michel. *Elementos de Direito Constitucional*. 18. ed. São Paulo: Malheiros, 2002, p. 117-167.

[99] PIMENTA BUENO, José Antônio. *Direito Público Brasileiro e Análise da Constituição do Império*. Brasília: Senado Federal, 1978, p. 200 e ss.

Após o golpe da maioridade que derrubou a regência, Dom Pedro II, embora centralizador, foi obrigado a conviver com os fatores reais de poder existentes e isso o fez exercer o papel de árbitro de conflitos entre conservadores e liberais, dicotomia então predominante. Octaciano Nogueira bem contextualiza essa questão:

> Temos que reconhecer, no entanto, que, embora acusado de exorbitar de suas funções constitucionais, o Imperador muito cedo se conformou em ser apenas o árbitro e não o ator solitário da política brasileira. Entre 1840, quando assumiu o poder aos 14 anos, e 1844, quando os liberais voltam ao poder, e o monarca tinha apenas 18 anos de idade, D. Pedro II esteve, com maior ou menor grau de ascendência, sob a verdadeira tutela da chamada "Facção Áulica" denominada depreciativamente "grupo da Joana". Entre 1844 e 1848, quando os conservadores voltam ao poder, depois da "Praieira", em Pernambuco, o Monarca não tinha outra opção que a de ceder-lhes o mando político. Com a insurreição pernambucana, os liberais tinham demonstrado sua imaturidade para resolver politicamente suas pendências.[100]

Ao examinar a dicotomia do Legislativo na Carta de 1824, Pimenta Bueno constatou que:

> [...] a sociedade tem dois grandes interesses sempre em ação: o da conservação dos bens que goza e do progresso; tem também sempre em movimento os interesses das localidades e o interesse geral. A Câmara dos Deputados é a representativa do ativa do progresso, dos interesses e móveis; o Senado é o outro órgão, outro ramo essencial do poder legislativo que, sem opor-se aquela representação, quando suas vistas forem bem fundadas, deve fora disso ser o representante das ideias conservadoras e do interesse geral, como predominante.[101]

O Imperador foi afastando-se progressivamente do poder pessoal e absoluto, deixando espaço para o desenvolvimento de grupos políticos que intensificaram os ataques ao Poder Moderador e estimularam o crescimento do Legislativo, a exemplo da recriação do Conselho de Estado, apelidado de Quinto Poder.

Fator relevante de poder no Império, esse órgão tinha inspiração portuguesa e atribuições elevadíssimas, devendo ser obrigatoriamente consultado na hipótese de escolha de Senadores e assuntos da

---

[100] NOGUEIRA, Octaciano. *1824/Constituições brasileiras*. Brasília: Senado Federal, 2012, p. 33
[101] PIMENTA BUENO, José Antônio. *Direito Público Brasileiro e Análise da Constituição do Império*. Brasília: Senado Federal, 1978, p. 329.

Assembleia Geral e Legislativas, além de opinar sobre temas afetos ao Poder Judiciário, como sanção imposta a magistrados e reforma de sentenças.

O Quinto Poder era movido por dois grandes interesses da sociedade, de um lado o conservadorismo, de outro a vontade liberal e progressista. É importante destacar que o Conselho de Estado não apenas fora instituído após a Carta de 1824, mas, em sua essência, possui contornos de Poder Constituinte originário, tendo elaborado o esboço da carta que o Imperador outorgou como Constituição. A diferença em relação ao Conselho Privado de 1823, que esboçou a Carta de 24, foi essa maior autonomia originária que lhe permitiu viabilizar, na Constituição Imperial, um ambiente normativo favorável ao seu fortalecimento como Quinto Poder.

Na forma, o Conselho de Estado era composto por 10 conselheiros vitalícios, de livre escolha do Imperador, não compreendidos os ministros de Estado, cargo inferior na hierarquia imperial. Antes da posse, os aspirantes deveriam prestar o "juramento nas mãos do Imperador" de manter a religião católica, respeitar a Constituição e as leis, serem fiéis ao Imperador, aconselhá-lo segundo suas consciências e serem fiéis ao bem da Nação.

Entre as atribuições do Quinto Poder, consta que deveriam ser ouvidos em todos os negócios graves e medidas gerais da Administração Pública, principalmente sobre declaração de guerra, ajustes de paz, negociações com nações estrangeiras, assim como em todas as ocasiões em que o Imperador se propusesse a exercer qualquer das atribuições próprias do Poder Moderador, podendo ser responsabilizado por recomendações ilegais e manifestamente dolosas, nos termos dos artigos 137 a 144 da Constituição Imperial.

Como anotou José Honório Rodrigues, historiador incumbido pelo Senado Federal, de organizar a publicação das atas do Conselho Pleno:

> [...] a Constituição foi cautelosa e sábia ao criar o Conselho de Estado nos moldes em que o fez. O Conselho Privado de que cogitara Antônio Carlos (no projeto de Constituição apresentado à Assembleia de 1823) teria sido, com o Poder Moderador, o reduto do aulicismo manhoso e interesseiro, uma força poderosa e incontrolável a serviço da onipotência do trono ou das camarilhas palacianas. E um conselho a que pertencessem os Ministros, na forma do decreto de 13 de novembro (o que elaborou o projeto de Constituição, depois de dissolvida a Constituinte), não passaria de simples prolongamento do Poder Executivo, uma peça inútil no mecanismo do Estado. [...]

O Conselho de Estado foi um guardião das tradições do regime, um órgão de estatização da monarquia representativa e constitucional, disfarce com que se apresentava a ditadura do poder moderador. O quarto (Poder Moderador) e o quinto poder (o Conselho de Estado) foram criações engenhosas da minoria dominante brasileira, para melhor e mais seguramente manter o seu domínio imperial, subjugar as multidões que temiam e até detestavam – e punir a ferro e fogo os que se opusessem ao seu poderio. O quarto poder era a ditadura, dita plácida por seu autor, Carneiro de Campos, e o quinto com todo o saber as razões de Estado. Os conselheiros do quinto poder eram, segundo ele, os Guardiões do quarto poder.[102]

Nesse conturbado ambiente de fatores de poder, o nosso sistema político eleitoral foi impelido ao aprimoramento em direção a uma melhor representação parlamentar. Com a edição da chamada "Lei dos Círculos" (Decreto 842, de 19 de setembro de 1855), reformou-se o sistema eleitoral para deputados e senadores, alterando-se de majoritário para lista e dividindo-se as províncias em distritos ou círculos de apenas um representante, para a eleição dos deputados e de seu suplente.

Por meio da Lei dos Círculos, introduziu-se no sistema eleitoral brasileiro a exigência de maioria absoluta dos votos para se definir o resultado da disputa eleitoral. Esse sistema já era utilizado nos Estados Unidos, na Inglaterra e principalmente na França, cuja Lei Eleitoral de 22 de dezembro de 1789, que exigia *la majorité absolue des votants* no pleito,[103] serviu de inspiração.

Pelo sistema eleitoral dos círculos, se ninguém obtivesse a maioria absoluta de votos, deveria ocorrer imediatamente um segundo escrutínio em que cada eleitor votaria unicamente em um dos quatro candidatos mais votados no primeiro turno. Se ainda no segundo escrutínio ninguém obtivesse a maioria absoluta de votos, seria realizado imediatamente um terceiro turno a ser disputado pelos dois mais votados, a partir do qual seria eleito deputado aquele que obtivesse a maioria absoluta dos votos (art. 1º, §6º).[104]

---

[102] RODRIGUES, José Honório. *Atas do Conselho de Estado*. v. 1. Conselho de Estado, O Quinto Poder? Brasília: Senado Federal, 1978, p. 37 e ss.

[103] FERREIRA, Manoel Rodrigues. *A evolução do sistema eleitoral brasileiro*. Brasília: Senado Federal, 2001, p. 191.

[104] "Se ninguém obtiver maioria absoluta de votos, proceder-se-á imediatamente a segundo escrutínio, votando cada Eleitor unicamente em hum dos quatro Cidadãos mais votados no primeiro escrutínio. Se ainda no segundo escrutínio ninguém obtiver maioria absoluta

Examinando os resultados perniciosos dessa lei sobre a política, os partidos e o regime eleitoral, Francisco Belisário assentou que "os círculos trouxeram logo esta consequência: enfraqueceram os partidos, dividindo-os em grupos, em conventículos da meia dúzia de indivíduos, sem nexo, sem ligação, sem interesses comuns e traços de união. Toda a nossa esfera política, até então elevada, apesar da nossa relativa pequenez como nação, sentiu-se rebaixada".[105]

Com o advento do Decreto 1.082, de 18 de agosto de 1860, estabeleceu-se o sistema distrital com três deputados, ou seja, na prática, círculos de três nomes. Conforme explica Walter Costa Porto, a dificuldade desse sistema era que, "das vinte províncias, seis davam somente dois deputados e sete outras elegiam representantes em número que não era múltiplo de três".[106] Nesse caso, o citado decreto previa "um ou dois distritos de dois deputados" (arts. 1º e 2º). Acrescenta-se a ausência dos partidos políticos, vista como vantagem ante a disciplina severa do antigo regime.

Por meio do Decreto 2.675, de 20 de outubro de 1875, adotou-se no país a Lei do Terço, assim intitulada por permitir que o eleitor, nas eleições primárias e secundárias, escolhesse dois terços das cadeiras existentes na província.

Na prática, dividiam-se os cargos eletivos a serem preenchidos em dois terços para a maioria e um terço para a minoria, situação considerada como um problema de representação na antiga Lei dos Círculos. Manoel Rodrigues Ferreira explica que a Lei do Terço foi regulamentada pelo Decreto de 12 de janeiro de 1876, cujas regras eram as seguintes:

> [...] cada eleitor somente podia votar em um número de nomes que fossem os dois terços dos a eleger. Assim, por exemplo, São Paulo tinha o direito de eleger nove deputados à Assembleia Geral e 36 à Assembleia Provincial. De acordo com a lei, os eleitores (de 2º grau) deviam organizar suas chapas com seis nomes (dois terços de nove), e 24 nomes (dois terços de 36), respectivamente. O partido vitorioso (ou coligação) somente poderia preencher dois terços de cargos eletivos.

---

de votos, proceder-se-á imediatamente a terceiro, votando cada Eleitor unicamente em hum dos dois Cidadãos mais votados no segundo escrutínio, e ficará eleito Deputado o que obtiver maioria absoluta de votos" (art. 1º, §6º, da Lei dos Círculos).

[105] SOARES DE SOUZA, Francisco Belisário. *O Sistema Eleitoral no Império*. Brasília: Senado Federal, 1979, p. 80.

[106] FERREIRA, Manoel Rodrigues. *Op. cit.*, p. 3.

O resto, isto é, o terço que faltasse, seria preenchido pela minoria, ou seja, o partido ou coligação que tivesse obtido menos votos.[107]

Anos antes de ingressar no Brasil, o sistema de terços já havia sido adotado na Inglaterra e, por essa razão, foi amplamente discutido na Câmara do Império, com especial atenção para os partidos e coligações que se organizavam para disputar o pleito. Um aspecto importante da Lei do Terço é que, pela primeira vez, atribuiu-se jurisdição eleitoral aos juízes. O juiz de Direito era o "funcionário competente para conhecer da validade ou nulidade da eleição de Juízes de Paz e Vereadores das Câmaras Municipais, mas não [poderia] fazê-lo senão por via de reclamação, que [deveria] ser apresentada dentro do prazo de 30 dias, contados da apuração" (§30).[108]

Com isso, no jogo dos fatores reais de poder, os magistrados passavam a praticar importantes funções jurisdicionais eleitorais, com atribuição de anular o pleito em caso de "fraude plenamente comprovada e que prejudi[casse] o resultado da eleição", cabendo recurso voluntário interposto por qualquer cidadão no caso de despacho que aprovasse o pleito. Na situação de decisão que anulasse a eleição, caberia também um recurso com efeito suspensivo para o Tribunal da Relação do distrito (§30). Mantida a anulação das eleições, o Presidente do Tribunal da Relação deveria enviar cópia do acórdão ao presidente da respectiva Província e, imediatamente, realizar nova eleição (§32).[109]

Embora não houvesse a Justiça Eleitoral especializada, esses foram os primeiros passos da jurisdição eleitoral no Brasil, ainda que em um esboço embrionário, sem a força e competência que deveria ter, mas com participação efetiva nos acontecimentos e reformas políticas que culminaram com a derrubada da Constituição Imperial.

É que o desgastado sistema de eleições indiretas mantido pela Lei do Terço estava no seu limite quando Dom Pedro II resolveu dar abrigo às reivindicações do Partido Liberal, que havia reiniciado a campanha pelas eleições diretas. O Imperador deliberou com os presidentes da Câmara e do Senado e, em seguida, resolveu confiar ao PL a responsabilidade pela reforma eleitoral.

---

[107] FERREIRA, Manoel Rodrigues. *Op. cit.*, p. 210.
[108] JOBIM, Nelson; PORTO, Walter Costa. *Legislação eleitoral no Brasil*: do século XVI a nossos dias. v. 1. Brasília: Senado Federal, 1996, p. 135.
[109] *Ibidem*, p. 135.

A direção dos trabalhos foi confiada ao Visconde de Sinimbu, que, diante da dúvida quanto à reestruturação eleitoral se dar por meio de lei ordinária ou por reforma constitucional, não resistiu ao temor do Imperador em convocar uma Assembleia Constituinte que ameaçasse a monarquia e não soube resolver o impasse. Já enfraquecido, Sinimbu resolveu reprimir duramente uma manifestação popular contra o aumento das passagens dos bondes, o que resultou na morte de alguns civis.[110]

D. Pedro II, que não tolerava violência, tornou a permanência de Sinimbu insustentável no Gabinete, forçando-o a renunciar. Ato contínuo, o Imperador escolheu o político baiano José Antônio Saraiva, também liberal, que, segundo o historiador Afonso Celso, "inspirava respeito e confiança inigualáveis. Possuía, pois, predicados especiais, exercia magnetismo pessoal pouco vulgar. Bom senso, faro agudo das ocasiões, arte em as aproveitar, ideias claras e práticas, confiança em si, conhecimento do meio em que vivia, prudência, altivez, decisão, jeito sob aparências rudes, manha disfarçada em explosões de brutal franqueza, conferiam-lhe inquestionável superioridade".[111]

Ante o gigantismo da responsabilidade confiada pelo Imperador, Saraiva convidou para redigir a lei eleitoral um jovem conterrâneo, brilhante, de 31 anos de idade, que cumpria sua primeira legislatura como deputado federal. Seu nome era Ruy Barbosa.

Ruy Barbosa trabalhou arduamente e, em poucos dias, o projeto de reforma estava redigido, contendo ideias consideradas avançadas para o seu tempo, como as eleições diretas. Originariamente, Saraiva era contra o voto dos analfabetos, com o que Ruy concordava, considerando essa possibilidade de voto demagógica, pois naquela época as ideias e os programas políticos circulavam basicamente pela via impressa. Para Ruy, erradicar o analfabetismo era a solução,[112] certamente influenciado pelo ideário liberal de John Locke e Stuart Mill, que, em suas considerações sobre a extensão do sufrágio no governo representativo publicadas em 1861, entendiam que antes do sufrágio universal seria necessário concretizar o princípio da educação universal.[113]

---

[110] LACOMBE, Américo Jacobina; FRANCO, Afonso Arinos de Mello. *A vida dos grandes brasileiros*: Rui Barbosa. São Paulo: Editora Três, 2001, p. 97.

[111] FIGUEIREDO, Afonso Celso de Assis. *Oito anos de parlamento*. Brasília: Universidade de Brasília, 1981, p. 37.

[112] LACOMBE, Américo Jacobina; FRANCO, Afonso Arinos de Mello. *A vida dos grandes brasileiros*: Rui Barbosa. São Paulo: Editora Três, 2001, p. 98.

[113] MILL, John Stuart. *Considerações sobre o governo representativo*. Trad. Manoel Innocêncio de L. Santos. Brasília: Universidade de Brasília, 1981, p. 87-99.

Concluída a redação do projeto, coube também a Ruy a defesa da lei no parlamento. Em 9 de janeiro de 1881, por meio do Decreto 3.029, o Imperador sancionou o ato normativo conhecido como Lei Saraiva ou Lei do Censo.

A propósito, durante os debates no parlamento, respondendo à questão sobre a corrupção nas altas classes ou naquelas excluídas pelo censo, como os tipógrafos, jornalistas e outros, Ruy Barbosa disse: "não imponho a classe nenhuma o labéu de corrompida: ignoro que hajam classes poluídas e classes extremes. Em todas há partes sãs e partes perdidas, virtudes e chagas morais [...] aplaudo o projeto exatamente em nome da conveniência dos operários brasileiros, que contribuirão para o eleitorado em proporção menor, mas com toda a energia do seu contingente".[114]

A Lei Saraiva instituiu as eleições diretas, o voto secreto, as inelegibilidades e o retorno aos círculos (formalmente chamados distritos) de um só deputado para a Assembleia Geral e plurinominais para as Assembleias Provinciais. Estabeleceu ainda a eleição em dois turnos para os candidatos à Assembleia Geral e reafirmou a exigência de maioria dos votos (art. 18, §2º), além de ter criado o título de eleitor e previsto duras penalidades contra as fraudes eleitorais.

No fim do Império, em 15 de novembro de 1889, o Brasil contava com um sistema eleitoral bastante amadurecido, fruto de quase sete décadas de inúmeros aperfeiçoamentos que culminaram com a Lei Saraiva, redigida por Ruy Barbosa, o que facilitou sobremaneira a transição para a República e a queda da Carta de 1824.

No plano dos fatores de poder político-partidário, embora formalmente omissa a Carta Imperial nesse sentido, o ambiente fático permitiu o nascimento livre de organizações de natureza partidária com ideologia própria e bem definida, para além do conservadorismo reinante, como por exemplo a "Liga Progressista" e o "Centro Liberal", até 1868, ou quando os republicanos lançaram, em 1870, o manifesto de Itu, pedra fundacional do Partido Republicano. Mesmo sem estatutos, tal como hoje os conhecemos, possuíam alinhamento ideológico e conceitual.

Enquanto os grupos e movimentos de poder efervesciam, a deslustrada monarquia brasileira não conseguia se ajustar aos ritos dos tronos europeus. Longe dos trajes reluzentes e condecorações militares,

---

[114] FERREIRA, Manoel Rodrigues. *A evolução do sistema eleitoral brasileiro*. Brasília: Senado Federal, 2001, p. 223.

o Imperador vestia trajes civis, escuros. Por sua formação humanística, Pedro II não se entusiasmava pelo militarismo e seu aparato, quando raramente vestia uniforme militar, optava pelo de Almirante.

Com a promulgação da Lei Áurea, de 13 de maio de 1888, a princesa Isabel, por sua vez, sentiu o sabor da popularidade, mas teve que enfrentar os reflexos do *establishment* pela via dos fazendeiros escravocratas, os quais potencializaram os impactos da ausência de medidas de incentivo fiscal e adaptação rural, uma vez que, depois de muitos dias de merecido festejo, os ex-escravos abandonaram o campo para enfrentar o primitivo mercado de trabalho nas cidades, sob preconceito e discriminação acentuados.

Os fatores reais de poder consubstanciados nos barões, viscondes, banqueiros, marqueses fazendeiros e militares não conseguiriam mais segurar o sentimento reinante de espelhar o modelo de desenvolvimento norte-americano, federal e republicano.

Foi esse ambiente plástico, permissivo e conturbado que possibilitou o texto constitucional mais longevo da nossa história, com 65 anos de duração, apenas uma emenda e que, ao tempo de sua revogação em 1889, pelo Governo Provisório chefiado pelo Marechal Manoel Deodoro da Fonseca, era a segunda "Constituição" formal e escrita mais antiga do mundo, superada apenas pela Constituição norte-americana, aprovada em 17 de setembro de 1787, com 7 artigos fundamentais.

CAPÍTULO 5

CARTA EMERGENCIAL

Movimentos Republicanos. Estatuto Constitucional de Emergência de 1889. Proclamação e Fundação da República. Governo Provisório. Comissão dos Cinco e o Projeto de Constituição. Ruy, o Revisor.

Examinada isoladamente, a longevidade de uma Constituição, de fato, não é a medida mais adequada para se aferir a qualidade do texto em relação ao seu povo. Todavia, durante as seis décadas de sua vigência, a Carta Imperial de 1824 refletiu e espelhou aquilo que Ferdinand Lassalle definiu como *fatores reais de poder* que regem uma nação, até o advento da formalização, em 1889, por meio de um estatuto constitucional de urgência, consubstanciado no Decreto 1, expedido no dia 15 de novembro do mesmo ano, com 11 artigos, portanto, apenas 4 a mais do que o modelo da Constituição norte-americana de 1787, originalmente com 7, dando início a uma nova ordem de poder constitucional, com ideário republicano e federalista.

Os movimentos republicanos permitiram a institucionalização do Governo Provisório, implementado no dia da proclamação República, pelo importante Decreto 1, de 15 de novembro de 1889, que o constitucionalista Afonso Arinos precisamente classificou como "Estatuto Constitucional de Emergência (...) redigido por Ruy Barbosa, o qual deve ser considerado, assim, o autor da primeira lei constitucional republicana. Este decreto proclama a República, institui a Federação e delineia as normas que deviam reger os governos dos Estados".[115]

---

[115] FRANCO, Afonso Arinos de Melo. *Curso de Direito Constitucional brasileiro*. 3. ed. Rio de Janeiro: Forense, 2019, p. 124.

Essa "Carta constitucional de emergência", estabelecida pelo poder constituinte de fato, foi um texto constitucional que reinou no topo da hierarquia normativa brasileira e originalmente fundou a República, nos seguintes termos:

DECRETO Nº 1, DE 15 DE NOVEMBRO DE 1889

Proclama provisoriamente e decreta como fórma de governo da Nação Brazileira a Republica Federativa, e estabelece as normas pelas quaes se devem reger os Estados Federaes.

O Governo Provisório da República dos Estados Unidos do Brazil decreta:

Art. 1º. Fica proclamada provisoriamente e decretada como a fórma de governo da nação brazileira - a República Federativa.

Art. 2º. As Províncias do Brazil, reunidas pelo laço da federação, ficam constituindo os Estados Unidos do Brazil.

Art. 3º. Cada um desses Estados, no exercício de sua legitima soberania, decretará opportunamente a sua constituição definitiva, elegendo os seus corpos deliberantes e os seus governos locaes.

Art. 4º. Emquanto, pelos meios regulares, não se proceder á eleição do Congresso Constituinte do Brazil e bem assim á eleição das legislaturas de cada um dos Estados, será regida a nação brazileira pelo Governo Provisorio da Republica; e os novos Estados pelos governos que hajam proclamado ou, na falta destes, por governadores, delegados do Governo Provisorio.

Art. 5º. Os governos dos Estados federados adoptarão com urgencia todas as providencias necessarias para a manutenção da ordem e da segurança publica, defesa e garantia da liberdade e dos direitos dos cidadãos quer nacionaes quer estrangeiros.

Art. 6º. Em qualquer dos Estados, onde a ordem publica for perturbada e onde faltem ao governo local meios efficazes para reprimir as desordens e assegurar a paz e tranquilidade publicas, effectuará o Governo Provisorio a intervenção necessaria para, com o apoio da força publica, assegurar o livre exercicio dos direitos dos cidadãos e a livre acção das autoridades constituidas.

Art. 7º. Sendo a Republica Federativa Brazileira a fórma de governo proclamada, o Governo Provisorio não reconhece nem reconhecerá nenhum governo local contrário á fórma republicana, aguardando, como lhe cumpre, o pronunciamento definitivo do voto da nação, livremente expressado pelo suffragio popular.

Art. 8º. A força publica regular, representada pelas tres armas do Exercito e pela Armada nacional, de que existam guarnições ou contingentes nas diversas provincias, continuará subordinada e exclusivamente dependente do Governo Provisorio da Republica, podendo os governos locaes, pelos meios ao seu alcance, decretar a organização de uma guarda civica destinada ao policiamento do territorio de cada um dos novos Estados.

Art. 9º. Ficam igualmente subordinadas ao Governo Provisorio da Republica todas as repartições civis e militares até aqui subordinadas ao governo central da nação brazileira.

Art. 10. O território do Municipio Neutro fica provisoriamente sob a administração immediata do Governo Provisorio da Republica e da cidade do Rio de Janeiro constituida, tambem provisoriamente, séde do poder federal.

Art. 11. Ficam encarregados da execução deste decreto, na parte que a cada um pertença, os secretarios de estado das diversas repartições ou ministerios do actual Governo Provisório.

Sala das Sessões do Governo Provisorio, 15 de novembro de 1889, 1º da República.

Marechal Manuel Deodoro da Fonseca, Chefe do Governo Provisorio. - S. Lobo. - Ruy Barboza. - Q. Bocayuva. - Benjamin Constant. - Wandenkolk.

Com efeito, ao proclamar como nova forma de governo da nação brasileira a República federativa, com 11 artigos a serem observados pelos Estados-membros, sob pena de intervenção, e subordinar as forças armadas ao Governo Provisório, o Decreto 1, de 15 de novembro de 1889, rompeu com a ordem Constitucional imperial, com o Estado unitário então vigente e instaurou uma nova ordem de governo, absolutamente diferente, investido do Poder Constituinte originário de fato, e, por essas razões, o referido documento consubstancia verdadeira *Carta emergencial* outorgada e provisória, que vigorou com supremacia, como formalmente previsto, por 1 ano e 3 meses, até a promulgação da Constituição de 24 de fevereiro de 1891.

Assim, por meio de atos e decretos expedidos em novembro de 1889,[116] o Governo Provisório fundou a República Federativa ao definir os subsídios para a sobrevivência da família real destronada, a extinção de castigos corporais nas Forças Armadas, os distintivos da bandeira e das armas nacionais, bem como o desenho do mapa político-institucional da República Velha.

A Proclamação da nossa primeira República deu início a um novo período para o sistema político brasileiro. O sufrágio universal foi implementado pelo governo provisório chefiado pelo alagoano

---

[116] Cf. Decretos 1 a 7, Coleção de Leis do Brasil - 1889, v. 1, p. 1 a 6.

Marechal Manoel Deodoro da Fonseca – para muitos um herói da Guerra do Paraguai – por meio do Decreto 6, de 19 de novembro de 1889, o qual considerava eleitores todos os cidadãos brasileiros, no gozo de seus direitos políticos, que soubessem ler e escrever.

Em seguida, por meio do Decreto 29, de 3 de dezembro de 1889, o governo provisório nomeou uma comissão composta por cinco membros (*Comissão dos Cinco*: o signatário do Manifesto Republicano Joaquim Saldanha Marinho, no encargo de presidente; Américo Brasiliense de Almeida Mello, vice-presidente; e como vogais, Antônio Luiz dos Santos Werneck, Francisco Rangel Pestana e José Antônio Pedreira de Magalhães Castro). Essa comissão teve a função de elaborar um projeto de Constituição dos Estados Unidos do Brasil para ser apresentado à Assembleia Constituinte, convocada em 21 de dezembro de 1889 e reunida em 15 de novembro de 1890.

O trabalho foi entregue pela comissão ao governo em 30 de maio de 1890. Em junho do mesmo ano, Ruy Barbosa revisou minuciosamente o texto, modificando sua estrutura, no dia 22 do mesmo mês o projeto estava finalizado e aprovado. A participação de Ruy na redação da Constituição de 1891 mereceu amplo registro na doutrina especializada:

> Ruy redigira todo o projecto da Constituição de seu próprio punho, em dois dias. A pressa era tal que o auxiliar de Ruy, Rodolpho Tinoco, que foi incumbido de calligraphar de seu punho, a nanquim, o texto constitucional, que deveria ser apresentado à assinatura de todo o gabinete, teve de trabalhar ininterruptamente durante 19 horas. Ao acabar a tarefa, teve de ser carregado, pois nem se podia erguer da cadeira, com os músculos contraídos e retesados por aquela posição forçada durante tão longo tempo.[117]

> A despeito de alguns publicistas discordarem, o fato é que há fundamento justificado na assertiva de que teria Ruy Barbosa redigido, quase por inteiro, a Constituição de 1891. Em verdade, ingente foi o esforço do grande brasileiro, não só na elaboração do Estatuto Básico como também na defesa e interpretação do seu texto. Procurou ele, por todos os modos – conforme patenteamos – preservar o espírito republicano de que era reflexo a nova Constituição, explicando ao povo, através da tribuna e dos jornais, sua essência e escopo.[118]

Nesta ocasião, inclusive quando do debate do Projeto na Assembleia Constituinte, exerceu grande influência a personalidade marcante de Rui

---

[117] BARBOSA, Ruy. *Cartas de Inglaterra*: o Congresso e a Justiça no Regimen Federal. 2. ed. São Paulo: Livraria Acadêmica Saraiva & C., 1929, p. 27.
[118] ACCIOLI, Wilson. *Instituições de Direito Constitucional*. Rio de Janeiro: Forense, 1979, p. 78.

Barbosa. Não é de se estranhar, pois que a Constituição tenha encampado muitas de suas ideias, sobretudo e do Federalismo Americano, do qual era grande conhecedor.[119]

Escritores menos informados ou hostis a Ruy Barbosa contestaram a importância da sua colaboração. A partir, porém, do estudo de Homero Pires, no prefácio aos Comentários do ilustre jurista, o assunto ficou devidamente esclarecido. Mais recentemente a publicação dos diversos textos sucessivos em que se desdobrou o projeto, feita pela Casa de Ruy Barbosa com prefácio esclarecedor de Pedro Calmon, veio trazer novas provas à controvérsia, por meio dos textos fotografados, que contém as emendas do punho de Ruy, adotadas nas reuniões dos ministros. Enumera Pedro Calmon no seu estudo os pontos principais que, na forma ou no fundo, o projeto ficou devendo ao emérito constitucionalista: a definição da República Federativa; a transformação do Rio de Janeiro em Estado, depois da transferência da capital; o melhor tratamento do instituto da intervenção federal; a vedação das leis retroativas; a proibição do imposto de trânsito entre Estados; os termos de fixação das imunidades parlamentares; a definição do impeachment; as disposições sobre instrução pública entre as atribuições do Congresso; a situação constitucional dos ministros de Estado; o estabelecimento definitivo da competência constitucional do Supremo Tribunal Federal; a definição dos crimes de responsabilidade do Presidente da República; numerosas e importantes cláusulas da declaração de direitos; a definição dos poderes implícitos; a formalização do Estado de Sítio; a proibição das reformas constitucionais no que tocasse à Federação e à República.[120]

O primeiro regulamento eleitoral da República foi o Decreto 200-A, de 8 de fevereiro de 1890, de fundamental importância no novo desenho da representação política. Nas eleições para deputado da Assembleia Constituinte, tratou minuciosamente sobre a qualificação do corpo de eleitores.

Estavam aptos a votar todos os cidadãos brasileiros natos, no gozo de seus direitos civis e políticos, que soubessem ler e escrever e todos os cidadãos naturalizados brasileiros. Eram excluídos de votar: i) os menores de vinte e um anos, "com exceção dos casados, dos oficiais militares, dos bacharéis formados e doutores, além dos clérigos de ordens sacras" e ii) os soldados rasos, do Exército, da Armada e dos corpos policiais, com ressalva dos reformados (arts. 4º e 5º).

---

[119] BASTOS, Celso Ribeiro. *Curso de Direito Constitucional*. São Paulo: Celso Bastos, 2002, p. 172.

[120] FRANCO, Afonso Arinos de Melo. *Curso de Direito Constitucional brasileiro*. 3. ed. Rio de Janeiro: Forense, 2019, p. 128-129.

Com o projeto da Constituição Republicana finalizado, após 1 ano e 3 meses instituído pela *Carta Emergencial* outorgada em 1889, cabeira ao governo provisório dar o próximo passo para a promulgação de uma nova Constituição com maior grau de legitimidade democrática.

CAPÍTULO 6

CONSTITUIÇÃO REPUBLICANA

Roupagem Republicana. Constituinte Consumada e Esvaziada. Regulamento Alvim. Constituição de 1891. Congresso Engessado. Presidencialismo, Federalismo e Controle de Constitucionalidade. Autonomia Municipal. Voto Descoberto. República das Espadas. República do Café com Leite. Bico de Pena, Degola e Verdade Eleitoral.

Com roupagem republicana e aparentemente democrática, o Decreto 510, de 22 de junho de 1890, foi baixado pelo Governo Provisório com a finalidade principal de publicar antecipadamente a Constituição dos Estados Unidos do Brasil de 1891, sob a seguinte justificativa:

> [...] considerando na suprema urgência de acelerar a organização definitiva da República, e entregar no mais breve prazo possível à Nação o governo de si mesma, resolveu formular sob as mais amplas bases democráticas e liberais, de acordo com as lições da experiência, as nossas necessidades e os princípios que inspiraram a revolução a 15 de novembro, origem atual de todo o nosso direito público, a Constituição dos Estados Unidos do Brasil, que com este ato se publica, no intuito de ser submetida à representação do País, em sua próxima reunião, entrando em vigor desde já nos pontos abaixo especificados.[121]

Assim tombou, agora em caráter definitivo, a Carta Imperial de 1824. Com a nova Lei Fundamental publicada, o referido ato marcou a eleição dos representantes do Congresso Nacional para 15 de setembro

---

[121] BRASIL. Decreto nº 510, de 22 de junho de 1890. Publica a Constituição dos Estados Unidos do Brasil. Colleção de Leis do Brasil. v. 6, p. 1.365.

de 1890 e convocou uma assembleia dos eleitos para 15 de novembro do mesmo ano. Esses fatos engessaram o Congresso quanto à aprovação da Constituição de 1891, que já vigorava parcialmente antes mesmo da eleição dos membros do Congresso Nacional, criando um fator de poder constitucional consumado, com aparência democrática.

Eis a regência dos fatores reais de poder aludidos por Lassalle.

Na sequência, o projeto de Constituição redigido pelos cinco notáveis nomeados em 3 de dezembro de 1889 e depois revisado por Ruy Barbosa, conforme examinado no final do capítulo anterior, foi publicado pelo Governo Provisório em 22 de junho de 1890, conferindo "poderes especiais do eleitorado" aos membros do Congresso que seriam eleitos "para julgar a Constituição que neste ato se publica" (art. 2º).

Por fim, o ato normativo assentou que a Constituição estava em vigor unicamente no tocante à dualidade das Câmaras do Congresso e à composição, eleição e função que essas câmaras eram "chamadas a exercer, de aprovar a dita Constituição, e proceder em seguida na conformidade das suas disposições" (art. 3º).

O Congresso reunido tinha a missão de "aprovar" a Constituição já publicada, munido de limitado "poder constituinte", o que implica uma contradição em termos, uma vez que o poder extraordinário de fundar uma nova ordem constitucional não conhece fronteiras, ao contrário do legislativo ordinário, e esses não se confundem, conforme observou Esmein.[122]

Na prática, os verdadeiros constituintes originários foram os integrantes da Comissão dos Cinco e Ruy Barbosa, revisor do texto.

No dia seguinte ao decreto, o "generalíssimo Marechal", nos exatos termos do mencionado ato estatal, mandou observar o regulamento para a eleição do primeiro Congresso Nacional, em ato normativo elaborado pelo Ministro do Interior, José Cesário de Faria Alvim, com base na antiga Lei Saraiva.

O Regulamento Alvim, como ficou conhecido, fixou eleição popular direta para 205 (duzentos e cinco) deputados, distribuídos proporcionalmente entre os Estados e o Distrito Federal, de acordo com o número de seus eleitores, e 63 (sessenta e três) senadores, três para cada unidade federativa.

---

[122] "*De cette conception est sortie la distinction du pouvoir législatif e du pouvoir constituant, tous deux établis, d'ailleurs, par une même Constitution, l'un ayante compétence pour le vote des lois ordinaires, l'autre pour le vote des lois constitutionnelles*" (ESMEIN, Adhemar. Éléments de Droit Constitutionnel Français et Comparé. 5. ed. Paris: Recueil Sirey, 1909, p. 511).

O regulamento restringiu ainda mais o poder da esvaziada Assembleia Constituinte ao impor a eleição indireta do primeiro Presidente e Vice-Presidente da República. O artigo 62 dessa lei estabelecia que, "aos cidadãos eleitos para o primeiro Congresso, entendem-se conferidos Poderes especiais para exprimir a vontade nacional acerca da Constituição publicada pelo Decreto nº 510, de 22 de junho do corrente, bem como para eleger o primeiro presidente e o vice-presidente da República".

Com toda a articulação política dos fatores de poder que enquadrou o Congresso Nacional, o Marechal Deodoro da Fonseca foi eleito Presidente da República, em 15 de setembro de 1890, de forma enviesada, por um Legislativo subserviente aos interesses do Executivo.

Com o advento da Constituição Republicana de 1891, promulgada em 24 de fevereiro, estabeleceu-se o sistema presidencialista de governo, com eleição direta por "maioria absoluta de votos". No entanto, se nenhum dos candidatos a obtivesse, o Congresso elegeria, "por maioria dos votos presentes, um, dentre os que tive[ssem] alcançado as duas votações mais elevadas na eleição direta" (art. 47, §2º, da Constituição de 1891).

Com forte inspiração norte-americana, a Constituição de 1891 dividiu o sistema legislativo entre a Câmara dos Deputados e o Senado Federal, com legislatura de três anos (art. 17, §2º). No Judiciário, introduziu o modelo da *judicial review* no controle de constitucionalidade das leis e atos normativos federais e estaduais (art. 59, §1º) e, respeitado o espírito federalista, concedeu autonomia aos Estados, "de forma que fi[casse] assegurada a autonomia dos municípios, em tudo quanto respeite ao seu peculiar interesse" (art. 68).

Inversamente ao modelo norte-americano, em que as Treze Colônias Britânicas lutaram, declararam a sua independência em 1776 e se reuniram para formar os Estados Unidos da América do Norte, o Estado Federal brasileiro surgiu a partir de um Estado unitário, nos moldes da Constituição Imperial de 1824.

Como bem pontuou Lewandowski, nosso sistema federativo "repousa sobre um delicado balanço de forças. De um lado, estímulos desagregadores militam no sentido de fragmentar a associação. De outro, impulsos de caráter centralizador atuam na linha de aplainar as individualidades".[123]

---

[123] LEWANDOWSKI, Enrique Ricardo. *Pressupostos materiais e formais da intervenção federal no Brasil*. São Paulo: Revista dos Tribunais, 1994.

No que se refere à jurisdição constitucional, a Constituição Provisória de 1890 estabeleceu o controle de constitucionalidade das leis estaduais e federais em seu artigo 59, §1º, alíneas "a" e "b", e previu a possibilidade de fiscalização de constitucionalidade das leis e dos atos do poder público pelo Supremo Tribunal Federal.[124] O texto constitucional de 1891, nesses termos, transferiu ao STF a competência para exercer o controle de constitucionalidade das leis, o que representou um enorme avanço no plano da evolução jurisdicional brasileira.

A Lei nº 221, de 20 de novembro de 1894, enfatizou o controle jurisdicional de constitucionalidade ao definir em seu artigo 13, §10: "os juízes e tribunais apreciarão a validade das leis e regulamentos e deixarão de aplicar aos casos ocorrentes as leis manifestamente inconstitucionais e os regulamentos manifestamente incompatíveis com as leis ou com a Constituição". Desse modo, estreava no Brasil o sistema do controle difuso de constitucionalidade das leis, à luz do sistema norte-americano.

Em relação à autonomia municipal, entretanto, especialmente por conta da farsa eleitoral, a situação vivida pelos municípios brasileiros era bem diferente. Conforme registrou Hely Lopes Meirelles:

> Durante os 40 anos em que vigorou a Constituição de 1891 não houve autonomia municipal no Brasil. O hábito do centralismo, a opressão do coronelismo e a incultura do povo transformaram os Municípios em feudos de políticos truculentos, que mandavam e desmandavam nos 'seus' distritos de influência, como se o Município fosse propriedade particular e o eleitorado um rebanho dócil ao seu poder.
>
> Os prefeitos eram eleitos ou nomeados ao sabor do governo estadual, representado pelo 'chefe' todo-poderoso da 'zona'. As eleições eram de antemão preparadas, arranjadas, falseadas ao desejo do 'coronel'. As oposições que se esboçavam no interior viam-se aniquiladas pela violência e pela perseguição política do situacionismo local e estadual. Não havia qualquer garantia democrática. E nessa atmosfera de opressão, ignorância e mandonismo, o Município viveu quatro décadas, sem recurso, sem liberdade, sem progresso, sem autonomia.[125]

---

[124] BARBI, Celso Agrícola. Evolução do controle da constitucionalidade das leis no Brasil. *Revista de Direito Público*, São Paulo, n. 4, p. 37, 1968.
[125] MEIRELLES, Hely Lopes. *Direito Municipal Brasileiro*. 14. ed. São Paulo: Malheiros, 2006, p. 39-40.

Ruy Barbosa, ao defender a autonomia dos municípios baianos no Supremo Tribunal Federal, proferiu palavras históricas em defesa da eleição dos prefeitos:

> Vida que não é própria, vida que seja de empréstimo, vida que não for livre, não é vida. Viver do alheio, viver por outrem, viver sujeito à ação estranha, não se chama viver, senão fermentar e apodrecer. A Bahia não vive, porque não tem municípios. Não são municípios os municípios baianos, porque não gozam de autonomia. Não logram autonomia, porque não têm administração, porque é o Governo do Estado quem os administra, nomeando-lhes os administradores.[126]

Ainda em relação ao sistema eleitoral, é importante pormenorizar que a *Constituição republicana* de 1891 fixou as condições de elegibilidade e as inelegibilidades, tendo atribuído ao Congresso Nacional competência privativa para "regular as condições e o processo da eleição para os cargos federais em todo o País" (art. 34).

O Congresso elaborou uma das primeiras normas eleitorais da República, sancionada pelo presidente Floriano Peixoto, a Lei 35, de 26 de janeiro de 1892, que estabeleceu o processo para as eleições no âmbito federal.

Na sequência, pequenas alterações normativas foram implementadas sobre as incompatibilidades (Leis 184/1893 e 342/1895), sobre o processo de apuração das eleições para os cargos de Presidente e Vice-Presidente da República (Lei 347/1895) e sobre a data do pleito (Leis 380/1895, 411/1896, 620/1899 e 917/1902).

Uma reforma gravíssima, que consubstanciou relevante imoralidade da República Velha, foi a edição da Lei 426, de 7 de dezembro de 1896, que instituiu o chamado "voto descoberto", por meio do qual, na prática, quebrava-se o sigilo da votação, favorecendo a captação ilícita de sufrágio e abuso do poder político e econômico. O artigo 8º da referida lei previa: "será lícito a qualquer eleitor votar por voto descoberto, não podendo a mesa recusar-se a aceitá-lo". Seu parágrafo único instituía: "o voto descoberto será dado, apresentando o eleitor duas cédulas, que assinará perante a mesa, uma das quais será depositada na urna e a outra lhe será restituída depois de datada e rubricada pela mesa e pelos fiscais".

---

[126] BARBOSA, Ruy. *Comentários à Constituição Federal brasileira*. v. V. São Paulo: Saraiva, 1934, p. 66.

Criou-se uma situação de extrema vulnerabilidade para o eleitor, porque poderia sair, caso quisesse, com um recibo de seu voto e ser alvo de toda espécie de chantagem de políticos e candidatos praticantes do coronelismo, um poder privado que, nas palavras de Victor Nunes Leal, sempre ressurge "das próprias cinzas, porque a seiva que o alimenta é a estrutura agrária do País".[127]

Em 15 de novembro de 1904, foi aprovada a Lei 1.269, denominada Lei Rosa e Silva, que revogou o sistema da Lei Eleitoral 35, de 1892. Entre as mais importantes questões, a nova norma disciplinou o alistamento eleitoral, aumentou para cinco o número de deputados por distrito, com lista incompleta e voto cumulativo, e manteve o pernicioso voto descoberto, favorecendo, todavia, a representação das minorias de maneira mais efetiva.

Por fim, duas leis foram sancionadas no governo Wenceslau Braz. A primeira, Lei 3.139, de 2 de agosto de 1916, reconheceu a competência dos Estados para disciplinar o alistamento estadual e municipal, atribuindo exclusivamente ao Poder Judiciário o seu preparo. A segunda, Lei 3.208, de 27 de dezembro do mesmo ano, manteve o sistema anterior de votação, de modo que apenas consolidou a legislação eleitoral vigente.

É importante destacar que a nova ordem constitucional foi fruto de conspirações nos quartéis durante o Império, nos 40 (quarenta) anos em que vigorou a nossa Constituição republicana. As grandes lideranças militares eram filiadas a partidos políticos. Francisco de Lima e Silva participava da Regência Trina e era pai do Duque de Caxias, líder do Partido Conservador. O General Osório, Marquês do Herval, destacado militar do Imperador, era do Partido Liberal e foi Senador do Império.

Com a morte desses líderes militares, a partir de 1870, os civis destacaram-se nos movimentos que fundaram o Governo Provisório, mas jamais afastaram a enorme influência que os militares exerceram durante a República Velha. Deodoro assumiu o poder presidencial e, depois da sua renúncia, Floriano toma o poder sem convocação de eleição presidencial.

Finda a "República da Espada" dos marechais Deodoro da Fonseca e Floriano Peixoto, sem quarteladas, a Primeira República seguiu relativamente sob controle, com o primeiro civil a assumir a presidência da República, o advogado Prudente José de Morais Barros,

---

[127] LEAL, Victor Nunes. *Coronelismo, Enxada e Voto*. 7. ed. São Paulo: Companhia das Letras, 2012, p. 139.

eleito na primeira eleição direta de 1º de março de 1894, marcando tanto a ascensão da oligarquia cafeicultura paulista depois de amplo domínio dos militares, como também a abolição da escravatura, que afastou o abominável domínio sobre os negros nas lavouras cafezeiras.

Nesse mandato de quatro anos muito difíceis (1894-1898) e vocacionado a pacificar revoluções, conhecidos fatores de poder reacendem o militarismo e a necessidade de mobilização de tropas para reprimir movimentos sociais em todas as regiões do país, como a revolta federalista gaúcha, de 1893 a 1895, e a campanha de Canudos, no interior baiano, entre 1896 e 1897, liderada por Antônio Conselheiro, que assombrou o militarismo ao derrotar as três primeiras expedições enviadas para extingui-la.

Na recepção das tropas vitoriosas da Guerra de Canudos no Arsenal da Guerra (atual Museu Histórico Nacional), em 5 de novembro de 1897, Prudente de Morais sofreu um atentado pelo jovem soldado anspeçada Marcellino Bispo[128] de Mello, que lhe apontou uma garrucha, e, na falha do disparo, seguiu o ataque com uma faca que acabou matando o Ministro da Guerra, o marechal Carlos Machado Bittencourt, que defendia o presidente. Manuel Vitorino, então vice-presidente, foi inicialmente apontado como mandante, mas a inesperada morte do soldado Marcellino, encontrado enforcado com um lençol em sua cela, prejudicou o desfecho das investigações.

A partir de então, o eixo de poder nacional centrava-se nas oligarquias paulista e mineira, consolidando a Política dos Governadores e dando início ao período que ficou conhecido como a "República do Café com Leite", com predominância do Partido Republicano Paulista (PRP) e do Partido Republicano Mineiro (PRM), nos governos de Campos Sales (1898-1902), Rodrigues Alves (1902-1906), Afonso Pena (1906-1090), Nilo Peçanha (1909-1910), Hermes da Fonseca (1910-1914), Venceslau Brás (1914-1918), Delfim Moreira (1918-1919), Epitácio Pessoa (1919-1922), Artur Bernardes (1922-1926) e Washington Luís (1926-1930).

Durante esse período, os desencantos com a Constituição de 1891 se avolumaram tanto que até Ruy Barbosa admitiu, em sede revisionista, que o parlamentarismo seria a melhor solução para o Brasil, principalmente em vista da reinante fraude eleitoral e do cinismo do *establishment* político, estratificado nas oligarquias estaduais que

---

[128] Passados 120 anos, tendo em conta que no Brasil o futuro costuma repetir o passado, em 6 de setembro de 2018, coincidentemente, o então candidato a presidente da República, Jair Messias Bolsonaro, sofreu atentado, igualmente a faca, por pessoa com mesmo sobrenome.

controlavam o tesouro nacional, os arsenais e a pólvora. Segundo Walber Agra, "o erro da nossa primeira Constituição republicana foi o de tentar transplantar o texto americano para uma realidade diferente. O poder se encastelou nas oligarquias estaduais, que, aliadas com o governo federal, dominaram o cenário político durante toda a Primeira República. O regime democrático de governo não saiu do papel, o poder estava diluído entre o governo federal e as oligarquias estaduais".[129]

Gestava-se uma nova era de poder, a "era Vargas". Para melhor compreensão dos fatores de poder que produziram a Segunda República brasileira, é preciso remontar ao sentimento pré-constitucional das revoluções de 1930 e 1932.

A busca da verdade eleitoral sufragada nas urnas sempre foi o principal objetivo dos revolucionários de 1930, que criaram a Justiça Eleitoral para dar lisura às eleições.

Como bem registrou Victor Nunes Leal, "a corrupção eleitoral tem sido um dos mais notórios e enraizados flagelos do regime representativo no Brasil".[130] Até 1933, segundo observa Nelson de Souza Sampaio, não ocorreram eleições "verdadeiras" no Brasil, "durante todo o Império, ouviu-se o clamor contra a 'mentira eleitoral'. As eleições eram fabricadas pelo Gabinete no poder, que usava de todas as armas de fraude, do suborno, da pressão e da violência para obter sempre vitórias eleitorais".[131]

Apesar dos méritos do sistema eleitoral da Primeira República, a legislação vigente nunca logrou coibir as numerosas fraudes eleitorais, cada vez mais sorrateiras. Entre as mais conhecidas falsificações estavam o *bico de pena* e a *degola*, mazelas bem sintetizadas por Victor Nunes Leal:

> A primeira era praticada pelas mesas eleitorais, com funções de junta apuradora: inventavam-se os nomes, eram ressuscitados os mortos e os ausentes compareciam; na feitura das atas a pena todo-poderosa dos mesários realizava milagres portentosos. A segunda metamorfose era obra das câmaras legislativas no reconhecimento de Poderes: muitos dos que escapavam das ordálias preliminares tinham seus diplomas cassados na provação final.[132]

---

[129] AGRA, Walber de Moura. *Curso de Direito Constitucional*. 9. ed. Belo Horizonte: Fórum, 2018, p. 100.

[130] LEAL, Victor Nunes. *Coronelismo, Enxada e Voto*. 7. ed. São Paulo: Companhia das Letras, 2012, p. 222.

[131] SAMPAIO, Nelson de Souza. A Justiça Eleitoral. *Revista Brasileira de Estudos Políticos*, Belo Horizonte, ano 16, n. 34, p. 114, jul. 1972.

[132] LEAL, Victor Nunes. *Op. cit.*, p. 214.

A disputa presidencial travada entre Ruy Barbosa e o Marechal Hermes Rodrigues da Fonseca em 1910 foi marcada por gigantescas fraudes eleitorais e o desaparecimento de livros de ata nas agências dos Correios. Para se ter uma ideia do ocorrido, apenas sete seções, das sessenta e sete existentes, instalaram mesas eleitorais de maneira regular.

Derrotado nas eleições, Ruy descreveu o cenário das fraudes em seu *Manifesto à Nação*:

> O que por esse expediente, com efeito, veríamos últimas, seria a abolição total da eleição. Só lhe faltaria essa última demão, para ser acabada e perfeita a obra da violência e da pilhagem. Começou-se por viciar o alistamento, na revisão, onde quer que elle dependa dos 'mandões' verberados pelo 'Jornal', admittindo-se os inalistáveis, com que se conta, e excluindo-se os alistáveis, de que se receia. Depois, à véspera da eleição annunciada, subtrahem-se os livros de actas. Alliciando-se, em seguida os mesários, para não se reunirem. Onde elles, em consequencia, não comparecem, lavram-se as actas a bico de penna. Onde ao contrário, as mesas se constituem, e se processa com regularidade a eleição, acommettem-se as secções, e roubam-se as urnas, substituindo-se, mediante actas 'ad-hoc', a eleição real por outra; ou, quando não se logra esta substituição, manipula-se, por meio de outras actas, uma eleição lateral, absolutamente supposticia contraposta à verdadeira. Em não havendo escrutínio, as actas fraudulentas o supprem. Em o havendo, lídimo e escorreito, as duplicatas o contestam.[133]

Como manifestou Carlos Reis, deputado constituinte da Constituição revolucionária de 1934, sobre as eleições na república velha, "tínhamos três fraudes: na eleição, na apuração e no reconhecimento".[134]

Segundo Afonso Arinos, "pode-se assegurar, sem exagero, que as eleições federais brasileiras, antes do Código Eleitoral, desde o alistamento dos eleitores até o reconhecimento e a diplomação dos eleitos, era um tecido de fraudes e violências".[135]

Francisco de Assis Brasil resumiu o quadro de fraudes eleitorais sob a égide da Constituição de 1891, durante discurso proferido na Assembleia Nacional Constituinte de 1933/34: "no regime que botamos

---

[133] BARBOSA, Ruy. *Excursão Eleitoral aos Estados de Bahia e Minas Geraes*: Manifestos à Nação. São Paulo: Casa Garraux, 1910, p. 274.
[134] BRASIL. Câmara dos Deputados. *Annaes da Assembléa Nacional Constituinte 1933-1934*. v. II, Brasília: Imprensa Oficial, 1934, p. 231.
[135] FRANCO, Afonso Arinos de Melo. *Curso de Direito Constitucional brasileiro*. 3. ed. Rio de Janeiro: Forense, 2019, p. 169-170.

abaixo com a Revolução, ninguém tinha a certeza de se fazer qualificar, como a de votar... Votando, ninguém tinha a certeza de que lhe fosse contado o voto... Uma vez contado o voto, ninguém tinha segurança de que seu eleito havia de ser reconhecido através de uma apuração feita dentro desta Casa e por ordem, muitas vezes superior".[136]

Diante desse cenário de crimes eleitorais, os ideais moralizadores preenchiam os cidadãos brasileiros que buscavam acabar com as eleições definidas a bico de pena.

A única forma de se revelar a verdade das urnas, da maneira mais livre e democrática possível, seria por meio de uma revolução que alterasse profundamente o maltratado sistema eleitoral brasileiro.

Entravam em cena os velhos e novos fatores reais de poder em busca de uma profunda revolução no país, influenciados por uma fortíssima depressão econômica.

---

[136] BRASIL. Câmara dos Deputados. *Annaes da Assembléa Nacional Constituinte 1933-1934.* v. II, Brasília: Imprensa Oficial, 1934, p. 507.

CAPÍTULO 7

CARTA PROVISÓRIA

Movimentos Revolucionários. Aliança Liberal. Estopim da Revolução. Tenentismo Remanescente. Primeira Era Vargas. Governo da Junta Militar Provisória. Poder Constituinte e a Carta Provisória de 1930. Dissolução do Legislativo. Primeiro Código Eleitoral. Sufrágio Feminino. Institucionalizações de Estado.

A maior crise econômica mundial da história, de 1929, impactou no Brasil o preço do café para exportação, que caiu pela metade. O empobrecimento se alastrava com o desemprego vertiginoso. Pedidos de falência, penhoras e despejos em massa abriram espaço para um período revolucionário.

O grande fator de desestabilização política, no entanto, foram as eleições presidenciais de 1930. No começo de 1929, o presidente Washington Luís apontou o Governador de São Paulo, Júlio Prestes, para sucedê-lo, contando com o apoio de 17 Estados. Minas Gerais, Paraíba e Rio Grande do Sul aglutinaram-se em torno do governador gaúcho Getúlio Dornelles Vargas e criaram a Aliança Liberal para lançar a candidatura de Getúlio Vargas, indicando o governador da Paraíba, João Pessoa, como seu vice. Apenas para registro histórico, nesse período, os Estados oficialmente chamavam-se "Províncias" e os Governadores locais eram denominados "Presidentes". Assim, João Pessoa exercia o cargo de "Presidente da Parahyba".

Na eleição de 1º de março de 1930, última da República Velha, o candidato da situação, Júlio Prestes, foi eleito com 1.091.709 votos contra os 742.794 apurados em favor de Getúlio Vargas. Diante do cenário de fraudes, em especial nos 17 Estados controlados por Governadores da situação, os Estados dissidentes que formavam a Aliança Liberal não reconheceram o resultado das eleições proclamado pelo Congresso Nacional em 22 de maio.

A posse de Prestes deveria ocorrer em 15 de novembro de 1930. O governador de Minas Gerais, Antônio Carlos Ribeiro de Andrada, um astuto político da aristocracia mineira que havia cedido a sua candidatura ao gaúcho Vargas, proferiu uma frase que bem ilustra a conjuntura dos velhos e viciados fatores de poder aglutinados em torno de Vargas: "façamos a revolução antes que o povo a faça".[137]

Com a instabilidade no ar e o barril cheio de pólvora, no dia 26 de julho de 1930, acendeu-se o estopim da bomba com o assassinato do então Governador da Paraíba, João Pessoa, por João Duarte Dantas, seu rival político, por motivos passionais. João Dantas teve o seu escritório de advocacia invadido e as cartas íntimas que trocara com a escritora Anayde Beiriz foram expostas.

Após o assassinato de Pessoa com dois tiros no peito, Dantas foi preso, torturado e morto. Anayde morreu por envenenamento em 22 de outubro. Ambos os acontecimentos foram registrados como supostos suicídios. Toda essa composição de fatores de poder, acrescida da comoção nacional gerada com a morte de João Pessoa e a fraude nas eleições, formou o pano de fundo político que permitiu a ascensão dos movimentos da Aliança Liberal.

Em 3 de outubro de 1930, teve início a revolução. Vargas recebeu apoio dos militares de baixa patente, insatisfeitos com o sistema da República Velha e com o espírito de corpo forjado nas revoltas tenentistas, bem como de alguns oficiais de alta patente.

O tenentismo era um movimento anticorrupção de jovens oficiais que floresceu nos anos 20 e convergiu para a Revolução de 30, com Vargas prometendo uma ampla e irrestrita anistia para todos eles. Em Porto Alegre militares tomaram o quartel da 3ª Região Militar, sob a liderança do general Flores da Cunha e do advogado Osvaldo Aranha. Na região Nordeste, o tenente Juarez Távora coordenava os passos da enorme revolução que se alastrou pelo país.

Fechavam-se as cortinas da República Velha e entravam em cena os novos e velhos fatores reais de poder gravitando em torno de Vargas, que iniciava a sua própria era de domínio consolidado em um governo de 15 anos consecutivos, divididos entre o Provisório, em 1930,

---

[137] SALDANHA, Nelson Sampaio. *História das Ideias Políticas no Brasil*. Brasília: Senado Federal, 2001, p. 292.

o Constitucional, em 1934, e o Autoritário, de 1937 a 1945, atravessando assim duas Repúblicas.

Com o triunfo da Revolução em 24 de outubro de 1930, compôs-se uma Junta Militar Provisória formada pelos generais Augusto Tasso Fragoso, Mena Barreto e o Almirante Isaías de Noronha, que governou brevemente o país até a transmissão do poder a Getúlio Vargas, em 3 de novembro, no Palácio do Catete.

Derrubado pelo golpe da revolução vinte e um dias antes do final do seu mandato, o presidente Washington Luís foi deposto, preso e exilado, junto com Júlio Prestes, entre outros. Viveu na Europa até a 2ª Guerra Mundial, quando passou a residir nos EUA, e só regressou ao Brasil em 18 de setembro de 1947, após a queda de Vargas.

Por meio do Decreto 19.398, de 11 de novembro de 1930, com 18 artigos se instalou a nova ordem constitucional, a ser exercida pelo "Governo Provisório da República dos Estados Unidos do Brasil", até que, eleita a Assembleia Constituinte, restabelecesse esta a reorganização constitucional do país.[138]

Ressalte-se que, sob o ângulo constitucional, o Decreto 19.398, de 1930, instituiu uma "Constituição Provisória" do Brasil, como bem registrou Afonso Arinos: "o chamado decreto de instalação do Governo Provisório é, na verdade, uma lei constitucional outorgada por um poder de fato. É uma Constituição Provisória", e, após analisar que o Ato de Disposições Transitórias da Constituição de 1934 (art. 18) aprovou os atos do Governo Provisório, reconhecendo a sua validade constitucional, sentencia o grande constitucionalista: "o decreto número 19.398 deveria figurar na lista das nossas Constituições escritas". Eis o teor do nosso 5º texto constitucional:

> Decreto nº 19.398, de 11 de Novembro de 1930
>
> Institue o Governo Provisório da República dos Estados Unidos do Brasil, e dá outras providencias
>
> O Chefe do Governo Provisório da República dos Estados Unidos do Brasil
>
> DECRETA:
>
> Art. 1º O Governo Provisório exercerá discricionariamente, em toda sua plenitude, as funções e atribuições, não só do Poder Executivo, como

---

[138] BRASIL. Câmara dos Deputados. Decreto 19.398, de 11 de novembro de 1930. Disponível em: https://www2.camara.leg.br/legin/fed/decret/1930-1939/decreto-19398-11-novembro-1930-517605-publicacaooriginal-1-pe.html. Acesso em: 8 jun. 2021.

tambem do Poder Legislativo, até que, eleita a Assembléia Constituinte, estabeleça esta a reorganização constitucional do país;

Parágrafo único. Todas as nomeações e demissões de funcionários ou de quaisquer cargos públicos, quer sejam efetivos, interianos ou em comissão, competem exclusivamente ao Chefe do Governo Provisório.

Art. 2º É confirmada, para todos os efeitos, a dissolução do Congresso Nacional das atuais Assembléias Legislativas dos Estados (quaisquer que sejam as suas denominações), Câmaras ou assembléiás municipais e quaisquer outros orgãos legislativos ou deliberativas, existentes nos Estados, nos municípios, no Distrito Federal ou Território do Acre, e dissolvidos os que ainda o não tenham sido de fato.

Art. 3º O Poder Judiciário Federal, dos Estados, do Território do Acre e do Distrito Federal continuará a ser exercido na conformidade das leis em vigor, com as modificações que vierem a ser adotadas de acordo com a presente lei e as restrições que desta mesma lei decorrerem desde já.

Art. 4º Continuam em vigor as Constituições Federal e Estaduais, as demais leis e decretos federais, assim como as posturas e deliberações e outros atos municipais, todos; porem, inclusive os próprias constituições, sujeitas às modificações e restrições estabelecidas por esta lei ou por decreto dos atos ulteriores do Governo Provisório ou de seus delegados, na esfera de atribuições de cada um.

Art. 5º Ficam suspensas as garantias constitucionais e excluída a apreciação judicial dos atos do atos do Governo Provisório ou dos interventores federais, praticados na conformidade da presente lei ou de suas modificações ulteriores.

Parágrafo único. É mantido o habeas corpus em favor dos réus ou acusados em processos de crimes comuns, salvo os funcionais e os da competência de tribunais especiais.

Art. 6º Continuem em inteiro vigor e plenamente obrigatórias todas as relações jurídicas entre pessoas de Direito Privado, constítuidas na forma da lesislação respectiva e garantidos os respectivos direitos adquiridos.

Art. 7º Continuam em inteiro vigor, na forma das leis aplicaveis, as obrigações e os direitos resultantes de contratos, de concessões ou outras outorgas, com a União, os Estados, os municípios, o Distrito Federal e o Território do Acre, salvo os que, submetidos a revisão, contravenham ao interesse público e á moralidade administrativa.

Art. 8º Não se compreendem nos arts. 6º e 7º e poderão ser anulados ou restringidos, coletiva ou individualmente, por atos ulteriores, as direitos até aquí resultantes de nomeações, aposentadorias, jubilações, disponibilidade, reformas, pensões ou subvenções e, em geral, de todos os atos relativos a emprego, cargos ou o ofícios públicos, assim como do exercício ou o desempenho dos mesmos, inclusive, e, para todos os efeitos, os da magistratura, do Ministério Público, ofícios de Justiça e quaisquer outros, da União Federal, dos Estados, dos municípios, do Território do Acre e do Distrito Federal.

Art. 9º É mantida a autonamia financeira dos Estados e do Distrito Federal.

Art. 10. São mantidas em pleno vigor todas as obrigações assumidas pela União Federal, pelos Estados e pelos municípios, em virtude de empréstimos ou de quaisquer operações de crédito público;

Art. 11. O Governo Provisório nomeará um interventor federal para cada Estado, salvo para aqueles já organizados; em os quais ficarão os respectivos presidentes investidos dos Poderes aquí mencionados.

§1º O interventor terá, em cada Estado, os proventos, vantagens e prerrogativas, que a legislação anterior do mesmo Estado confira ao seu presidente ou governador, cabendo-lhe exercer, em toda plenitude, não só o Poder Executivo como tambem o Poder Legislativo.

§2º O interventor terá, em relação à Constituição e leis estaduais, deliberações, posturas e atas municipais, os mesmos poderes que por esta lei cabem ao Governo Provisório, relativamente à Constituição e demais leis federais, cumprindo-lhe executar os decretos e deliberações daquele no território do Estado respectivo.

§3º O interventor federal será exonerado a critério do Governo Provisório.

§4º O interventor nomeará um prefeito para cada município, que exercerá aí todas as funções executivas e legislativas, podendo o interventor exonerá-lo quando entenda conveniente, revogar ou modificar qualquer dos seus atos ou resoluções e dar-lhe instruções para o bom desempenho dos cargos respectivos e regularização e eficiência dos serviços municipais.

§5º Nenhum interventor ou prefeito nomeará parente seu, consanguíneo ou afim, até o sexto grau, para cargo público no Estado ou

§6º O interventor e o prefeito, depois de regularmente, empossados, ratificarão expressamente ou revogarão os atos ou deliberações, que eles mesmos, antes de sua investidura, de acordo com a presente lei, ou quaisquer outras autoridades; que anteriormente tenham administrado de fato o Estado ou o município, hajam praticado.

§7º Os interventores e prefeitos manterão, com a amplitude que as condições locais permitirem, regime de publicidade dos seus atos e dos motivos que os determinarem, especialmente no que se refira à arrecadação e aplicação dos dinheiros públicos, sendo obrigatória a publicação mensal do balancete da Receita e da Despesa.

§8º Dos atos dos interventores haverá recurso para o Chefe do Governo Provisório.

Art. 12. A nova Constituição Federal manterá a forma republicana federativa e não poderá restringir os direitos dos municípios e dos cidadãos brasileiros e as garantias individuais constantes da Constituição de 24 de fevereiro de 1891.

Art. 13. O Governo Provisório, por seus auxiliares do Governo Federal e pelos interventores nos Estados, garantirá a ordem e segurança pública, promovendo a reorganização geral da República.

Art. 14. Ficam expressamente ratificados todos os atos da Junta Governativa Provisória, constituída nesta Capital aos 24 de outubro último, e os do Governo atual.

Art. 15. Fica criado o Conselho Nacional Consultivo, com poderes e atribuições que serão regulados em lei especial.

Art. 16. Fica criado o Tribunal Especial para processo e julgamento de crimes políticos, funcionais e outros que serão discriminados na lei da sua organização.

Art. 17. Os atos do Governo Provisório constarão de decretos expedidas pelo Chefe do mesmo Governo e subscritos pelo ministro respectivo.

Art.18. Revogam-se todas as disposições em contrário.

Rio de Janeiro, 11 de novembro de 1930, 109º da Independência e 42º da República.

GETULIO VARGAS
Oswaldo Aranha
José Maria Whitaker
Paulo do Moraes Barros
Afranio de Mello Franco
José Fernandes Leite de Castro
José Isaias de Noronha.

De fato, não há dúvida que o Decreto 19.398, de 1930, que vigorou por 3 anos e 8 meses, instalou uma nova ordem constitucional, investido de um Poder Constituinte originário que derrubou a República Velha e, por essas razões, foi uma Constituição do Brasil que deveria ser reconhecida, oficialmente, pelas Casas do Congresso Nacional, por estrita observância dos fatos históricos, da mesma forma que a "Constituição emergencial" de 15 de novembro de 1889 e a Constituição de Cádiz, jurada e publicada no Brasil, em 1821, conforme estampado em capítulos anteriores.

O referido Decreto 19.398 dissolveu o Congresso Nacional e todas as casas legislativas dos Estados, dos Municípios e do Distrito Federal (art. 2º), impedindo a posse de todos os parlamentares eleitos em 1930. Em outras palavras, os parlamentares foram eleitos em pleito recheado de fraudes, mas não tomaram posse com o golpe de dissolução do Congresso Nacional pelo Governo Provisório. O mesmo ato, ademais, suspendeu as garantias constitucionais, ressalvado o *habeas corpus* nos crimes comuns, e excluiu do Judiciário a apreciação dos atos praticados pelo Executivo e seus interventores em cada Estado.

Entre inúmeras subcomissões formadas para estudo e reforma das leis, destaca-se a 19ª Subcomissão Legislativa. O grupo foi composto por João Crisóstomo da Rocha Cabral (Relator), Francisco de Assis Brasil e Mário Pinto Serva, que, inspirados no Tribunal Eleitoral tcheco[139] de 1920, elaboraram o anteprojeto do nosso primeiro Código Eleitoral.

Em discurso proferido durante sessão solene em que se comemorou o sexagésimo aniversário do Tribunal Superior Eleitoral, Walter Costa Porto discorreu sobre o perfil desses três importantes brasileiros, cuja produção intelectual fundou os alicerces do nosso sistema eleitoral:

> Gaúcho de Pedras Altas, deputado à Assembléia Provincial do Rio Grande do Sul nas últimas legislaturas do Império, Assis Brasil fora deputado à Constituinte de 1890 e diplomata, e, já em 1893, insistia em projeto que, corrigindo o sistema Andrae-Hare, trazia o modelo proporcional para as eleições às assembléias em nosso País [...] foi Assis Brasil o que mais contribuiu, no século XX, para a formatação e saneamento de nossos pleitos.
>
> Cabral, piauiense de Jurumenha, professor da Faculdade de Direito da Universidade do Rio de Janeiro, fora deputado federal, em 1920, pelo seu Estado e lamentara, em razão de sua derrota nas urnas, em 1924, que não havia eleição livre na maior parte do País. Dizia ele: 'o alistamento é fraudado; o voto é comprimido; o resultado das urnas, burlado, até no processo de reconhecimento das câmaras', e insistia em que a reforma de que mais carecia o país era 'a reforma do voto', com 'um sistema perfeitamente garantidor da liberdade eleitoral e da verdade nas eleições e também da efetiva representação proporcional das minorias'.
>
> Finalmente, Mário Pinto Serva, paulista, fundara o Partido Democrático de São Paulo, elegendo-se, por ele, deputado estadual em 1934, em artigos e livros, publicados anteriormente à conclusão do projeto do Código de 32, ele já manifestara as idéias consagradas naquele texto. Em livro publicado em 1931, declarava que 'as máximas reivindicações do País se pleiteiam, se acumulam e se concentram na arena da reforma eleitoral'.[140]

---

[139] VELLOSO, Carlos Mário da Silva. A Reforma Eleitoral e os rumos da democracia no Brasil. *In*: ROCHA, Cármen Lúcia Antunes; VELLOSO, Carlos Mário da Silva (Org.). *Direito Eleitoral*. Belo Horizonte: Del Rey, 1996, p. 14.

[140] BRASIL. Tribunal Superior Eleitoral. 60 anos do TSE: sessão comemorativa no TSE, homenagens do Senado Federal e da Câmara dos Deputados. Brasília: TSE, 2005, p. 36.

O modelo do Tribunal Eleitoral tcheco foi idealizado, por sua vez, com base no Tribunal de Verificação Eleitoral (*Wahlprüfungsgericht*), estabelecido pela Constituição de Weimar, de 1919, que conduziu com sucesso a sua primeira eleição regular, em 6 de junho de 1920, cujo resultado demonstrou que a classe média se movera para a direita, enquanto muitos trabalhadores moveram-se para a esquerda.[141]

Fávila Ribeiro observa que o modelo eclético do Tribunal de Verificação de Weimar repercutiu no sistema brasileiro como uma resposta às sucessivas interferências políticas no mecanismo de controle eleitoral, de modo que estivesse equilibrada a participação do Judiciário como forma de racionalizar o poder.[142]

Nesse sentido, com a edição do Decreto 21.076, de 24 de fevereiro de 1932, foi publicado o Código Eleitoral, com profundas alterações no sistema eleitoral, que passou a prever: a representação proporcional, o sufrágio feminino, a idade de dezoito anos para se tornar eleitor, maior segurança ao sigilo do sufrágio e, principalmente, a atribuição do alistamento eleitoral, da apuração dos votos e do reconhecimento da proclamação dos candidatos eleitos à Justiça Eleitoral.

Sobre o movimento pelo sufrágio feminino, é importante destacar que, na origem, em 1893, a Nova Zelândia tornou-se a primeira nação a garantir o voto das mulheres (*Votes for Women*), sob a liderança da ativista política Kate Sheppard.

No Brasil, o movimento reverbera na pena de ninguém menos do que o "Bruxo do Cosme Velho", o maior de todos os escritores nacionais e primeiro presidente da Academia Brasileira de Letras, Joaquim Maria Machado de Assis (*Rio de Janeiro*, 1839-1908), sempre à frente do seu tempo, escreveu artigo, em 16.07.1894, contra o conservadorismo para defender o direito universal das mulheres: "Elevemos a mulher ao eleitorado; é mais discreta que o homem, mais zelosa, mais desinteressada. Em vez de conservarmos nessa injusta minoridade, convidemo-la a colaborar com o homem na oficina da política. Que perigo pode vir daí? Que as mulheres uma vez empossadas das urnas, conquistem as câmaras e elejam-se entre si, com exclusão dos homens? Melhor. Elas farão leis brandas e amáveis", conforme migalha jurídica garimpada por Miguel Matos na obra "O Código de Machado de Assis".[143]

---

[141] HENIG, Ruth Beatrice. *The Weimar Republic*: 1919-1933, London: Routledge, 1998, p. 27.
[142] RIBEIRO, Fávila. *Direito eleitoral*. 5. ed. Rio de Janeiro: Forense, 2000, p. 154.
[143] MATOS, Miguel. *O Código de Machado de Assis*: migalhas jurídicas. São Paulo: Migalhas, 2021, p. 592.

Victor Nunes Leal recorda que o sufrágio feminino recebeu apoio fundamental da Confederação Católica do Rio de Janeiro, mas, em 1924, Basílio Magalhães já havia proposto, na Câmara dos Deputados, o voto secreto e obrigatório, bem como o sufrágio e a elegibilidade das mulheres.[144]

Além da criação da Justiça Eleitoral, o movimento revolucionário de 1930 implementou uma série de institucionalizações e relevantes medidas, como a concessão de anistia para civis e militares envolvidos em revoluções, inclusive os tenentistas dos anos 20, a criação do Ministério do Trabalho, Indústria e Comércio, a ampliação dos direitos trabalhistas, a criação da Ordem dos Advogados do Brasil (OAB)[145] pelo Decreto 19.408, de 18 de novembro de 1930, a redução pela metade do número de feriados nacionais, a criação do Departamento de Aviação Civil e do Departamento de Correios e Telégrafos, a regulamentação do exercício da medicina, odontologia, medicina veterinária, enfermagem e farmácia.

Instituiu, ainda, a carteira de trabalho, estabeleceu a jornada de trabalho de 8 horas diárias e 48 semanais, proibiu a cobrança de juros bancários abusivos (Lei da Usura), criou o Código Florestal, o Estatuto Brasileiro de Geografia Estatística (IBGE), o Código de Minas, o Código das Águas e a Lei de Proteção aos Animais, regulamentou a sindicalização das classes patronais e dos trabalhadores, com aprovação compulsória dos estatutos dos sindicatos pelo Ministério do Trabalho, entre outros feitos importantes, como a regulamentação do trabalho das mulheres, com equiparação salarial aos homens e licença-maternidade.

---

[144] LEAL, Victor Nunes. *Coronelismo, Enxada e Voto*. 7. ed. São Paulo: Companhia das Letras, 2012, p. 327.

[145] A criação da OAB foi prevista em 7 de agosto de 1843, no estatuto do Instituto dos Advogados do Brasil (IAB), a Casa de Montezuma.

CAPÍTULO 8

CONSTITUIÇÃO REVOLUCIONÁRIA

Revolução Constitucionalista de 1932. Constituição de 1934. Criação da Justiça Eleitoral. Papel do Senado na Jurisdição Constitucional. Constitucionalismo Social.

Em 9 de julho de 1932, outro relevante fator de poder eclodia em São Paulo. Com ideário constitucional próprio e elevado espírito cívico, os paulistas montaram um movimento armado com o apoio de sul-mato-grossenses e gaúchos para derrubar o Governo Provisório de Vargas e convocar uma Assembleia Nacional Constituinte. Sobre a Revolução Constitucionalista de 1932, Eduardo Espíndola bem resume o sentimento da época:

> Se há uma idéia, se há um sentimento que a parte esclarecida de nossa população cultua com acendrado vigor é o da liberdade do indivíduo em face do estado, assegurada por uma Constituição democrática. O despotismo e a ditadura, os regimes totalitários, a despeito dos desvios de imitadores irrefletidos e da propaganda deletéria de elementos estranhos, são repelidos e condenados intransigentemente pela opinião nacional. O movimento revolucionário de São Paulo em 1932 é uma bem significativa demonstração dessa convicção democrática.
>
> Julgando-se retardada a promessa de se estabelecer no País regime constitucional, pois mais de um ano decorrera, sem qualquer empreendimento para tal fim, agitou-se a classe culta do grande estado, apoiada por elementos políticos, conquistando e apaixonando profundamente a grande massa popular, com extensa repercussão em outros estados.
>
> É verdade que o Código Eleitoral da República fora já decretado (a 24 de fevereiro de 1932) e que um decreto de maio de 1932 fixara o dia 3 de maio de 1933 para as eleições à Assembléia Constituinte. Mas a

impaciência dos que reclamavam a imediata restauração do regime constitucional do País, e a desconfiança de uma dilatação indeterminada dos poderes discricionários do Governo Provisório, tornaram irrefreável a reação que empolgara todas as camadas sociais do estado, determinando a grande revolução de 9 para 10 de julho, em que não faltaram inequívocas demonstrações de sinceridade cívica e heroicos sacrifícios.[146]

Apesar da derrota militar da revolução de 1932, é certo que alguns dos seus objetivos foram de alguma forma atingidos, pois catalisou a convocação da Assembleia Constituinte. A breve Constituição de 16 de julho de 1934 – promulgada e elaborada pela Assembleia Constituinte eleita em 3 de maio de 1933 e também influenciada pela Constituição de Weimar – incorporou as inovações do Código Eleitoral.

Considerando as críticas ao sistema eleitoral no decorrer das eleições de outubro de 1934, foram introduzidas modificações no Código Eleitoral por meio da Lei 48, de 4 de maio de 1935, visando, segundo Walter Costa Porto, a "plena proporcionalidade no sistema eleitoral brasileiro já que, antes, tratava-se de um sistema misto, proporcional no primeiro turno e majoritário no segundo".[147]

Por sua curtíssima duração, em face do Golpe de 1937, Celso Ribeiro Bastos concluiu que, "do ponto de vista histórico, a Constituição de 1934 não apresenta relevância. É no fundo, um instrumento circunstancial que reflete os antagonismos, as aspirações e os conflitos da sociedade daquele momento".[148]

Entretanto, não se pode desprezar o significado histórico da Constituição de 1934, tendo em conta a semente plantada com a criação da Justiça Eleitoral, que entrou em dormência em 1937, mas voltou a germinar com a redemocratização de 1945. Sobre o significado dessa Carta Magna, Francisco de Assis Alves asseverou:

> Um dos melhores momentos de inspiração dos constituintes de 34 foi o da criação da Justiça Eleitoral. Este o grande destaque do Poder Judiciário, na Carta Política da Segunda República. O sistema representativo ganhou em muito com a Justiça Eleitoral, preparada dentro

---

[146] ESPÍNDOLA. Eduardo. *A Nova Constituição do Brasil*. Rio de Janeiro: Freitas Bastos, 1945, p. 69.
[147] JOBIM, Nelson; PORTO, Walter Costa. *Legislação eleitoral no Brasil*: do século XVI a nossos dias. v. 1. Brasília: Senado Federal, 1996, p. 4.
[148] BASTOS, Celso Ribeiro. *Curso de Direito Constitucional*. São Paulo: Celso Bastos Editor, 2002, p. 184.

dos princípios da independência e imparcialidade, para tratar de toda matéria que lhe é afeta. Posto acima dos interesses partidários, esse órgão teve por escopo aperfeiçoar e moralizar o sistema eleitoral. A Justiça Eleitoral, consignou Wenceslau Escobar, 'teve o objetivo de pôr termo aos escandalosos reconhecimentos pela Câmara dos Deputados de cidadãos que, sem terem sido eleitos, a Câmara os diplomava como representantes da Nação'.[149]

No âmbito da jurisdição constitucional, a *Constituição revolucionária* de 1934 manteve o controle de constitucionalidade das leis pela via difusa, mas introduziu três importantes inovações: a ação direta de inconstitucionalidade interventiva federal; a regra de que no segundo grau a inconstitucionalidade só pode ser declarada pela maioria absoluta dos seus membros; e a competência do Senado para suspender a lei declarada inconstitucional em decisão definitiva do Supremo. No tocante às inovações introduzidas pela Constituição de 1934, Gilmar Ferreira Mendes registra que:

> Talvez a mais fecunda e inovadora alteração introduzida pelo Texto Magno de 1934 se refira à 'declaração de inconstitucionalidade para evitar a intervenção federal', tal como a denominou Bandeira de Mello, isto é, a representação interventiva, confiada ao Procurador-Geral da República, nas hipóteses de ofensa aos princípios consagrados no art. 7º, I, a, h, da Constituição. Cuidava-se de fórmula peculiar de composição judicial dos conflitos federativos, que condicionava a eficácia da lei interventiva, de iniciativa do Senado (art. 41, §3º), à declaração de sua constitucionalidade pelo Supremo Tribunal (art. 12, §2º).[150]

É importante explicar que, desde a promulgação da Constituição republicana, em 1891, o Brasil adotou o modelo difuso norte-americano, sem, contudo, adotar o princípio do *stare decisis*, em razão da tradição romanística do nosso Direito. Tal princípio confere força vinculante às decisões das Cortes Superiores.

Entretanto, a ausência do *stare decisis* no Brasil criou um grave problema para a jurisdição constitucional, uma vez que as decisões da Suprema Corte operavam efeitos somente entre as partes. Em consequência, crescia o número de decisões conflitantes sobre a mesma matéria nos diversos tribunais do país.

---

[149] ALVES, Francisco de Assis. *As Constituições do Brasil*. São Paulo: IASP, 1985, p. 34.
[150] MARTINS, Ives Gandra da Silva; MENDES, Gilmar Ferreira. *Controle concentrado de constitucionalidade*: comentários à lei n. 9.868, de 10.11.1999. São Paulo: Saraiva, 2001, p. 24.

Para atenuar o problema, o Constituinte de 1934 inovou ao atribuir competência ao Senado Federal para suspender a execução, no todo ou em parte, de qualquer lei ou ato, deliberação ou regulamento declarados inconstitucionais pelo Judiciário (arts. 91, IV, e 96). Tal fórmula foi mantida pelas Constituições de 1946 (art. 64) e de 1967/69 (art. 42, VII).[151] No mesmo sentido, o artigo 52, X, da Carta de 1988 dispõe que "compete privativamente ao Senado Federal suspender a execução, no todo ou em parte, de lei declarada inconstitucional por decisão definitiva do Supremo Tribunal Federal".

Sobre a natureza do instituto da suspensão, a Corte Suprema infirmou a possibilidade de o Senado restringir ou ampliar o alcance da decisão por ela proferida. Estabeleceu ainda que, uma vez editado o ato de suspensão, este não poderia ser revogado.[152]

A referida Constituição igualmente representou um esforço na evolução histórica do Direito Constitucional brasileiro, tendo em vista que inovou ao estabelecer o "constitucionalismo social como instrumento à consecução do bem-estar geral, como programa a ser desenvolvido pelo administrador e obedecido pelo legislador, mitigando as tensões oriundas entre o capital e o trabalho".[153]

Apesar de inspirada no modelo austríaco,[154] a Constituição de 1934 impunha ao Poder Judiciário uma grande limitação, conforme disposto em seu artigo 68, que vedava "ao Poder Judiciário conhecer das questões exclusivamente políticas", um lastimável atraso na jurisdição constitucional.

Ainda que sob brevíssima vigência, apenas um triênio, e rasgada pelo Golpe de 1937, que tomou de assalto os fatores de poder da Nação, o tempo não foi capaz de reduzir a importância histórica e a

---

[151] ALMEIDA NETO, Manoel Carlos de. *O novo controle de constitucionalidade municipal*. Rio de Janeiro: Forense, 2011, p. 89-99.

[152] Cuidava-se do MS 16.512, de relatoria do Ministro Oswaldo Trigueiro, em que o Supremo, seguindo proposta do Procurador-Geral da República, Dr. Alcino Salazar, conheceu do mandado de segurança como representação de inconstitucionalidade em razão do caráter abstrato da matéria, pronunciando a inconstitucionalidade da Resolução 93, de 14.10.1965, que revogou a Resolução 32, de 25.3.1965, pela qual o Senado suspendeu a execução de preceito do Código Paulista de Impostos e Taxas.

[153] SILVA NETO, Manoel Jorge e. *Curso de Direito Constitucional*. Rio de Janeiro: Lumen Juris, 2006, p. 54.

[154] "Na fundamentação da proposta referia-se diretamente ao Referat de Kelsen sobre a essência e o desenvolvimento da jurisdição constitucional (*Wesen und Entwicklung der Staatsgerichtsbarkeit*)" (MARTINS, Ives Gandra da Silva; MENDES, Gilmar Ferreira. *Controle concentrado de constitucionalidade*: comentários à Lei n. 9.868, de 10/11/1999. São Paulo: Saraiva, 2001, p. 26).

força de seu conteúdo, impregnado pelos ideários das revoluções. Seus reflexos se projetaram para o futuro, em fatores estruturantes do Estado Democrático de Direito, como a restauração da Justiça Eleitoral em 1946, que perduram até os dias atuais.

CAPÍTULO 9

CARTA POLACA

Superposição do Executivo. Fascismo Ascendente. Chico Ciência. Carta de 1937. Estado Autoritário e Unitário. Pena Capital. Leis Constitucionais. Pan-americanismo Industrial. Tribunal Superior Eleitoral e a Constituinte. Deposição de Vargas. Redemocratização.

Tombava a Constituição da Nova República e surgia a Carta do Estado Novo, denominada "Polaca", em alusão à Constituição da Polônia, de 23 de abril de 1935, com traços autoritários e fascistas, com acentuada superposição do Poder Executivo em relação à Câmara baixa (*Sejm*) e ao Senado, e conferiu poderes ao presidente para destituir o parlamento antes do final da legislatura.[155]

Na época, os líderes do fascismo estavam em plena ascensão pelo mundo, com Adolf Hitler (Alemanha), Benito Mussolini (Itália), António Salazar (Portugal), Francisco Franco (Espanha), Ion Antonescu (Romênia), Miklós Horthy (Hungria) e Jósef Pilsudzki (Polônia), o qual faleceu duas semanas após a aprovação da Carta de Abril. Segundo Saccomani, "as origens do Fascismo como fenômeno internacional são relacionadas com a crise histórica do capitalismo em seu estádio final, o do imperialismo, e com a necessidade que a burguesia tem, em face do agravamento das crises econômicas e da exacerbação do conflito de classes, de manter o seu domínio, intensificando a exploração das classes subalternas e, em primeiro lugar, da classe operária".[156]

---

[155] AJNENKIEL, Andrzej. *Polskie Konstytucje*. Varsóvia: Wiedza Powszechna, 1983, p. 382.
[156] Cf. verbete sobre "facismo", de SACCOMANI, Edda; *in*: BOBBIO, Norberto; MATTEUCCI, Nicola; PASQUINO, Gianfranco. *Dicionário de Política*. 11. ed. Brasília: UnB, 1998, p. 469-470.

Elaborada pelos juristas mineiros Francisco Campos com apoio técnico e datilográfico do seu chefe de gabinete na secretaria de educação do Distrito Federal, Carlos Medeiros,[157] foi outorgada por Getúlio Vargas no mesmo dia do golpe, em 10 de novembro de 1937, para supostamente atender às legítimas aspirações do povo brasileiro à paz política e social, "profundamente perturbada por conhecidos fatores de desordem, resultantes da crescente agravação dos dissídios partidários, que, uma, notória propaganda demagógica procura desnaturar em luta de classes, e da extremação, de conflitos ideológicos, tendentes, pelo seu desenvolvimento natural, resolver-se em termos de violência, colocando a Nação sob a funesta iminência da guerra civil".[158]

Considerava-se também que, tendo em conta o estado de apreensão criado no país pela alegada "infiltração comunista, que se torna[va] dia a dia mais extensa e mais profunda, exigindo remédios, de caráter radical e permanente", o Estado não teria outros meios normais de preservação e de defesa da paz, da segurança e do bem-estar do povo. O pretexto fático era evitar uma segunda "intentona comunista", consubstanciada no Plano Cohen, um falso projeto forjado pelo capitão Olímpio Mourão Filho, da Ação Integralista Brasileira, apoiador de Vargas. Atribuído aos "comunistas", o documento conteria um plano contra o governo Vargas, que seria derrubado por meio de manifestações, greves, depredações e violência.

Assim, em 30 de setembro de 1937, o tal Plano Cohen foi dissecado no programa de rádio "Hora do Brasil", pelo chefe do Estado-Maior do Exército, General Goés Monteiro. Ato contínuo, Vargas requer ao Congresso seja decretado o Estado de Guerra, em 1º de outubro de 1937, até o Golpe do Estado Novo, em 10 de novembro de 1937, quarenta dias após o início da farsa.

Apelidado de "Chico Ciência", o autor intelectual da Polaca era lastreado na doutrina *decisionista* catastrófica de Carl Schmitt, analisada detidamente no capítulo 2, sobre as percepções de Constituição, e teve a sua personalidade radiografada por Nelson Saldanha:

---

[157] Conforme se verá nos capítulos seguintes, Carlos Medeiros protagonizou a elaboração dos primeiros atos institucionais do regime militar e, sob a influência de Francisco Campos, capitaneou a aprovação da Carta de 1967.

[158] Cf. BRASIL. Presidência da República. Constituição de 1937. Disponível em: http://www.planalto.gov.br/ccivil_03/constituicao/constituicao37.htm. Acesso em: 8 maio 2021.

Francisco Campos personificou o pajé intelectual. Culto – embora não tão erudito quanto muitos pensavam –, sempre quis (sempre) ser no Brasil o que um Koellreuter ou um Carl Schmitt foram na Alemanha, ou mais: o jurista hierofante das estruturas autocráticas, melhor ainda, o mentor cultural da ditadura. [...] Vale-se sempre do conceito schmittiano de 'decisão' e do horror aos parlamentos, para justificar as violências ('a técnica do Estado totalitário a serviço da democracia'), com uma irresistível queda pela terminologia da direita europeia e uma tendenciosa utilização dos conhecimentos jurídicos, tudo junto com a preocupação, um tanto verbal, de reorganizar pedagogicamente o país.[159]

Um ano após a outorga da Carta de 1937, Pontes de Miranda publicou seus comentários, onde registrou algumas marcas dos fatores de poder assentados pelo texto constitucional: (i) a coordenação da atividade dos órgãos representativos, com a promoção e a orientação da política legislativa de interesse nacional, entregue ao presidente; (ii) a possibilidade de indicação de um dos candidatos ao cargo pelo presidente, no intuito de assegurar a continuidade da política nacional, caso em que o novo chefe do Executivo seria eleito pelo povo, em sufrágio universal, em vez de ser eleito pelo Colégio Eleitoral; (iii) a atribuição de eleger os representantes dos Estados-Membros na Câmara dos Deputados aos vereadores das câmaras municipais e a dez cidadãos de cada Município, eleitos por sufrágio direto no mesmo ato de eleição da Câmara Municipal.

Na mesma obra, em texto premonitório sobre a não convocação do plebiscito e das eleições para órgãos representativos, Pontes de Miranda advertiu: "nada mais perigoso do que fazer-se uma Constituição sem o propósito de cumpri-la. Ou de só se cumprirem os preceitos de que se precisa, ou se entende devam ser cumpridos – o que é pior".[160] De fato, a Carta de 1937 deixou de cumprir justamente o seu último artigo, de número 187, o qual previa um plebiscito que a legitimaria. Vargas justificou o estado de guerra mundial para adiar *sine die* o "plebiscito nacional", com base no art. 171 da mesma Carta: "na vigência do estado de guerra deixará de vigorar a Constituição nas partes indicadas pelo Presidente da República".

---

[159] SALDANHA, Nelson Sampaio. *História das Ideias Políticas no Brasil*. Brasília: Senado Federal, 2001, p. 294-295.
[160] PONTES DE MIRANDA. Francisco Cavalcanti. *Comentários à Constituição Federal de 10 de novembro de 1937*. Rio de Janeiro: Irmãos Pongetti, 1938, p. 20.

Em resumo, a malfadada Carta de 1937 centralizava o poder ao criar um Estado autoritário e unitário, apresentava características ditatoriais e fascistas, prevendo até mesmo a pena de morte em seu artigo 122, 13, logo agravada pela Lei Constitucional nº 1, de 16 de maio de 1938, que determinou a aplicação da pena capital, entre outras hipóteses, no caso de se "atentar contra a vida, a incolumidade ou a liberdade do Presidente da República".

As demais hipóteses subjetivas para a aplicação da pena capital eram: i) tentar submeter o território da Nação ou parte dele à soberania de Estado estrangeiro; ii) atentar, com auxílio ou subsídio de Estado estrangeiro ou organização de caráter internacional, contra a unidade da Nação, procurando desmembrar o território sujeito à sua soberania; iii) tentar por meio de movimento armado o desmembramento do território nacional, desde que para reprimi-lo se torne necessário proceder a operações de guerra; iv) tentar, com auxílio ou subsídio de Estado estrangeiro ou organização de caráter internacional, a mudança da ordem política ou social estabelecida na Constituição; v) tentar subverter por meios violentos a ordem política e social, com o fim de apoderar-se do Estado para o estabelecimento da ditadura de uma classe social; vi) a insurreição armada contra os Poderes do Estado, assim considerada ainda que as armas se encontrem em depósito; vii) praticar atos destinados a provocar a guerra civil, se esta sobrévem em virtude deles; viii) atentar contra a segurança do Estado praticando devastação, saque, incêndio, depredação ou quaisquer atos destinados a suscitar terror; e ix) o homicídio cometido por motivo fútil ou com extremos de perversidade.

No plano normativo constitucional, o período do Estado Novo foi ainda marcado pela edição de Leis Constitucionais, todas decretadas pelo Presidente da República, com o poder ne emendar, alterar ou revogar qualquer dos dispositivos da Constituição. No total, foram criadas 21 Leis Constitucionais, do Estado Novo à transição para a República com ares populistas e redemocratizada.

Nessa época, um fato relevante para a indústria brasileira foi a criação da Companhia Siderúrgica Nacional, a CSN. Em janeiro de 1931, Vargas criou a Comissão Militar de Estudos Metalúrgicos e, após uma década de amadurecimento e impulsionado pela Segunda Guerra Mundial iniciada em setembro de 1939, o presidente decidiu criar a Comissão Executiva do Plano Siderúrgico Nacional, ao assinar o Decreto-Lei 2.054, de 4 de março de 1940. Também autorizou tratativas com o Governo de Washington e com o *Eximbank* para obtenção de empréstimos.

Em 30 de janeiro de 1941, Vargas assinou o Decreto-Lei 3.002, autorizando a criação da usina siderúrgica em Volta Redonda. Finalmente, em 9 de abril do mesmo ano realizou-se a Assembleia Geral de criação da CSN, uma das maiores indústrias siderúrgicas do mundo.[161]

Durante a Segunda Guerra (1939-1945), a influência internacional dos Estados Unidos da América cresceu, inclusive no Brasil, em todos os campos do conhecimento e da cultura, em torno de um panamericanismo divulgado e fomentado por meio do Boletim da União Pan-Americana, publicado mensalmente em Washington e traduzido para o espanhol e o português.

Na origem do movimento, em 1889, dezoito Estados americanos se reuniram para constituir a União Internacional das Repúblicas Americanas, com a intenção de trocar informações comerciais, depois tornou-se a União Pan-Americana e, atualmente, consiste na Organização dos Estados Americanos (OEA).

Na fiscalização da constitucionalidade, a Carta manteve a essência do controle introduzido no Brasil em 1891, entretanto, retrocedeu ao enfraquecer a supremacia do Poder Judiciário, permitindo que o Executivo tornasse sem efeito a decisão de inconstitucionalidade proferida pelo Supremo Tribunal Federal, bem como vedando expressamente o conhecimento das questões exclusivamente políticas pelo Judiciário (art. 94). Gilmar Ferreira Mendes comenta sobre os efeitos políticos que a referida Constituição trouxe ao sistema de controle de constitucionalidade:

> A Carta de 1937 traduz um inequívoco retrocesso no sistema de controle de constitucionalidade. Embora não tenha introduzido qualquer modificação no modelo difuso de controle (art. 101, III, b e c), preservando-se, inclusive, a exigência de quorum especial para a declaração de inconstitucionalidade (art. 96), o constituinte rompeu com a tradição jurídica brasileira, consagrando, no art. 96, parágrafo único, princípio segundo o qual, no caso de ser declarada a inconstitucionalidade de uma lei que, a juízo do Presidente da República, seja necessária ao bem-estar do povo, à promoção ou defesa de interesse nacional de alta monta, poderia o Chefe do Executivo submetê-la novamente ao Parlamento. Confirmada a validade da lei por dois terços de votos em cada uma das Câmaras, tornava-se insubsistente a decisão do Tribunal.[162]

---

[161] "A história da Companhia Siderúrgica Nacional se confunde com a história do Brasil. Ela foi o grande marco da evolução de um Estado eminentemente agrícola e dependente de manufaturas externas para uma economia industrial e urbana" (cf. Benjamin Steinbruch, presidente do conselho de administração da empresa *in*: MOREIRA, Regina da Luz. *CSN um sonho feito de aço e ousadia*. 2. ed. Rio de Janeiro: Fundação CSN, 2005, p. 8).

[162] *Ibidem*. p. 26.

Com o enfraquecimento do Estado Novo e a perda das condições de governabilidade, Getúlio Vargas tentou ganhar sobrevida no poder e emendou a Carta, por meio de decreto consubstanciado na Lei Constitucional 9, de 28 de fevereiro de 1945, considerando que haviam se criado "condições necessárias para que entr[asse] em funcionamento o sistema dos órgãos representativos previstos na Constituição". Ponderou mais,

> [...] que o processo indireto para a eleição do Presidente da República e do Parlamento não somente retardaria a desejada complementação das instituições, mas também privaria aqueles órgãos, de seu principal elemento de força e decisão, que é o mandato notório e inequívoco da vontade popular, obtido por uma forma acessível à compreensão geral e de acordo com a tradição política brasileira; [...] que um mandato outorgado nestas condições é indispensável para que os representantes do povo, tanto na esfera federal como na estadual, exerçam, em toda sua amplitude, a delegação que este lhes conferir, máxime em vista dos graves sucessos mundiais da hora presente e da participação que neles vem tendo o Brasil; [...] que a eleição de um Parlamento dotado de poderes especiais para, no curso de uma Legislatura, votar, se o entender conveniente, a reforma da Constituição, supre com vantagem o plebiscito de que trata o art. 187 desta última, e que, por outro lado, o voto plebiscitário implicitamente tolheria ao Parlamento a liberdade de dispor em matéria constitucional; [...] as tendências manifestas da opinião pública brasileira, atentamente consultadas pelo Governo.

A referida Lei Constitucional tinha a sua vigência até o dia em que fosse realizada a eleição presidencial, nos termos do artigo 5º do ato normativo. Historicamente, esse fato está ligado a uma das mais importantes consultas respondidas pelo Tribunal Superior Eleitoral, que viabilizou a instalação da Assembleia Nacional Constituinte de 1946, alterando o eixo de poder.

Para se entender o contexto,[163] em 28 de fevereiro de 1945, a mencionada Lei Constitucional 9, assinada por Getúlio Vargas, fixou data para a realização das eleições e, no dia 28 de maio de 1945, a Lei

---

[163] "No Brasil, a primeira consulta sobre matéria eleitoral de que se tem notícia foi formulada pouco antes da Guerra de Independência, pela Câmara de Olinda, ao Príncipe Regente do Reino do Brasil, Dom Pedro I, para saber se deveriam ser realizadas novas eleições para a escolha dos eleitores de paróquia que elegeriam os procuradores ou se serviriam aqueles já eleitos quando das eleições gerais para deputados das Cortes de Lisboa" (ALMEIDA NETO, Manoel Carlos de. *Direito Eleitoral Regulador*. São Paulo: Revista dos Tribunais, 2014).

Agamenon restaurou o Tribunal Superior Eleitoral e fixou o pleito para 2 de dezembro do mesmo ano.

Em sua primeira fase, a Corte Superior Eleitoral se instalou em 20 de maio de 1932, sob a presidência do Ministro Hermenegildo de Barros, então Vice-Presidente do STF. Com o advento da Carta polaca de 1937, a Justiça Eleitoral sofreu solução de continuidade.

Somente com a redemocratização é que o TSE foi restaurado, em 1º de junho de 1945, no Palácio Monroe, sob a presidência do Ministro José Linhares, três dias após a edição do Decreto 7.586, de 28 de maio de 1945, que criara o tribunal. Logo em seguida, em 1946, a Corte caminhou da Avenida Rio Branco para a antiga sede do Supremo Tribunal Federal, na Rua Primeiro de Março, onde funcionou até 1960, quando foi transferida para Brasília, em instalações provisórias, no Bloco 6 da Esplanada dos Ministérios, até a mudança, em 1971, para a Praça dos Tribunais Superiores.

Em 15 de dezembro de 2011, sob a presidência de Enrique Ricardo Lewandowski, foi inaugurada a nova sede do TSE – batizado pelo referido ministro de "Tribunal da Democracia" – no Setor de Administração Federal Sul, onde atualmente funciona, em condições estruturais compatíveis às suas necessidades operacionais.[164]

Renascia a democracia e restaurava-se a Justiça Eleitoral. O Decreto-Lei 7.586, de 28 de maio de 1945, regulou o alistamento eleitoral e as eleições em todo o país, fixando o Tribunal Superior Eleitoral como órgão de cúpula, com sede na capital da República, um Tribunal Regional na capital de cada Estado e no Distrito Federal, bem como juízes e juntas eleitorais. Referidas eleições estabeleceram mandato a Deputados e Senadores de diversas legendas, com destaque para o Partido Social Democrático (PSD), de Juscelino Kubitschek, para a União Democrática Nacional (UDN), de Carlos Lacerda, para o Partido Trabalhista Brasileiro (PTB), de Getúlio Vargas e João Goulart, além do Partido Socialista, o Partido Democrata Cristão, o Partido Comunista Brasileiro e o Partido Social Progressista.

Em consequência, surgiu nos grupos que formaram os partidos políticos relevante dúvida quanto à natureza constituinte dos poderes confiados aos futuros congressistas. A questão central era saber se o parlamento seria ou não investido do poder constituinte legitimado a criar uma nova ordem constitucional, uma nova república. Ante o

---

[164] ALMEIDA NETO, Manoel Carlos de. *Direito Eleitoral Regulador*. São Paulo: Revista dos Tribunais, 2014.

cenário de incertezas, a combativa Ordem dos Advogados do Brasil (OAB) apresentou representação ao Tribunal Superior Eleitoral (TSE) e o Partido Social Democrático (PSD) formulou uma consulta sobre a extensão dos poderes que seriam destinados aos parlamentares.

O TSE, então presidido pelo ministro José Linhares e sediado no Rio de Janeiro, respondeu a consulta baixando a Resolução 215, de 2 de outubro de 1945, de relatoria do ministro Antônio Sampaio Dória, que definia: "o Parlamento Nacional, a ser eleito em 2 de dezembro de 1945, além de suas funções ordinárias, terá poderes constituintes, apenas, sujeito aos limites que ele mesmo prescrever". Ao comentar esse episódio histórico, Velloso qualificou a postura do TSE como corajosa e concluiu que "a assembleia que votou a Constituição de 1946 investiu-se de poderes constituintes originários, por força de decisão do Tribunal Superior Eleitoral".[165]

Sob circunstâncias politicamente desfavoráveis, em 29 de outubro de 1945, Vargas foi deposto pelo Alto Comando do Exército e renunciou. Como não existia o cargo de vice-presidente da República, quem assumiu a presidência foi o ministro José Linhares, então presidente do STF e do TSE, de forma transitória, com o objetivo de transmitir o cargo ao candidato vitorioso nas eleições de 2 de dezembro de 1945.

Durante a sua interinidade na chefia do Executivo, Linhares editou a Lei Constitucional 13, de 12 de novembro de 1945, "considerando que o Tribunal Superior Eleitoral interpretou como sendo constituintes os poderes que, nos termos da Lei Constitucional nº 9, de 28 de fevereiro de 1945, a Nação vai outorgar ao Parlamento nas eleições convocadas para 2 de dezembro de 1945".

Também, em decorrência da "conveniência de pôr termo às controvérsias, então suscitadas a respeito do julgado, em torno da legitimidade e da extensão dos poderes que a Nação delegará ao Parlamento", decretou: i) que os representantes eleitos para a Câmara dos Deputados e para o Senado Federal teriam poderes ilimitados para votar a Constituição do Brasil, ii) que o Conselho Federal passaria a denominar-se Senado Federal; e iii) que, promulgada a Constituição, a Câmara dos Deputados e o Senado Federal passariam a funcionar como Poder Legislativo ordinário.[166]

---

[165] VELLOSO, Carlos Mário da Silva. A Reforma Eleitoral e os rumos da democracia no Brasil. *In*: ROCHA, Cármen Lúcia Antunes; VELLOSO, Carlos Mário da Silva (Org.). *Direito Eleitoral*. Belo Horizonte: Del Rey, 1996, p. 14.

[166] BRASIL. *Coleção de Leis do Brasil* – 1945, v. 7. Rio de Janeiro: Imprensa Nacional, 1946, p. 3.

O Brasil felizmente voltava a respirar ares democráticos, com ambiente propício ao restabelecimento do sistema eleitoral.

Francisco Campos, autor da "Polaca", olvidou da advertência de Maquiavel em *O príncipe*, a respeito das instabilidades da imposição de uma "nova ordem":

> [...] deve-se considerar que não há coisa mais difícil de lidar, nem mais duvidosa de conseguir, nem mais perigosa de manejar que chefiar o estabelecimento de uma nova ordem. Porque aquele que a introduz tem por inimigo todos os que se beneficiavam da antiga ordem e, por amigo, os fracos defensores que dela se beneficiariam; fraqueza que em parte deriva do medo dos adversários, que tinham as leis ao seu lado, e em parte da incredulidade dos homens, que na verdade não creem nas coisas novas, a menos que se assentem numa experiência sólida. Disso resulta que, toda vez que os inimigos tiverem a ocasião de atacar, o farão em bloco, ao passo que os demais se defenderão tibiamente – e com estes nunca se terá estabilidade.[167]

A *nova ordem* do Estado Novo morreu e teve o seu velório preparado pelo bico da pena de José Linhares, que decretou a última Lei Constitucional, a de número 21, em 23 de janeiro de 1946, que determinava que a proclamação do Presidente da República Eurico Gaspar Dutra pelo Tribunal Superior Eleitoral, eleito em 2 de dezembro de 1945, "independe[ria] da solução final das dúvidas, impugnações ou recursos suscitados ou interpostos, desde que a votação impugnada não [pudesse] alterar a colocação já obtida pelos candidatos, segundo os votos apurados".

---

[167] MAQUIAVEL, Nicolau. *O príncipe*. São Paulo: Companhia das Letras, 2010, p. 63-64.

CAPÍTULO 10

CONSTITUIÇÃO LIBERAL

Constituinte Heterogênea. Constituição de 1946. Código Eleitoral de 1950. Liberalismo. Segunda Era Vargas. Populismo. Trabalhismo. Deposição. Carta-Testamento. Impedimento Relâmpago e Legalidade. Usina de Crises, Levantes e Golpes. Reformas de Base. Primeiros Efeitos do Ato Institucional.

Com a posse de Eurico Gaspar Dutra como presidente da República, em 31 de janeiro de 1946, as legendas formaram a Assembleia Nacional Constituinte, instalada em fevereiro de 1946, no Palácio Tiradentes (RJ), sob a presidência de Fernando de Mello Vianna e a vice-presidência de João Mangabeira.

Os deputados federais e senadores da República tomaram posse para compor a Assembleia Nacional Constituinte e iniciaram os seus trabalhos logo no primeiro dia de fevereiro. A heterogênea Constituinte encampava democratas, republicanos, socialistas, comunistas, católicos, getulistas e integralistas, na proporção de "173 constituintes do PSD, 85 da UDN, 23 do PTB, 15 do PCB, 12 do PR, 7 do PSP, e do Democrata Cristão, 2 da Esquerda democrática (ramo da UDN) e 1 do Libertador", somando-se ainda assessores norte-americanos, *experts* em *lobbying*, que exerciam seu papel na redação e votação do texto constitucional.[168]

Em 19 de setembro foi promulgada a *Constituição liberal* de 1946, oitava a vigorar no Brasil, marco fundamental da Quarta República e de um período de duas décadas de estabilidade democrática.

---

[168] SALDANHA, Nelson Sampaio. *História das Ideias Políticas no Brasil*. Brasília: Senado Federal, 2001, p. 314-315.

A Constituição de 1946 possuía traços liberais e restaurou valores democráticos subtraídos pelo Estado Novo, dispondo em especial sobre direitos civis e políticos, pluripartidarismo, independência dos poderes, princípio federativo, com autonomia para Estados e Municípios, liberdade de culto e de pensamento, ampliação das conquistas do Estado social para o trabalhador.

Na seara eleitoral, aumentou o universo de eleitores ao permitir o voto a homens e mulheres acima dos 18 anos, embora tenha falhado ao excluir o sufrágio dos analfabetos.

Na forma, apresentava 218 artigos, divididos em nove títulos, com estrutura semelhante à Constituição Republicana de 1891.

Apesar do avanço da redemocratização, o segundo Código Eleitoral foi instituído somente em 24 de julho de 1950 com a Lei 1.164, que regulava a formação dos partidos políticos, o alistamento eleitoral, a propaganda política, o voto secreto em cabine indevassável e as eleições. Algumas alterações ao diploma normativo foram implementadas: a Lei 2.550/55 instituiu a folha individual de votação; a Lei 2.562/55 fixou cédula única para as eleições presidenciais; e a Lei 2.982/56 determinou a utilização de cédulas para todas as demais eleições majoritárias. As Leis 4.109 e 4.115, de 1962, determinaram a utilização da cédula oficial de votação nas eleições proporcionais.

As eleições gerais de 1950 devolveram uma segunda era de poder a Getúlio Vargas. Mais uma vez chegou à Presidência da República, para exercer um mandato democrático após a sua deposição. Seu novo governo possuía natureza nacionalista e foi fortemente marcado por sucessivas crises políticas e econômicas, denúncias de corrupção e acusações de populismo sindical.

Sobre esse importante fenômeno político-social do populismo, que marcou a nossa Quarta República, Lewandowski ensina que

> No Brasil, o populismo inicia-se com a ascensão de Vargas ao poder e perdura até a derrubada de Goulart. Surge como resultante da decadência social e política da oligarquia agrária-mercantil que, de Forma hegemônica, detinha o poder político até o advento da industrialização que se desenvolveu, a partir da década de 30, como consequência de um longo e penoso processo de substituição de importações.
>
> O populismo brasileiro, portanto, repousa sobre uma aliança entre a burguesia industrial e amplos setores das massas sindicalizadas urbanas, à qual aderem também segmentos tecnocráticos e gerenciais da classe média. Significativamente, os trabalhadores rurais ficam à margem do processo, pelo menos na fase de apogeu do movimento.

Mais tarde, contudo, já na fase de descenso do populismo registrou-se uma tentativa de incorporar as massas rurais ao processo, sendo que as ligas camponesas do Nordeste constituem um exemplo típico desse fato. Do ponto de vista ideológico, (...) o populismo assume, em muitos aspectos, uma feição progressista, caracterizando-se por defender o industrialismo, o nacionalismo, o antiliberalismo (que na realidade consistia numa intervenção moderada do Estado no domínio econômico), o desenvolvimentismo, a afirmação da inexistência de conflitos profundos de classe e a tese da liderança política da burguesia.

Assim, apesar da tomada de certas posições tipicamente de esquerda e de uma intensa mobilização das massas, o populismo, não só no plano da realidade fática, como também no plano da representação ideológica, é um movimento cuja hegemonia pertence integralmente à burguesia industrial, que amplia ou restringe a participação popular no processo político na exata extensão de seus interesses e objetivos. (...)

A relação de manipulação a que alude Weffort aparece com clareza quando se recorda a conduta política de Getúlio Vargas, Juscelino Kubitschek, Adhemar de Barros, Jânio Quadros, Jango Goulart e outros líderes populistas, ou quando se relembra a atuação dos grandes partidos como o PTB, o PSD, o PSP, etc., que fomentavam e capitalizavam uma permanente mobilização das massas populares em torno de símbolos e palavras de ordem das mais diversas, utilizando uma linguagem distributivista e apresentando o Estado como um ente providencial que, de forma paternalista, concede direitos e distribui benesses (nesse sentido é significativo que Getúlio Vargas seja lembrado, até hoje, pelas classes mais humildes, como aquele que deu a legislação trabalhista ao povo).[169]

Com a inflação acentuada e a consequente insatisfação entre os trabalhadores, Vargas nomeou Jango para o Ministério do Trabalho e emplacou a proposta de dobrar o salário mínimo.

O fim da segunda era Vargas foi abreviado com a propagação da notícia de que o seu Chefe de Segurança, Gregório Fortunato, havia sido o mandante do atentado ao jornalista e ferrenho adversário político Carlos Lacerda, em 5 de agosto de 1954, no Rio de Janeiro.

Acuado com pedidos de renúncia, inúmeras denúncias de corrupção no Banco do Brasil em relação ao órgão governamental de importação e exportação (Cexim), a guerra da comunicação entre o jornal Tribuna da Imprensa do udenista Lacerda e o jornal Última Hora, ligado

---

[169] LEWANDOWSKI, Enrique Ricardo. *Crise Institucional e Salvaguardas do Estado*. Dissertação de Mestrado. São Paulo: Faculdade de Direito da USP, 1980, p. 9-10.

a Vargas, e o fato de seu filho, Lutero Vargas, figurar como suposto agente e beneficiário de vantagens ilícitas, o presidente não resistiu.

Em 24 de agosto de 1954, o presidente Vargas cometeu suicídio no Palácio do Catete, deixando uma carta-testamento na qual manifesta:

> Mais uma vez, as forças e os interesses contra o povo coordenaram-se e novamente se desencadeiam sobre mim.
>
> Não me acusam, me insultam, não me combatem, caluniam, e não me dão o direito de defesa. Precisam sufocar a minha voz e impedir a minha ação para que eu não continue a defender, como sempre defendi, o povo e principalmente os humildes. Sigo o destino que me é imposto. Depois de decênios de domínio e espoliação dos grupos econômicos e financeiros internacionais, fiz-me chefe de uma revolução e venci. Iniciei o trabalho de libertação e instaurei o regime de liberdade social. Tive de renunciar. Voltei ao governo nos braços do povo. A campanha subterrânea dos grupos internacionais aliou-se à dos grupos nacionais revoltados contra o regime de garantia do trabalho. A lei de lucros extraordinários foi detida no Congresso. Contra a justiça da revisão do salário-mínimo se desencadearam os ódios. Quis criar a liberdade nacional na potencialização das nossas riquezas através da Petrobrás e, mal começa esta funcionar, a onda de agitação se avoluma. A Eletrobrás foi obstaculizada até o desespero. Não querem que o trabalhador seja livre. Não querem que o povo seja independente.
>
> Assumi o governo dentro da espiral inflacionária que destruía os valores de trabalho. Os lucros das empresas estrangeiras alcançavam até 500% ao ano. Nas declarações de valores do que importávamos existiam fraudes constatadas de mais de 100 milhões de dólares por ano. Veio a crise do café, valorizou-se o nosso principal produto. Tentamos defender seu preço e a resposta foi uma violenta pressão sobre nossa economia, a ponto de sermos obrigados a ceder.
>
> Tenho lutado mês a mês, dia a dia, hora a hora, resistindo a uma agressão constante, incessante, tudo suportando em silêncio, tudo esquecendo, renunciando a mim mesmo, para defender o povo, que agora se queda desamparado. Nada mais vos posso dar, a não ser meu sangue. Se as aves de rapina querem o sangue de alguém, querem continuar sugando o povo brasileiro, eu ofereço em holocausto a minha vida. Escolho este meio de estar sempre convosco. Quando vos humilharem, sentireis minha alma sofrendo a vosso lado. Quando a fome bater à vossa porta, sentireis em vosso peito a energia para a luta por vós e vossos filhos. Quando vos vilipendiarem, sentireis no meu pensamento a força para a reação. Meu sacrifício nos manterá unidos e meu nome será a vossa bandeira de luta.
>
> Cada gota de meu sangue será uma chama imortal na vossa consciência e manterá a vibração sagrada para a resistência. Ao ódio respondo com o perdão. E aos que pensam que me derrotaram respondo com a minha

vitória. Era escravo do povo e hoje me liberto para a vida eterna. Mas esse povo de quem fui escravo não mais será escravo de ninguém. Meu sacrifício ficará para sempre em sua alma e meu sangue será o preço de seu resgate. Lutei contra a espoliação do Brasil. Lutei contra a espoliação do povo. Tenho lutado de peito aberto. O ódio, as infâmias, a calúnia não abateram meu ânimo. Eu vos dei a minha vida. Agora vos ofereço a minha morte. Nada receio. Serenamente dou o primeiro passo no caminho da eternidade e saio da vida para entrar na história.[170]

A gigantesca comoção social gerada com o suicídio do presidente impediu que a oposição mais conservadora tomasse o poder. Uma multidão de 100 mil pessoas se dirigiu ao Palácio do Catete, "cerca de 3 mil populares foram atendidos, nesse dia, pelo posto médico que servia ao palácio, vítimas de desmaios, crises nervosas e ameaças de ataque cardíaco. As filas se estenderam por vários quilômetros de ruas, com homens, mulheres e crianças de todas as classes sociais", segundo relatou Lira Neto.[171]

No mesmo dia, o vice-presidente Café Filho assumiu a presidência, que ocupou até 8 de novembro de 1955, quando foi afastado por motivo de saúde. O presidente da Câmara dos Deputados, Carlos Luz, exerceu então o cargo por 3 dias e logo foi impedido, por alegada conspiração contra a posse de Juscelino Kubitschek, candidato vitorioso nas eleições.

O *impeachment* relâmpago de Carlos Luz foi liderado pelo ex-Ministro da Guerra, o general Henrique Teixeira Lott, o qual havia demitido. A presidência foi transmitida no Movimento de 11 de Novembro a Nereu Ramos, sob estado de sítio, com a garantia de posse dos eleitos em 31 de janeiro de 1956. Lott contou com o apoio fundamental de militares da reserva que formavam o Movimento Militar Constitucionalista e a sua postura legalista e democrática na transição lhe garantiu o posto de Ministro da Guerra de JK.

Vinculado à chapa PSD/PTB, Juscelino Kubitschek foi eleito presidente, tendo exercido de 31 de janeiro de 1956 a 31 de janeiro de 1961 um mandato desenvolvimentista, marcado pelo crescimento do produto interno bruto (PIB) na média de 7% ao ano, da indústria

---

[170] Cf. FGV. CPDOC. Vargas: para além da vida. A Carta-testamento e o legado de Vargas. Disponível em: https://cpdoc.fgv.br/producao/dossies/AEraVargas2/artigos/AlemDaVida/CartaTestamento. Acesso em: 10 jun. 2021.

[171] LIRA NETO, João de. *Getúlio*: da volta pela consagração popular ao suicídio (1945-1954). São Paulo: Companhia das Letras, 2014.

na média de 80% e pelo deslocamento do eixo de poder geopolítico nacional para a nova capital, Brasília, visando o desenvolvimento do interior e a integração do Brasil continental. De outro lado, cresciam também a desigualdade e os problemas sociais e econômicos com o aumento da dívida pública.

O principal opositor de JK, Jânio Quadros, foi eleito presidente em 1961, com o apoio do udenista e líder conservador Carlos Lacerda, para um governo conturbado de apenas um semestre, mais precisamente 206 dias.

Usina de crises, o governo de Jânio desvalorizou a moeda nacional em relação ao dólar, retirou subsídios ao petróleo e ao trigo, o que fez explodir os preços dos produtos importados e dos combustíveis, além de enveredar na agenda de costumes, com a proibição das corridas de cavalos em dias úteis e as rinhas de galo diárias. Vetou o uso de lança-perfume nos bailes de Carnaval, o uso de biquíni nas praias e chegou ao ridículo de regulamentar o comprimento dos maiôs nos concursos de misses transmitidos em rede de TV. Também publicou no Diário Oficial um modelo de uniforme a ser utilizado por todo funcionário público, denominado "*slack*", mas que logo recebeu a alcunha de "pijânio", em alusão à roupa de dormir.

Sem o apoio de Lacerda, nem do Congresso, submerso nas perturbações que ele próprio fabricou e cercado de bajuladores, Jânio poderia ter se lembrado da receita de Maquiavel para fugir dos aduladores, "um erro do qual os príncipes dificilmente sabem defender-se" ou "com dificuldade se defendem dessa peste". Na fórmula do pensador florentino, "um príncipe não tem outro modo de esquivar-se das adulações senão fazendo os homens entenderem que eles não o ofendem dizendo-lhe a verdade. [...] Quem não agir assim, ou cairá por causa dos aduladores, ou mudará frequentemente de rumo segundo a opinião alheia, tornando-se pouco estimado".[172]

Jânio caiu. Apresentou a sua renúncia em 25 de agosto de 1961, acentuando mais a crise política. O presidente da Câmara dos Deputados, Ranieri Mazzilli, permaneceu na chefia do Executivo por 13 dias, até a posse do sucessor, o vice-presidente eleito João Goulart, em 7 de setembro de 1961, sob um regime inicialmente parlamentarista.

Enfrentando uma forte resistência dos militares, a posse de Jango só foi possível por conta da "campanha da legalidade", na senda de

---

[172] MAQUIAVEL, Nicolau. *O príncipe*. São Paulo: Companhia das Letras, 2010, p. 127-128.

Lott, que defendia a legitimidade da posse do vice-presidente eleito. A solução do parlamentarismo possibilitou a posse de Jango e mitigou a luta entre os chamados legalistas contra os golpistas, até que o plebiscito realizado em 1963 restaurou o presidencialismo.

Os 20 anos de vigência da *Constituição liberal* de 1946 foram marcados por uma série de conspirações, levantes e golpes de Estado que culminaram com a autoproclamada revolução de 1964. No turbilhão das crises, em 13 de março de 1964, Jango realizou um imenso comício na Central do Brasil, para anunciar as suas *reformas de base* para milhares de operários, com a participação de líderes comunistas e socialistas no palanque. Enquanto isso, outros fatores de poder da sociedade civil se moviam e promoviam gigantescas passeatas com milhares de pessoas, denominadas "Marchas por Deus e pela Família", visando sensibilizar a opinião pública contra o governo.

Aliomar Baleeiro registrou as mais significativas turbulências institucionais:

> 1) Agitação em torno da tese da maioria absoluta, em 1951, como indispensável à eleição presidencial de Vargas; não foi possível submeter o caso ao STF porque militares getulistas (Zenóbio e Estilac) fizeram pressão sobre os civis;
>
> 2) "Manifesto dos coronéis" (janeiro de 1954), forçando a exoneração de João Goulart, Ministro do Trabalho, e provocando também a do Ministro da Guerra, Ciro Espírito Santo.
>
> 3) Deposição de Vargas, entre 22 e 24 de agosto de 1954, pelos Generais, Brigadeiros e Almirantes, após a tentativa de assassinato de Carlos Lacerda e homicídio do Major Rubens Vaz (reação dos oficiais da Aeronáutica, "República do Galeão", etc.). A opinião pública apoiou esse levante emocionada com as ameaças da "República Sindicalista", de Jango, o escândalo da Última Hora, o atentado contra Lacerda por homens da guarda pessoal do Presidente, comandada pelo "anjo negro" Gregório, que gozava de enorme prestígio presidencial e era pessoa de confiança do famoso "Beijo" Vargas.
>
> 4) Golpe de Estado do General Lott, Ministro da Guerra, em 10 de novembro de 1955, depondo o Presidente interino Antônio Carlos Luz, que se transferira para o cruzador Tamandaré, alvejado pelas fortalezas da barra do Rio.
>
> 5) O golpe de Lott contra Café Filho, o Presidente que o nomeou, sequestrando-o e impedindo-o de reassumir suas funções, quando se recuperou de um incômodo circulatório que o fizera transmitir o cargo a Carlos Luz e recolher-se a uma casa de saúde. Foi decretado, então, o único estado de sítio depois da Constituição Federal de 1946.

6 e 7) Os levantes de Aragarças e Jacareacanga contra o Presidente Kubitschek, prontamente sufocados em 1956 e 1957.

8) Tentativas de golpes dos Ministros militares (Deny, Rademacker e Moss) de 25 a 30 de agosto de 1961, para evitar a posse do Vice Jango, quando o Presidente Jânio Quadros renunciou a 25 de agosto de 1961. Jânio, segundo reconheceu seu alter ego, o Ministro Pedroso Horta, pretendia, talvez, por um golpe de surpresa, cercear as atribuições do Congresso e exercer um Executivo ditatorial. Resolveu-se pela promulgação do Ato Adicional (Emenda n. 4).

9) Levante dos sargentos de Brasília, em setembro e outubro de 1963.

10) Levante dos marinheiros na Semana Santa (a última) em março de 1964.

11) Finalmente, a Revolução de 30 de março a 1º de abril de 1964, com a deposição de Jango.[173]

No compasso dos citados levantes e acuado com os sucessivos movimentos, na madrugada de 1º de abril de 1964, Jango voou para Porto Alegre e, aconselhado por Assis Brasil, fugiu com a família para o Uruguai, onde pediu asilo político. Mesmo antes de sua saída do Brasil, em 2 de abril o Congresso Nacional declarou a vacância do cargo de Presidente da República e, na presença dos presidentes do Senado e do Supremo, empossou o então presidente da Câmara dos Deputados, Ranieri Mazzilli, que novamente governou por 13 dias, até 15 de abril de 1964, quando Humberto Castelo Branco assumiu o poder.

Em 9 de abril de 1964, Jango teve seus direitos políticos cassados por dez anos, com a publicação do primeiro Ato Institucional e os seguintes que passaram a emendar a Constituição de 1946, revogando-a em cláusulas de direitos e garantias fundamentais. Caía o Governo Democrático e se erguia o regime militar como fator absoluto de poder.

Sobre os efeitos do Ato Institucional na Constituição de 1946, Manoel Gonçalves Ferreira Filho registra que o referido ato foi uma Constituição outorgada pelo novo regime:

> Note-se que se poderia, a 09.04.1964, colocar o termo final da Constituição de 1946. Não por qualquer observação de ordem política, mas do ângulo estritamente jurídico. Com efeito, o art. 1º do Ato Institucional de 09.04.1964 diz que 'mantém em vigor a Constituição de 1946', com as modificações que introduz. A partir dessa data não é propriamente a Constituição de 1964, estabelecida pela Constituinte de 46, que está

---

[173] BALEEIRO, Aliomar. *A Constituição de 1946*. 3. ed. Brasília: Senado Federal, 2012, p. 18-19.

em vigor. Está em vigor uma Constituição outorgada pelo movimento revolucionário cujo conteúdo corresponde ao da Constituição de 1946, com as alterações que ele próprio introduz..[174]

O então presidente do STF, ministro Álvaro Moutinho Ribeiro da Costa, filho do General Alfredo Ribeiro da Costa, chegou a declarar apoio público ao movimento de intervenção militar. Todavia, mais adiante, em 1965, se posicionou contra a intromissão do regime no Judiciário, em relação à proposta de aumentar o número de membros da Corte. Como porta-voz do Tribunal, após sessão administrativa, publicou a seguinte advertência: "Alertamos os poderes Executivo e Legislativo, ao mesmo passo que assim o fazemos tendo em vista as insistentes intromissões de militares nesse assunto que não lhes cabe opinar, o que, entretanto, vem ocorrendo lamentavelmente, coisa jamais vista nos países verdadeiramente civilizados. Já é tempo de que os militares se compenetrem de que nos regimes democráticos não lhes cabe o papel de mentores da Nação".[175]

Não obstante o espírito de corpo do Supremo, conforme analisaremos no próximo capítulo, o regime militar manipulou o *quorum* do Tribunal, por meio dos Atos Institucionais 2 e 6.

A título de reparação histórica, no dia 20 de novembro de 2013, em sessão conjunta do Congresso Nacional, foi anulada a sessão que depôs o presidente João Belchior Marques Goulart e, em 18 de dezembro de 2013, o Congresso devolveu simbolicamente o mandato presidencial a Jango, na presença de Maria Tereza Goulart, viúva do presidente.

---

[174] FERREIRA FILHO. Manoel Gonçalves. A Constituição de 1946. *In:* PORTO, Walter Costa (Org.). *Constituições do Brasil*. Brasília: Instituto Tancredo Neves e Fundação F. Naumann, 1987, p. 85.

[175] RECONDO, Felipe. *Tanques e togas*: o STF e a ditadura militar. São Paulo: Companhia das Letras, 2018, p. 24, 108 e 109.

CAPÍTULO 11

CARTA TROICA

Instalação do Regime Militar. Triunvirato. Atos Institucionais. Atos do Comando Supremo da Revolução. Autoproclamado Poder Constituinte Originário. Natureza Constitucional do AI-1 de 1964. Mutilação da Constituição de 1946. Código Eleitoral de 1965. Emenda Constitucional 16 de 1965.

Instalava-se o regime militar, com a promessa de convocação sucessiva de eleição indireta e direta para os cargos de presidente e vice-presidente da República já no ano seguinte, em 1965. Um "ano" que durou 21 anos, até a posse de José Sarney na presidência da República, em 15 de março de 1985, sendo que somente após transcorrido um quarto de século, em outubro de 1989, os brasileiros puderam escolher o seu presidente pelo voto direto.

Em estudo que constitui uma relevantíssima "radiografia jurídica"do regime militar no Brasil, Lewandowski esclarece:

> É bem verdade que, a princípio, os militares, seguindo o padrão tradicional de intervenção, pretendiam devolver o poder aos civis, depois de atingidos os principais objetivos da Revolução, quais sejam, a contenção dos comunistas, o controle da inflação e a execução de reformas políticas e econômicas que permitissem entregar o País saneado aos seus sucessores. Essa intenção é patenteada pelo próprio Ato Institucional que, de acordo com o seu art. 11, deveria vigorar apenas até 31 de janeiro de 1966, depois de eleito e empossado o novo Presidente e Vice-Presidente da República. Entretanto, os militares da linha dura, que Stepan classifica de nacionalistas autoritários, opõem-se com veemência aos moderados, os internacionalistas liberais, no que diz respeito a devolução do poder aos civis. (...)

Não resta dúvida, hoje, que o Ato Institucional baixado pelo Alto Comando da Revolução, possuía um caráter eminentemente instrumental e temporário, mesmo porque os políticos e demais grupos civis que participaram da Revolução não tinham o menor interesse em manter indefinidamente os militares no poder. Pretendia-se, tão somente, afastar os esquerdistas do governo e o perigo de uma mudança estrutural na sociedade brasileira, promovendo para tanto algumas reformas políticas, econômicas e financeiras que permitissem a retomada do processo desenvolvimentista, segundo um sistema capitalista de produção e dentro dos marcos políticos das democracias liberais do ocidente.[176]

Durante o regime militar, para dar sustentabilidade aos fatores de poder então dominantes, o Poder Executivo baixou 17 atos normativos denominados Atos Institucionais, editados pelo Presidente da República e pelos Comandantes do Exército, da Marinha e da Aeronáutica, todos com respaldo do Conselho de Defesa Nacional e poder normativo supraconstitucional, sob o alegado objetivo de combater as mazelas da corrupção.

Além disso, foram baixados 9 Atos do Comando Supremo da Revolução, assinados entre 10 e 14 de abril de 1964, e 105 Atos Complementares, entre 27 de outubro de 1965 e 9 de junho de 1978. Não se pode compreender o alcance do regime militar sem examinar o conteúdo desses atos institucionais, que espelhavam os fatores de poder na busca por legalidade normativa e pela inalcançada legitimidade.

Em primeiro lugar, é relevantíssimo destacar o Ato Institucional, de 9 de abril de 1964, elaborado pelo jurista Carlos Medeiros Silva, datilógrafo e auxiliar técnico de Francisco Campos na Carta de 1937. O Ato Institucional, ainda não numerado, segundo Manoel Gonçalves Ferreira Filho consistiu em uma "Constituição outorgada pelo movimento revolucionário",[177] cujo conteúdo coincide, na parte que ele autoriza, com a Constituição de 1946. Em outra obra sobre o Poder Constituinte, o jurista analisa o primeiro dispositivo do AI-1:

'Art. 1º São mantidas a Constituições de 1946 e as Constituições Estaduais e respectivas Emendas, com as modificações constantes deste Ato'.

---

[176] LEWANDOWSKI, Enrique Ricardo. *Crise Institucional e Salvaguardas do Estado*. Dissertação de Mestrado. São Paulo: Faculdade de Direito da USP, 1980, p. 26-27.

[177] FERREIRA FILHO. Manoel Gonçalves. A Constituição de 1946. *In:* PORTO, Walter Costa (Org.). *Constituições do Brasil*. Brasília: Instituto Tancredo Neves e Fundação F. Naumann, 1987, p. 85.

Note-se que o art. 1º mantém a Constituição de 1946. Mas a partir desse momento, a Constituição de 1946 não mais retira sua força da deliberação do poder Constituinte que, através de uma Assembléia Constituinte, em 1946, a promulgou, em 18 de setembro. O fundamento da Constituição passa a ser o Ato Institucional, passa a ser a deliberação do Poder Revolucionário, através da outorga do Ato Institucional de 9 de Abril de 1964. Em outras palavras, o art. 1º do Ato Institucional de 9 de abril de 1964 faz a recepção do direito anterior. Porque o Comando Revolucionário poderia editar uma Constituição inteira, poderia se dar o trabalho de redigir todos os artigos da Constituição. Mas como isso não era considerado necessário nem preciso, simplesmente, o Ato Institucional mantém a Constituição, com as modificações que ele próprio traça. Com efeito, por força do art. 1º, então, se recebe ao corpo do Ato institucional tudo aquilo da Constituição de 1946 que não era incompatível com o seu texto.

Disto resulta que, a partir do Ato institucional, o texto da Constituição é o editado em 1946, modificado pelos preceitos desse Ato (bem como, evidentemente, pelas Emendas constitucionais até então promulgadas). Disto resulta também que a Constituição, a partir do Ato Institucional, vige em decorrência deste e não da vontade da Constituinte de 1946.

Os atos institucionais, portanto, são tipicamente, em sua origem, manifestações do Poder Constituinte originário.[178]

Ao explicar a natureza dos Atos Institucionais, o mesmo jurista assevera que "são típicas manifestações do Poder Constituinte Originário. Apresentam os três caracteres deste. São Atos iniciais, autônomos e incondicionados. Iniciais, porque, em razão do Movimento Revolucionário, dão novo fundamento à Constituição que mantêm em vigor. Autônomos porque não se subordinam a qualquer outro ato jurídico. Incondicionados porque não têm forma especial para a sua manifestação. Na verdade, os Atos Institucionais são exemplos do método da outorga na positivação das Constituições. São verdadeiras Constituições outorgadas".[179]

No mesmo raciocínio jurídico, Celso Ribeiro Bastos assentou a natureza constitucional do AI-1, pois "instaura-se uma nova ordem revolucionária no País que de certa forma já significava a derrocada da Constituição de 1946. Esta só restou em vigor na medida em que o

---

[178] FERREIRA FILHO. Manoel Gonçalves. *O Poder Constituinte*. 4. ed. São Paulo: Saraiva, 2005, p. 66.
[179] FERREIRA FILHO. Manoel Gonçalves. *Curso de Direito Constitucional*. 5. ed. São Paulo: Saraiva, 1975, p. 136.

próprio Ato Institucional n. 1 a manteve, o que justifica dizer que na verdade já não era mais a Constituição de 1946 que vigia, mas sim o ato de força".[180]

Ao discorrer sobre o poder constituinte legítimo e, também, sobre aquele que foi usurpado na história constitucional do Brasil, Paulo Bonavides ensina que

> A chamada Revolução de 1964, do ponto de vista da legitimidade revolucionária do poder constituinte, se acha inteiramente contida no Ato Institucional de 9 de abril daquele ano, feito para vigorar até 31 de janeiro de 1966.
>
> Como poder constituinte originário, o movimento se consubstancia naquele Ato, emanado de uma vontade soberana, oriunda da situação de fato que as armas insurretas produziram no País.[181]

O primeiro Ato Institucional, portanto, com preâmbulo e 11 artigos, foi uma espécie de "Constituição", uma *Carta troica* outorgada por um triunvirato militar autodenominado Comando Supremo da Revolução, composto por Artur Costa e Silva, ministro do Exército, Augusto Rademaker Grünewald, ministro da Marinha, e Francisco de Assis Correia de Melo, ministro da Aeronáutica, que conferia poderes ao governo para alterar as leis, a Constituição, cassar mandatos, suspender direitos políticos de cidadãos e aposentar, compulsoriamente, qualquer pessoa que não estivesse alinhada com o regime.

Inicialmente, com absoluta supremacia, o AI-1 modificou a Constituição de 1946, a pretexto de mantê-la, e dirigiu à Nação um preâmbulo que manifesta um olhar sobre a doutrina do poder constituinte:

> É indispensável fixar o conceito do movimento civil e militar que acaba de abrir ao Brasil uma nova perspectiva sobre o seu futuro. O que houve e continuará a haver neste momento, não só no espírito e no comportamento das classes armadas, como na opinião pública nacional, é uma autêntica revolução.
>
> A revolução se distingue de outros movimentos armados pelo fato de que nela se traduz, não o interesse e a vontade de um grupo, mas o interesse e a vontade da Nação.

---

[180] BASTOS, Celso Ribeiro. *Curso de Direito Constitucional*. São Paulo: Celso Bastos Editor, 2002, p. 210.
[181] BONAVIDES, Paulo. *Curso de Direito Constitucional*. 25. ed. São Paulo: Malheiros, 2010, p. 165-166.

A revolução vitoriosa se investe no exercício do Poder Constituinte. Este se manifesta pela eleição popular ou pela revolução. Esta é a forma mais expressiva e mais radical do Poder Constituinte. Assim, a revolução vitoriosa, como Poder Constituinte, se legitima por si mesma. Ela destitui o governo anterior e tem a capacidade de constituir o novo governo. Nela se contém a força normativa, inerente ao Poder Constituinte. Ela edita normas jurídicas sem que nisto seja limitada pela normatividade anterior à sua vitória. Os Chefes da revolução vitoriosa, graças à ação das Forças Armadas e ao apoio inequívoco da Nação, representam o Povo e em seu nome exercem o Poder Constituinte, de que o Povo é o único titular. O Ato Institucional que é hoje editado pelos Comandantes-em-Chefe do Exército, da Marinha e da Aeronáutica, em nome da revolução que se tornou vitoriosa com o apoio da Nação na sua quase totalidade, se destina a assegurar ao novo governo a ser instituído, os meios indispensáveis à obra de reconstrução econômica, financeira, política e moral do Brasil, de maneira a poder enfrentar, de modo direto e imediato, os graves e urgentes problemas de que depende a restauração da ordem interna e do prestígio internacional da nossa Pátria. A revolução vitoriosa necessita de se institucionalizar e se apressa pela sua institucionalização a limitar os plenos poderes de que efetivamente dispõe.

O presente Ato Institucional só poderia ser editado pela revolução vitoriosa, representada pelos Comandos em Chefe das três Armas que respondem, no momento, pela realização dos objetivos revolucionários, cuja frustração estão decididas a impedir. Os processos constitucionais não funcionaram para destituir o governo, que deliberadamente se dispunha a bolchevizar o País. Destituído pela revolução, só a esta cabe ditar as normas e os processos de constituição do novo governo e atribuir-lhe os poderes ou os instrumentos jurídicos que lhe assegurem o exercício do Poder no exclusivo interesse do País. Para demonstrar que não pretendemos radicalizar o processo revolucionário, decidimos manter a Constituição de 1946, limitando-nos a modificá-la, apenas, na parte relativa aos poderes do Presidente da República, a fim de que este possa cumprir a missão de restaurar no Brasil a ordem econômica e financeira e tomar as urgentes medidas destinadas a drenar o bolsão comunista, cuja purulência já se havia infiltrado não só na cúpula do governo como nas suas dependências administrativas. Para reduzir ainda mais os plenos poderes de que se acha investida a revolução vitoriosa, resolvemos, igualmente, manter o Congresso Nacional, com as reservas relativas aos seus poderes, constantes do presente Ato Institucional.

Fica, assim, bem claro que a revolução não procura legitimar-se através do Congresso. Este é que recebe deste Ato Institucional, resultante do exercício do Poder Constituinte, inerente a todas as revoluções, a sua legitimação.

Em nome da revolução vitoriosa, e no intuito de consolidar a sua vitória, de maneira a assegurar a realização dos seus objetivos e garantir ao País um governo capaz de atender aos anseios do povo brasileiro, o Comando Supremo da Revolução, representado pelos Comandantes-em-Chefe do Exército, da Marinha e da Aeronáutica resolve editar o seguinte [Ato Institucional].[182]

O AI-1 suspendeu as garantias constitucionais ou legais de vitaliciedade ou estabilidade, para promover "investigação sumária" de servidores públicos civis e militares que tivessem "tentado contra a segurança do País, o regime democrático e a probidade da administração pública, sem prejuízo de sanções penais", bem como vedou o controle judicial sobre a validade material desses atos (art. 7º).

Em consequência, por meio de 9 (nove) Atos do Comando Supremo da Revolução assinados entre 10 e 14 de abril de 1964, o triunvirato: (i) suspendeu direitos políticos de 100 (cem) cidadãos, entre os quais Jango, Luiz Carlos Prestes, Jânio, Miguel Arrais, Waldir Pires, Rubens Paiva, Leonel Brizola, entre outros;[183] (ii) cassou o mandato de quarenta parlamentares;[184] (iii) transferiu para a reserva cento e vinte e dois oficiais das três Forças Armadas;[185] (iv) suspendeu por dez anos os direitos políticos de sessenta e duas pessoas, incluindo oficiais;[186] (v) suspendeu por dez anos os direitos políticos de cinco jornalistas;[187] (vi) transferiu para a reserva sete oficiais do Exército;[188] (vii) transferiu para a reserva dezessete oficiais da Aeronáutica;[189] (viii) determinou abertura de inquérito policial militar para apurar crimes militares e crimes contra o Estado; (IX) ampliou poderes na condução de inquéritos.

---

[182] Ato Institucional nº 1, de 9 de abril de 1964, publicado no DOU de 9.4.1964 e republicado em 11.4.1964. Disponível em: http://www.planalto.gov.br/ccivil_03/AIT/ait-01-64.htm. Acesso em: 6 maio 2021.

[183] Ato do Comando Supremo da Revolução nº 1, de 10 de abril de 1964, Diário Oficial da União- Seção 1 – 10.04.1964, p. 3.217.

[184] Ato do Comando Supremo da Revolução nº 2, de 10 de abril de 1964, Diário Oficial da União- Seção 1 – 10.04.1964, p. 3.217.

[185] Ato do Comando Supremo da Revolução nº 3, de 11 de abril de 1964, Diário Oficial da União- Seção 1 – 10.04.1964, p. 3.258.

[186] Ato do Comando Supremo da Revolução nº 4, de 14 de abril de 1964, Diário Oficial da União- Seção 1 – 10.04.1964, p. 3.313.

[187] Ato do Comando Supremo da Revolução nº 5, de 13 de abril de 1964, Diário Oficial da União- Seção 1 – 10.04.1964, p. 3.313.

[188] Ato do Comando Supremo da Revolução nº 6, de 13 de abril de 1964, Diário Oficial da União- Seção 1 – 10.04.1964, p. 3.313.

[189] Ato do Comando Supremo da Revolução nº 7, de 13 de abril de 1964, Diário Oficial da União- Seção 1 – 10.04.1964, p. 3.313.

Por fim, esse primeiro Ato determinou eleições indiretas para os cargos de presidente e vice-presidente da República, com exercício até 31 de janeiro de 1966, sucedidas de eleições diretas previstas para 3 de outubro de 1965 (art. 9º), o que não ocorreu.

Em 15 de julho de 1965, o presidente Castelo Branco sancionou a Lei 4.737, o último Código Eleitoral, que, embora editado durante o regime militar, continua vigente até hoje, com inúmeras modificações em seu texto, o que é muito natural.

Ainda na vigência desta Carta, a Emenda Constitucional nº 16, de 26 de novembro de 1965,[190] introduziu mais duas inovações na jurisdição constitucional: i) a representação de inconstitucionalidade, por iniciativa do Procurador-Geral da República, contra a existência da lei por si só, em abstrato, inspirada no modelo austríaco; e ii) a possibilidade de a lei conferir competência aos Tribunais de Justiça locais para julgar a inconstitucionalidade das leis municipais em conflito com a Constituição Estadual.

A importância da Emenda Constitucional nº 16/65 para os fatores de poder é imensa, tendo em conta que inaugurou o modelo de impugnações genéricas e abstratas contra as leis e atos normativos em tese, diretamente no Supremo, sem a necessidade de existência de recurso em caso concreto ou litígio incidental.

Ives Gandra Martins acentua que a Constituição de 1946 emprestou novo significado à ação direta de inconstitucionalidade, inicialmente introduzida na Constituição de 1934, pois atribuiu ao Procurador-Geral da República a titularidade da representação de inconstitucionalidade, para os efeitos de intervenção federal, nos casos de violação: dos princípios da forma republicana representativa; da independência e harmonia entre os poderes; da temporariedade das funções eletivas, limitada a duração destas à das funções federais correspondentes; da proibição da reeleição de governadores e prefeitos para o período imediato; da autonomia municipal; da prestação de contas da administração; das garantias do Poder Judiciário (art. 8º, parágrafo único, combinado com o art. 7º, VII).[191] Com isso, o nosso

---

[190] Observa Merlin Clève "ser curioso o fato de a representação genérica de inconstitucionalidade ter sido instituída em nosso país pelo regime militar, especialmente porque esse mecanismo, contrariando a dinâmica de qualquer ditadura, presta-se admiravelmente para a proteção e garantia dos direitos fundamentais". (CLÈVE, Clèmerson Merlin. *O controle da constitucionalidade das leis e do poder de tributar na constituição de 1988*. Belo Horizonte: Del Rey, 1992, p. 176).

[191] MARTINS, Ives Gandra da Silva; MENDES, Gilmar Ferreira. *Controle concentrado de constitucionalidade*: comentários à lei n. 9.868, de 10.11.1999. São Paulo: Saraiva, 2001.

sistema de controle de constitucionalidade passou a ser misto ou eclético, tendo em conta a combinação entre o modelo norte-americano, no qual a inconstitucionalidade é questionada de forma incidental, durante o litígio de um caso real, difuso e concreto, e o modelo austríaco de Kelsen, no qual a inconstitucionalidade da lei é arguida de forma concentrada, diretamente em um Tribunal Constitucional, de forma abstrata, sem a necessidade de um caso concreto como pano de fundo.

  Ressalvado o impacto do primeiro Ato Institucional na jurisdição constitucional, o pior ainda estava por vir, em termos de deterioração das instituições democráticas.

CAPÍTULO 12

CARTA AUTORITÁRIA

Diretas Adiadas. Natureza Constitucional do AI-2 de 1965. Regime Autoritário. Partidos Extintos. Quórum do Supremo Majorado. Atos Complementares. Eleições Controladas.

Em 3 de outubro de 1965, na data em que seria realizada a eleição direta para presidente, conforme enganosamente previsto no AI-1, o pleito cedeu lugar para eleições diretas apenas para Governador e Vice-Governador, deixada de lado a eleição presidencial.

O desencanto com o adiamento da eleição presidencial e com a autoproclamada *revolução vitoriosa* foi o pano de fundo para uma derrota eleitoral dos militares, mesmo com o veto da candidatura de inúmeros candidatos de expressão popular, os partidos de oposição triunfaram na maioria dos Estados da federação, como Guanabara, Mato Grosso, Minas Gerais, Rio Grande do Norte e Santa Catarina, o que foi o estopim para a edição do Ato Institucional nº 2, uma nova manifestação, uma *Carta autoritária* de grande densidade política em nome do poder constituinte, com preâmbulo e 33 artigos, que extinguiu os 13 (treze) partidos políticos existentes no Brasil.

Sobre esse período crucial do Regime Militar, onde o caminho pela ditadura ficou acentuado, Lewandowski relata que

> Castello Branco, liberal por formação e convicção, não consegue, todavia, fazer prevalecer o caráter transitório da missão dos militares no front político. Já em julho de 1964, pressionado pelos militares da linha dura, que encontram respaldo junto à oficialidade jovem do Exército, é obrigado, a contragosto, a enviar uma emenda constitucional ao Congresso prorrogando o seu mandato até 15 de março de 1967,

sob pretexto de que a dilatação do prazo se fazia necessária para a consecução das medidas econômicas de combate à inflação, levadas a efeito pelo Governo. Mais tarde, depois da derrota eleitoral de 1965 – ocasião em que são eleitos alguns governadores comprometidos, segundo os militares, com o regime anterior –, o Presidente Castello Branco é forçado, depois de uma pressão inicial no sentido de anular as eleições, a baixar um novo Ato Institucional, o de número 2 (note-se que o primeiro Ato, significativamente, não possuía número, pois os revolucionários pretendiam que fosse o único), renovando os poderes excepcionais do Ato baixado originalmente pelo Alto Comando da Revolução, que estavam prestes a expirar.[192]

Assim, evocando a potência do poder constituinte, de forma ilegítima e arbitrária em uma nova *Carta autoritária*, o Regime Militar baixou Ato Institucional nº 2, de 27 de outubro de 1965, subscrito pelo marechal Humberto de Alencar Castello Branco, general Juracy Montenegro Magalhães, almirante Paulo Bossisio, marechal Arthur da Costa e Silva, chanceler Vasco Leitão da Cunha e o marechal Eduardo Gomes, que fixava eleição indireta para presidente, extinguia os partidos políticos, majorava de 11 para 16 o número de ministros do Supremo Tribunal Federal, para garantir nomeações alinhadas com o regime, como os juristas Adalício Nogueira, Prado Kelly, Oswaldo Trigueiro, Aliomar Baleeiro e Carlos Medeiros Silva (datilógrafo da Carta de 1937 e "pai" do AI-1), além de conferir poderes ao presidente para decretar estado de sítio, por 180 dias, para prevenir ou reprimir subversão da ordem interna, intervir nos Estados, decretar recesso do Congresso Nacional, entre outros, sob a seguinte justificativa *"À NAÇÃO"*:

> A Revolução é um movimento que veio da inspiração do povo brasileiro para atender às suas aspirações mais legítimas: erradicar uma situação e um Governo que afundavam o País na corrupção e na subversão.
>
> No preâmbulo do Ato que iniciou a institucionalização, do movimento de 31 de março de 1964, foi dito que o que houve e continuará a haver, não só no espírito e no comportamento das classes armadas, mas também na opinião pública nacional, é uma autêntica revolução. E frisou-se que:
>
> a) ela se distingue de outros movimentos armados pelo fato de que traduz, não o interesse e a vontade de um grupo, mas o interesse e a vontade da Nação;

---

[192] LEWANDOWSKI, Enrique Ricardo. *Crise Institucional e Salvaguardas do Estado*. Dissertação de Mestrado. São Paulo: Faculdade de Direito da USP, 1980, p. 28-29.

b) a revolução investe-se, por isso, no exercício do Poder Constituinte, legitimando-se por si mesma;

c) edita normas jurídicas sem que nisto seja limitada pela normatividade anterior à sua vitória, pois graças à ação das forças armadas e ao apoio inequívoco da Nação, representa o povo e em seu nome exerce o Poder Constituinte de que o povo é o único titular.

Não se disse que a revolução foi, mas que é e continuará. Assim o seu Poder Constituinte não se exauriu, tanto é ele próprio do processo revolucionário, que tem de ser dinâmico para atingir os seus objetivos. Acentuou-se, por isso, no esquema daqueles conceitos, traduzindo uma realidade incontestável de Direito Público, o poder institucionalizante de que a revolução é dotada para fazer vingar os princípios em nome dos quais a Nação se levantou contra a situação anterior.

A autolimitação que a revolução se impôs no Ato Institucional, de 9 de abril de 1964 não significa, portanto, que tendo poderes para limitar-se, se tenha negado a si mesma por essa limitação, ou se tenha despojado da carga de poder que lhe é inerente como movimento. Por isso se declarou, textualmente, que "os processos constitucionais não funcionaram para destituir o Governo que deliberadamente se dispunha a bolchevizar o País", mas se acrescentou, desde logo, que "destituído pela revolução, só a esta cabe ditar as normas e os processos de constituição do novo Governo e atribuir-lhe os poderes ou os instrumentos jurídicos que lhe assegurem o exercício do poder no exclusivo interesse do País".

A revolução está viva e não retrocede. Tem promovido reformas e vai continuar a empreendê-las, insistindo patrioticamente em seus propósitos de recuperação econômica, financeira, política e moral do Brasil. Para isto precisa de tranquilidade. Agitadores de vários matizes e elementos da situação eliminada teimam, entretanto, em se valer do fato de haver ela reduzido a curto tempo o seu período de indispensável restrição a certas garantias constitucionais, e já ameaçam e desafiam a própria ordem revolucionária, precisamente no momento em que esta, atenta aos problemas administrativos, procura colocar o povo na prática e na disciplina do exercício democrático. Democracia supõe liberdade, mas não exclui responsabilidade nem importa em licença para contrariar a própria vocação política da Nação. Não se pode desconstituir a revolução, implantada para restabelecer a paz, promover o bem-estar do povo e preservar a honra nacional.[193]

No campo dos direitos políticos, determinou que a suspensão acarretasse simultaneamente a cessação de privilégio de foro por

---

[193] Ato Institucional nº 2, de 27 de outubro de 1965, publicado no *DOU* de 27.10.1965 e republicado em 28.10 e 05.11.1965. Disponível em: http://www.planalto.gov.br/ccivil_03/ait/ait-02-65.htm. Acesso em: 6 maio 2021.

prerrogativa de função, a suspensão do direito de votar e de ser votado nas eleições sindicais, a vedação de atividade ou manifestação sobre assunto de natureza política, a aplicação de medidas policiais como: (i) liberdade vigiada; (ii) proibição de frequentar determinados lugares; (iii) domicílio determinado (art. 16).

Ao examinar o AI-2, Paulo Bonavides assenta que,

> ao baixar novo Ato Institucional, que veio acompanhado de um número, ao contrário do primeiro. Trouxe ele assim a presença, no suposto contexto revolucionário, de um poder constituinte originário, de exercício permanente ou ordinário, conforme depois se confirmou, e que fez sombra ao poder constituinte derivado e paralelo da Constituição; um poder de segunda classe, que os Atos Institucionais reduziram a nada. Ora, o poder constituinte, por sua natureza mesma, é poder extraordinário, excepcional, de extrema densidade política, e em razão disso, um poder de soberania sem vínculos. Fazê-lo permanentemente ou ativá-lo a cada passo equivale a institucionalizar na sociedade o arbítrio, a insegurança das instituições, criando com estas, em termos de absolutismo, aquilo que se cria com o governo ou os três poderes, quando estes se concentram na mesma pessoa de um só titular para compor a expressão mais atroz da tirania, conforme ponderava o sábio e eloquente Montesquieu. Um poder constituinte desse jaez não só afrouxa as regras básicas de convivência, como obstrui a consolidação de uma ordem jurídica plena e estável, por minguar-lhe a certeza e a segurança que só o Direito há de conferir.[194]

O Ato Institucional nº 2, de 27 de outubro de 1965, foi uma nova manifestação do autoproclamado poder constituinte originário, ainda que arbitrário, pois, ao manter a Constituição de 1946 com as relevantes modificações que introduziu, passou a ser o fundamento jurídico da referida Constituição, e, portanto, a vigência da Constituição de 1946 não estava mais condicionada pela Assembleia Constituinte, mas pelo Ato Institucional de força e, por instaurar uma nova ordem jurídico-institucional, com preâmbulo, o AI-2 possui natureza constitucional de uma nova *Carta autoritária* outorgada.[195]

A partir de então, Atos Complementares começaram a ser baixados para ampliar os Atos Institucionais. No mesmo dia do AI-2, em

---

[194] BONAVIDES, Paulo. *Curso de Direito Constitucional*. 25. ed. São Paulo: Malheiros, 2010, p. 166.
[195] FERREIRA FILHO. Manoel Gonçalves. *O Poder Constituinte*. 4. ed. São Paulo: Saraiva, 2005, p. 66.

27 de outubro de 1965, foi assinado o AC-1 e, com o último AC-105 de 9 de junho de 1978, contabilizaram-se cento e cinco decretos com natureza constitucional para dispor sobre assuntos da mais elevada sensibilidade político-institucional, não raro fazendo tábula rasa de garantias constitucionais e da própria democracia obscurecida pelo regime autoritário.

O primeiro Ato Complementar subscrito pelo presidente Castello Branco estabeleceu as penalidades de reclusão e multa para quem desrespeitasse a proibição de atividades ou manifestações políticas, no caso daqueles que tiveram seus direitos políticos suspensos.[196]

Entre os mais relevantes, do ponto vista constitucional, o AC-4, de 20 de novembro de 1965, estabeleceu uma nova legislação partidária, extinguindo o pluripartidarismo e promovendo bipartidarismo entre a Aliança Renovadora Nacional (ARENA) representando os militares e o Movimento Democrático Brasileiro (MDB), supostamente de oposição, mas limitado e controlado pelo regime.[197]

Quatro meses depois, em 5 de fevereiro de 1966, o então presidente Castello Branco baixou o Ato Institucional nº 3.[198] Para controlar as eleições gerais, impôs eleições indiretas para os cargos de governador e vice-governador, os quais seriam eleitos por um colégio eleitoral de deputados locais.

Determinou também que os prefeitos das capitais fossem escolhidos pelos governadores, com respectiva aprovação pelas assembleias legislativas. E resolveu ainda fixar data para as eleições presidenciais, de senadores e deputados. Por fim, excluiu de apreciação judicial os atos praticados com base no referido ato institucional e nos atos complementares, traço marcante do regime autoritário.

Com tamanho endurecimento do regime, o resultado do AI-3 foi a ampliação do domínio eleitoral da ARENA em todos os Estados da federação, ocupando 277 das 409 cadeiras da Câmara dos Deputados, 19 das 23 cadeiras do Senado Federal e 18 das 22 cadeiras de Governador. No âmbito presidencial, foi eleito de forma indireta o general Artur

---

[196] Ato Complementar nº 1, de 27 de outubro de 1965, publicado no *DOU* de 27.10.1965. Disponível em: https://www2.camara.leg.br/legin/fed/atocom/1960-1969/atocomplementar-1-27-outubro-1965-351177-publicacaooriginal-1-pe.html. Acesso em: 6 maio 2021.
[197] Ato Complementar nº 4, de 20 de novembro de 1965, publicado no *DOU* de 22.12.1965. Disponível em: https://www2.camara.leg.br/legin/fed/atocom/1960-1969/atocomplementar-4-20-novembro-1965-351199-publicacaooriginal-1-pe.html.
[198] Ato Institucional nº 3, de 5 de fevereiro de 1966, publicado no *DOU* de 7.2.1966. Disponível em: http://www.planalto.gov.br/ccivil_03/ait/ait-03-66.htm. Acesso em: 6 maio 2021.

Costa e Silva, candidato único da ARENA, com 100% dos 294 votos válidos, ante a abstenção do MDB, resultado de um Congresso Nacional reprimido e antidemocrático, com uma oposição dizimada.

CAPÍTULO 13

CARTA CONGRESSUAL

Congresso Submisso e o AI-4. Carta de 1967. Juristas de Exceção. Outorga de fato. Poder Constituinte. Natureza Constitucional. Institucionalização dos Atos de Exceção. Ministério da Verdade. Teatro de Fantoches.

Antes de transmitir a faixa presidencial para o general Costa e Silva, sob justificativa de que "somente uma nova Constituição [poderia] assegurar a continuidade da obra revolucionária", o general Castelo Branco baixou o Ato Institucional nº 4, em 7 de dezembro de 1966,[199] convocando o Congresso Nacional para se reunir extraordinariamente em 24 de janeiro de 1967 para "discussão, votação e promulgação" de projeto de uma nova Constituição apresentada pelo Presidente da República, que entraria em vigor no dia 15 de março do mesmo ano, revogando os atos institucionais anteriores.

Em razão do grande número dos Atos Institucionais e Atos Complementares expedidos, o Regime discutiu a possibilidade de implementar uma "Consolidação das Leis Constitucionais Brasileiras", para racionalizar o quadro caótico, o colapso constitucional do país.

A Carta de 1967 foi "promulgada" por um Congresso Nacional absolutamente submisso, sem nenhuma oposição, porquanto todos os que pensavam diferente do Regime Militar foram defenestrados. Como registrou Pedro Aleixo, nos Anais da Constituição de 1967, a crítica

---

[199] Ato Institucional nº 4, de 7 de dezembro de 1966, publicado no *DOU* de 7.12.1966 e retificado em 12.12.1966: http://www.planalto.gov.br/ccivil_03/ait/ait-04-66.htm. Acesso em: 6 maio 2021.

era de que "o Congresso Nacional não tinha Poder Constituinte, não tinha competência para discutir e votar uma nova Constituição". E ao responder indagação sobre se, não sendo votado o projeto até 24 de janeiro de 1967, a Constituição seria promulgada, o então presidente Moura Andrade proferiu o seguinte despacho: "Está previsto pelo Ato Institucional. Se o Congresso votar até lá, está aprovada porque foi votada; se o Congresso até não votar, está aprovada porque não foi votada".[200]

Com projeto redigido pelo ministro da Justiça e Negócios Interiores Carlos Medeiros Silva e, novamente ele, o "pajé" intelectual do autoritarismo brasileiro Francisco Campos, autor da *Carta Polaca* de 1937 (cf. capítulo 9). Recorde-se, mais, que, antevéspera do Estado Novo, em 1936, Carlos Medeiros assumiu a chefia de gabinete de Francisco Campos, então secretário de educação do Distrito Federal, ocasião que datilografou e trabalhou no texto da Constituição de 1937 e, posteriormente, com o golpe, assumiu uma assessoria jurídica no Ministério da Justiça de Francisco Campos. A nefasta dupla jurídica de exceção, da Carta de 1937, estava reeditada em 1964. Medeiros, que redigiu o AI-1 e o AI-4, protagonizava como MJ a Carta de 1967.

Ressalte-se, ainda, destacada colaboração de outros juristas, todos próximos ao regime e designados pelo Decreto 58.198, de 15 de abril de 1966, do presidente Castello Branco, como Levy Carneiro, primeiro presidente da OAB Nacional, e de outros que chegaram a ser indicados para integrar o Supremo Tribunal Federal, como Orosimbo Nonato e Themístocles Brandão Cavalcanti, buscou-se constitucionalizar o Golpe de 1964, incorporando as Cartas troica (AI-1) e autoritária (AI-2) e demais Atos Institucionais.

O jurista Miguel Seabra Fagundes, que também foi presidente da OAB Nacional, chegou a integrar o grupo, mas dele se afastou antes da conclusão dos trabalhos, por não concordar com a manutenção das eleições indiretas e, após a edição do AI-5, manteve firme resistência democrática, e, como represália, lhe foi endereçada uma carta-bomba que assassinou uma inocente na sede da OAB, conforme será contextualizado no capítulo 16.

Ao analisar o esquema político da Carta de 1967 e a divisão dos poderes, o supracitado Themístocles B. Cavalcante confessou, com certo constrangimento acadêmico, que

---

[200] BRASIL. Congresso. Câmara dos Deputados. Secretaria-Geral da Presidência. Constituição do Brasil de 1967 (anais). v. 1. Brasília, 1969. p. 27-35.

não é fácil situar a Constituição brasileira nos esquemas conhecidos. Ela tem, contudo, dois focos bem caracterizados do poder. No plano federal, situa-se o primeiro: é a União que centraliza o sistema. Na organização dos poderes federais está o segundo: será o Executivo que concentra o poder, exercendo efetivo comendo político e um amplo poder de decisão. (...) sem, contudo, entrar na análise da conjuntura para nos situar exclusivamente no terreno constitucional, certamente menos sujeito a controvérsias mais apaixonadas. (...) Politicamente, limita as possibilidades da área oposicionista, afasta os líderes carismáticos, anula a controvérsia eleitoral.

E o jurista buscou justificar o injustificável ao argumentar que isso seria

> uma consequência lógica do sistema político em que o foco do poder está nas mãos do Executivo. De qualquer forma, ainda é cedo para fazer a crítica do regime político instituído pela Constituição vigente.
>
> Ele obedeceu a uma conjuntura, iniciada pela radicalização das oposições políticas depois do governo Jânio Quadros. O erro foi a radicalização que divide a nação em dois campos e estabelece barreiras dificilmente elimináveis. A virtude do regime democrático deve resistir no equilíbrio político, com a participação de todos nos poderes do Estado.
>
> Mas é preciso para isso a possibilidade dessa conveniência dentro de instituições estáveis. Que o jogo político se faça dentro do regime, repetimos, e não contra o regime.[201]

Para José Afonso da Silva, a Carta de 1967 sofreu "poderosa influência da Carta Política de 1937", que institucionalizou o Estado Novo, pelas mesmas mãos do jurista schmittiano Francisco Campos, "Preocupou-se fundamentalmente com a segurança nacional. Deu mais poderes à União e ao Presidente da República. Reformulou, em termos mais nítidos e rigorosos, o sistema tributário nacional e a discriminação de rendas (...). Reduziu a autonomia individual, permitindo a suspensão de direitos políticos e garantias constitucionais, no que se revela mais autoritária do que as anteriores, salvo a de 1937. (...) As crises não cessaram. E veio o AI 5, de 13.12.68, que rompeu com a ordem constitucional".[202]

---

[201] CAVALCANTI, Themístocles Brandão. A Constituição de 1967. In: Constituições brasileiras. volume VI, 3. ed. Brasília: Senado Federal, 2012, p. 15-29.
[202] SILVA, José Afonso da. Curso de Direito Constitucional Positivo. 20. ed. São Paulo: Malheiros, 2002, p. 87.

Acrescente-se que a observação de José Afonso da Silva também pode ser confirmada na leitura da justificativa da Mensagem 25, de 1966, que encaminhou ao Congresso o Projeto de Constituição de iniciativa do presidente da República, subscrita por Carlos Medeiros Silva.

Na ocasião, sem nenhum espelho e desprovido de autocrítica institucional, o supracitado Ministro da Justiça encarnou o "Ministério da Verdade", na distopia de George Orwell,[203] e discorreu sobre o colapso constitucional brasileiro, mas fez um silêncio eloquente em relação à Carta de 1937:

> As Constituições de 1934 e de 1946 não deram ao País a estabilidade política; as crises que haviam começado a eclodir desde o fim da Primeira Guerra Mundial provocaram a primeira emenda, em 1926, do texto republicano de 1891. E as tréguas se estreitaram no tempo, de forma a que a Nação tem vivido inquieta, desde então, sob ameaças de ideologias radicais, todas divorciadas do ideal democrático e representativo.[204]

Em relação à jurisdição constitucional, a Carta de 1967 introduziu pequenas alterações em relação às Constituições passadas. Omitiu o dispositivo que permitia a instituição do processo de competência dos Tribunais de Justiça dos Estados para apreciar a constitucionalidade das leis ou atos normativos municipais contrários às Constituições estaduais. Entretanto, manteve o controle difuso de constitucionalidade.

Portanto, a *Carta Congressual* de 1967 foi, na verdade, outorgada de maneira enviesada pelo Congresso Nacional, uma assembleia que mais parecia um teatro de fantoches ou uma "farsa constituinte"[205] convocada pelo AI-4, para cumprir o prazo imposto pelo Regime Militar, que era 21 de janeiro de 1967. Na ocasião, fraudou-se até mesmo o tempo, uma vez que o relógio do Plenário foi propositalmente atrasado no final da noite do último dia de votação, por determinação e temor reverencial do então presidente do Congresso Nacional. Na prática, a votação final iniciou-se às 23h48, mas a leitura do texto atravessaria a madrugada para o dia 22. Então, às 23h54, o parlamento submisso

---

[203] ORWELL, George. *1984*. Trad. Alexandre Hubner. São Paulo: Companhia das Letras, 2009.
[204] BRASIL. Congresso. Câmara dos Deputados. Secretaria-Geral da Presidência. Constituição do Brasil de 1967 (anais). v. 1. Brasília, 1969. p. 68.
[205] Cf. TAVARES, André Ramos. *Curso de Direito Constitucional*. 15. ed. São Paulo: Saraiva, 2017, p. 120.

decidiu "parar o tempo", para aprovar, nos mais longos e fictícios "seis minutos" da história constitucional brasileira, a Carta de 1967.[206]

Nos "Anais da Constituição do Brasil de 1967", Pedro Aleixo recorda a manipulação do tempo mal-intencionada, pois a "indisfarçável intenção com que se organizou o original trabalho, sem precedente na vida parlamentar do País, e que reuniu as críticas e as censuras, as notícias de diligências frustradas e os incitamentos para inconformações e rebeldias, a indisfarçável intenção transparece no calendário organizado, e na decisão de uma das questões de ordem suscitadas, e vai, posteriormente, explodir na punição de modesto funcionário, que atendera a solicitação para possibilitar a normal reunião de sessão destinada ao início da discussão do projeto, culminando na estranha cena de paralisação dos ponteiros do relógio, a fim de que se fizesse uma votação que estava dispensada no Ato Institucional convocatório".[207]

Tudo isso realizado sob a pretensão de possuir o poder constituinte originário da chamada "Revolução Vitoriosa", nos termos do primeiro Ato Institucional, de 9 de abril de 1964, e seguintes.[208]

---

[206] Cf. Folha de São Paulo, Relógio da Câmara parou, de 23 de janeiro de 1967, p. 3.
[207] BRASIL. Congresso. Câmara dos Deputados. Secretaria-Geral da Presidência. Constituição do Brasil de 1967 (anais). v. 1. Brasília, 1969. p. 35.
[208] FERREIRA, Luís Pinto. *Princípios Gerais do Direito Constitucional Moderno*. 5. ed., vol. I, São Paulo: Revista dos Tribunais, 1971, p. 122.

CAPÍTULO 14

CARTA DITATORIAL

Regime Recrudescido. Nova Ordem, Sem Escrúpulos de Consciência. Poder Constituinte de Fato. Irmãos Aleixo. Repressão. Censura. Natureza Constitucional do AI-5, de 1968. Atos Complementares e o Fechamento do Legislativo Federal, Estadual e Municipal. Fim do *Habeas Corpus*. Fardas e Togas, o julgamento do AI-2. Quórum do Supremo Manipulado. Golpe dentro do Golpe. Degradação Democrática.

Com o recrudescimento do regime, em uma sexta-feira, 13 de dezembro de 1968, o presidente Arthur Costa e Silva baixou o mais duro dos atos institucionais, o AI-5, com DNA da ditadura e viés totalitário, em nome de um autoproclamado "Poder Revolucionário", e sem limite temporal, isto é, sem data final de vigência, como respectivamente previsto no AI-1 (até 31.01.1966, art. 11) e no AI-2 (até 15.03.1965, art. 33).

Com efeito, o AI-5 vigorou por uma década, até 1º de janeiro de 1979, nos termos do art. 4º, da Emenda Constitucional 11, de 13 de outubro de 1978.

Na ocasião, no Palácio das Laranjeiras, no Rio de Janeiro, durante a votação do ato na reunião do Conselho de Segurança Nacional, o então Ministro do Trabalho, coronel Jarbas Passarinho, dirigiu-se ao presidente e disse: "Sei que à Vossa Excelência repugna, como a mim, e creio que a todos os membros deste conselho, enveredar para o caminho da ditadura pura e simples, mas parece que claramente é esta que está diante de nós. [...] Mas, às favas, Senhor Presidente, neste momento, todos, todos os escrúpulos de consciência. [...] Não me importa que neste instante a democracia seja definida apenas pelo texto de uma Constituição".

Personagem da maior relevância na citada Carta Ditatorial, o jurista Luís Antônio da Gama e Silva, então Ministro da Justiça, chegou à reunião das 11 horas com duas versões do AI-5 minutadas. A primeira, mais totalitária, pregava o recesso do Supremo Tribunal Federal, o fechamento definitivo do Congresso Nacional, das Assembleias estaduais e Câmaras de Vereadores.

Segundo Zuenir Ventura, Gama e Silva provocou os dois únicos momentos de risos naquele triste dia, o primeiro por conta do seu atraso, o segundo, após a leitura da sua primeira versão totalitária, quando interrompido pelo Ministro Lira Tavares: "– Assim, não, Gama, você desarruma a casa toda". Mas "Gaminha não se abalou: tirou rapidamente da pasta o rascunho de outro texto menos drástico".[209]

No âmbito acadêmico, Gama e Silva não agia diferente, enquanto reitor da Universidade de São Paulo (USP) formou uma comissão especial secreta, formada por Moacyr Amaral dos Santos (Direito), Jerônimo Geraldo de Campos Freire (Medicina) e Theodoreto de Arruda Souto (Politécnica), à margem do Conselho Universitário. Denunciada pela Folha de São Paulo, no artigo "Dedo Duro na USP", publicado em 26 de julho de 1964, a comissão propôs a punição de 52 pessoas, das quais 44 professores sob justificativa de "serem realmente impressionantes as infiltrações de ideias marxistas nos vários setores universitários, cumprindo sejam afastados daí os seus doutrinadores e os agentes dos processos subversivos", entre os quais "Fernando Henrique Cardoso",[210] posteriormente eleito presidente da República (1995-2003).

E após a leitura do segundo ato, o jurista sentenciou a morte da *Carta Congressual* de 1967, ao afirmar que "a atual Constituição não correspondeu às necessidades revolucionárias. A subversão que surgiu nos mais variados setores infelizmente atingiu também o Congresso Nacional".

Única voz que se levantou para votar contra o AI-5, o vice-presidente Pedro Aleixo manifestou que, da leitura do ato,

> o que menos se faz nele é resguardar a Constituição [...] Porque, da Constituição – que, antes de tudo, é um instrumento de garantia de direitos da pessoa humana, de garantia de direitos políticos – não sobra,

---

[209] VENTURA, Zuenir. *1968*: o ano que não terminou. Rio de Janeiro: Nova Fronteira, 1988, p. 272.
[210] Cf. *O Livro Negro da USP*: o controle ideológico na Universidade. São Paulo: ADUSP, 1979, 15-16.

nos artigos posteriores, absolutamente nada que possa ser realmente apreciável como sendo uma caracterização do regime democrático. Há, desde logo, a possibilidade de ser decretado um recesso do Congresso e, também, de todas as Assembleias Legislativas – até mesmo as de caráter municipal. Confia-se imediatamente ao Poder Executivo a faculdade de legislar. (...) De outra parte, as demais garantias constitucionais são de tal ordem suspensas, que nem os próprios tribunais poderiam realmente funcionar para preservar quem quer que seja, do abuso do mais remoto e do mais distante _e vamos dar ênfase assim, usando uma linguagem vulgar, do mais ínfimo de todos os agentes da autoridade. Pelo Ato Institucional, o que me parece, adotado esse caminho, o que nós estamos é com uma aparente ressalva da existência dos vestígios de poderes constitucionais existentes em virtude da Constituição de 24 de janeiro de 1967, e instituindo um processo equivalente a uma própria ditadura. Se é necessário fazê-lo, se esta é uma contingência da necessidade, então o problema se apresenta sob um outro aspecto. Mas, do ponto de vista jurídico, eu entendo que, realmente, o Ato Institucional elimina a própria Constituição. (...) Todo Ato Institucional, portanto, com este nome ou com qualquer outro, que implique a modificação da Constituição existente é, realmente, um ato revolucionário. Caso se torne necessário fazer essa revolução, é uma matéria que poderá ser debatida e acredito, até que se possa demonstrar que essa necessidade existe. Mas, o que me parece, é que nós não estamos realmente cumprindo uma Constituição quando nós a declaramos existente, tão somente, para que dela fiquem fragmentos, trechos que não têm, efetivamente, a capacidade de dar vida às instituições democráticas.[211]

Atribui-se, ainda, a Pedro Aleixo um alerta que teria sido direcionado ao presidente Costa e Silva: "Presidente, o problema de uma lei assim não é o Senhor, nem os que com o Senhor governam o país, o problema é o guarda da esquina". A famosa frase não está registrada nos áudios da referida reunião do Conselho de Segurança Nacional, mas entrou para o nosso folclore político e continua atual para ilustrar casos recentes de abuso de autoridade que dominam os noticiários do país. O fato é que essa posição encerrou a influência do vice-presidente nos destinos do regime militar[212] e foi a causa principal do golpe que iria impedi-lo de assumir a presidência, em 1º de setembro de 1969, com a edição do AI-12.

---

[211] Cf. 1968 – Ato Institucional nº 5: os personagens. Folha de São Paulo. Disponível em: https://www1.folha.uol.com.br/folha/treinamento/hotsites/ai5/personas/jarbasPassarinho.html. Acesso em: 6 maio 2021.
[212] VENTURA, Zuenir. *1968*: o ano que não terminou. Rio de Janeiro: Nova Fronteira, 1988.

Em 13 de janeiro de 1975, durante o Governo Geisel,[213] agentes do Centro de Informações do Exército (CIE) invadiram uma gráfica clandestina em Campo Grande, no subúrbio do Rio de Janeiro, onde se editava o jornal *A Voz Operária*, do Partido Comunista.

Em funcionamento há dez anos sob uma garagem, a entrada da gráfica era camuflada "por dois armários falsos e uma caixa d'água, que podia ser esvaziada por meio de uma bomba especial". Um dos três militantes presos era o gráfico Alberto Aleixo, de 72 anos, irmão do ex-vice-presidente Pedro Aleixo. Em razão de sua idade avançada, seus advogados tentaram a sua liberdade junto ao Ministério Público, que lhes negou o pedido. Pouco tempo depois, em 24 de março, Alberto deu entrada no hospital Souza Aguiar, magro, desidratado, com sangramentos e com 15 quilos a menos, em apenas dois meses, segundo o jornalista Paulo Markun.[214]

Elio Gaspari registra que Pedro Aleixo era "conhecido tanto pela sua retidão como por uma solene tibieza".[215] Sobre o episódio, anota que "Pedro morreu em março, sabendo que seu irmão estava preso. Em agosto morreu Alberto",[216] cuja morte só foi denunciada em 1995, depois de vinte anos, pelo Grupo Tortura Nunca Mais, a partir de documentos extraídos do Arquivo Público do Rio de Janeiro.

O sombrio Ato Institucional nº 5 foi baixado sob as seguintes justificativas:

> (i) que a Revolução Brasileira de 31 de março de 1964 teve, conforme decorre dos Atos com os quais se institucionalizou, fundamentos e propósitos que visavam a dar ao País um regime que, atendendo às exigências de um sistema jurídico e político, assegurasse autêntica ordem democrática, baseada na liberdade, no respeito à dignidade da

---

[213] Para compreender a natureza do período, indispensável a obra *A ditadura derrotada: o sacerdote e o feiticeiro*, de Elio Gaspari, que explica como os generais Geisel (o Sacerdote) e o seu chefe de gabinete, Golbery (o Feiticeiro), formaram uma parceria sem precedentes no história política do Brasil, porquanto voltaram ao poder, em 1974, com o propósito de desmontar a ditadura radicalizada a partir de 1968 (AI-5) e restaurar alguma racionalidade. Esclarece, pois, que: "Geisel recebeu uma ditadura triunfalista, feroz contra os adversários e benevolente com os amigos. Decidiu administrá-la de maneira que ela se acabasse. Não fez isso porque desejava substituí-la por uma democracia. Assim como não acreditava na existência de uma divindade na direção dos destinos do universo, não dava valor ao sufrágio universal como forma de escolha de governantes. Queria mudar porque tinha a convicção de que faltavam ao regime brasileiro estrutura e força para se perpetuar" (GASPARI, Elio. *A ditadura derrotada*. São Paulo: Companhia das Letras, 2003. p. 12).

[214] MARKUN, Paulo. *Farol alto sobre as diretas*: 1969-1984. São Paulo: Benvirá, 2014, p. 78.

[215] GASPARI, Elio. *A ditadura envergonhada*. São Paulo: Companhia das Letras, 2002, p. 229.

[216] GASPARI, Elio. *A ditadura encurralada*. São Paulo: Companhia das Letras, 2004, p. 21.

pessoa humana, no combate à subversão e às ideologias contrárias às tradições de nosso povo, na luta contra a corrupção, buscando, deste modo, "os meios indispensáveis à obra de reconstrução econômica, financeira, política e moral do Brasil, de maneira a poder enfrentar, de modo direto e imediato, os graves e urgentes problemas de que depende a restauração da ordem interna e do prestígio internacional da nossa pátria [Preâmbulo do Ato Institucional nº 1, de 9 de abril de 1964];

(ii) que o Governo da República, responsável pela execução daqueles objetivos e pela ordem e segurança internas, não só não pode permitir que pessoas ou grupos anti-revolucionários contra ela trabalhem, tramem ou ajam, sob pena de estar faltando a compromissos que assumiu com o povo brasileiro, bem como porque o Poder Revolucionário, ao editar o Ato Institucional nº 2, afirmou, categoricamente, que 'não se disse que a Revolução foi, mas que é e continuará' e, portanto, o processo revolucionário em desenvolvimento não pode ser detido;

(iv) que esse mesmo Poder Revolucionário, exercido pelo Presidente da República, ao convocar o Congresso Nacional para discutir, votar e promulgar a nova Constituição, estabeleceu que esta, além de representar "a institucionalização dos ideais e princípios da Revolução", deveria "assegurar a continuidade da obra revolucionária" (*Ato Institucional nº 4, de 7 de dezembro de 1966*);

(v) que atos nitidamente subversivos, oriundos dos mais distintos setores políticos e culturais, comprovam que os instrumentos jurídicos, que a Revolução vitoriosa outorgou à Nação para sua defesa, desenvolvimento e bem-estar de seu povo, estão servindo de meios para combatê-la e destruí-la;

(vi) que, assim, se torna imperiosa a adoção de medidas que impeçam sejam frustrados os ideais superiores da Revolução, preservando a ordem, a segurança, a tranquilidade, o desenvolvimento econômico e cultural e a harmonia política e social do País comprometidos por processos subversivos e de guerra revolucionária;

(vii) que todos esses fatos perturbadores da ordem são contrários aos ideais e à consolidação do Movimento de março de 1964, obrigando os que por ele se responsabilizaram e juraram defendê-lo, a adotarem as providências necessárias, que evitem sua destruição.[217]

Tendo em conta a teoria do poder constituinte, indaga-se: seria o Ato Institucional nº 5 uma nova Carta outorgada para vigorar indefinidamente, sem limite no tempo? Seria mais uma Lei Fundamental

---

[217] Ato Institucional nº 5, de 13 de dezembro de 1968, publicado no *DOU* de 13.12.1968. Disponível em: http://www.planalto.gov.br/ccivil_03/ait/ait-05-68.htm. Acesso em: 6 maio 2021.

não reconhecida, hoje, como uma espécie de "Constituição ditatorial" pelo Estado brasileiro?

Para responder a essas indagações, é preciso partir do exame que o AI-5 "rompeu com a ordem constitucional",[218] possuía um preâmbulo extraído do primeiro Ato Institucional e, em seu artigo 1º, mantinha "a Constituição de 24 de fevereiro de 1967 e as Constituições estaduais, com as modificações constantes deste Ato Institucional".

Portanto, o referido dispositivo implementou a supremacia do ato normativo, fez a recepção do direito constitucional anterior, pré-constitucional, com as relevantíssimas e graves modificações que introduziu, de modo que redesenhou o Estado comandado pelo Regime Militar, para um patamar significativamente mais autoritário, por outorga, ao atribuir ao presidente da República o poder de fechar o Congresso Nacional, Assembleias locais e Câmaras municipais a qualquer tempo.

Ressalte-se, que, ao contrário das Cartas outorgadas pelos Atos Institucionais 1 e 2, ambas com vigência autolimitada no tempo, por força dos artigos 11 e 33,[219] o AI-5 não tinha data para terminar, era ilimitado no tempo, uma verdadeira "Constituição ditatorial sombra" que mantinha simultaneamente Carta de 1967 mutilada e subordinada. Como observou Lewandowski, "note-se que o AI-5 conviveu, lado a lado, com as Constituições de 1967 e 1969".[220]

Ao presidente foram outorgados poderes para "legislar em todas as matérias", com direito de intervenção nos Estados e Municípios, por "interesse nacional".

No campo dos direitos civis e políticos, o AI-5 autorizou suspender e cassar mandatos eletivos, com a simultânea cessação de foro por prerrogativa de função, suspensão do direito de votar e de ser votado nas eleições sindicais, proibição de atividades ou manifestação sobre assunto de natureza política e a aplicação de: (i) liberdade vigiada; (ii) proibição de frequentar determinados lugares; e (iii) domicílio determinado (art. 5º).

---

[218] SILVA, José Afonso da. *Curso de Direito Constitucional Positivo*. 20. ed. São Paulo: Malheiros, 2002, p. 87.
[219] "Art. 11 - O presente Ato vigora desde a sua data até 31 de janeiro de 1966; revogadas as disposições em contrário" (AI, de 9 de abril de 1964); "Art. 33 - O presente Ato Institucional vigora desde a sua publicação até 15 de março de 1967, revogadas as disposições constitucionais ou legais em contrário" (AI-2, de 27 de outubro de 1965).
[220] LEWANDOWSKI, Enrique Ricardo. *Crise Institucional e Salvaguardas do Estado*. Dissertação de Mestrado. São Paulo: Faculdade de Direito da USP, 1980, p. 177.

Previu, ademais, o poder de fixar restrições ou proibições ao exercício de quaisquer outros direitos públicos ou privados, cassar o exercício da função de qualquer funcionário público ou militar, inclusive aqueles com garantias constitucionais de "vitaliciedade, inamovibilidade e estabilidade", garantias essas que seriam todas suspensas (art. 6º), bem como decretar estado de sítio (art. 7º) e confiscar bens de investigados por supostos desvios na função pública (art. 8º).

No mesmo dia da edição do AI-5, em 13 de dezembro de 1968, foi baixado o Ato Complementar nº 38,[221] com apenas dois artigos. O primeiro para decretar o recesso do Congresso Nacional e o segundo para colocar em vigor o ato autoritário.

A partir de então, inúmeras Casas Legislativas estaduais e municipais foram fechadas, a exemplo das Assembleias dos Estados da Guanabara, Pernambuco, Rio de Janeiro, São Paulo e Sergipe (AC-47, de 07.02.1969); Goiás e Pará (AC-49, de 27.02.1969); e das Câmaras de Vereadores dos municípios de Santos/SP, Nova Iguaçu/RJ, Santarém/PA (AC-53, de 08.05.1969); Santana do Livramento/RS (AC-55, de 04.06.1969); São Paulo/SP (AC-58, de 24.07.1969); Pariquera-Açu/SP (AC-67, de 22.09.1969); Sobral/CE (AC-68, de 29.09.1969); Miriti/RJ (AC-69, de 06.10.1969); Fortaleza/CE (AC-70, de 06.10.1969), Rio Grande/RS (AC-95, de 08.06.1972); Marabá/PA (AC-96, de 27.07.1972); Alenquer/PA (AC-100, de 03.12.1976), entre outros.

Em 20 de dezembro de 1968, o Ato Complementar nº 39 passou a estabelecer a cassação de mandatos, suspensão de direitos políticos e demissão, remoção, disponibilidade, aposentadoria, transferência para a reserva ou reforma de servidores civis e militares em todo o país.[222]

Por fim, o AI-5 suspendeu a garantia constitucional do *habeas corpus* nos casos de crimes políticos, contra a segurança nacional, a ordem econômica e social e a economia popular (art. 10), bem como proibiu a apreciação judicial do referido ato institucional e complementares.

Ao analisar os Atos Institucionais sob o ângulo da teoria do Poder Constituinte, Manoel Gonçalves Ferreira Filho assenta que eles são manifestações do Poder Constituinte originário e específica:

---

[221] Ato Complementar nº 38, de 13 de dezembro de 1968, publicado no *DOU* de 13.12.1968. Disponível em: https://www2.camara.leg.br/legin/fed/atocom/1960-1969/atocomplementar-38-13-dezembro-1968-364743-publicacaooriginal-1-pe.html. Acesso em: 6 maio 2021.

[222] Ato Complementar nº 39, de 20 de dezembro de 1968, publicado no *DOU* de 13.12.1968. Disponível em: http://www.planalto.gov.br/ccivil_03/ACP/acp-39-68.htm. Acesso em: 6 maio 2021.

Examine-se também o Ato Institucional n. 5, datado de 13 de dezembro de 1968. Nele encontramos, de novo, um preâmbulo, no qual está a outorga, desta vez feita não pelo Comando Supremo da Revolução, mas pelo Presidente da República. Vemos no art. 1º redação equivalente à do art. 1º do Ato Institucional de 9 de abril de 1964:

'Art. 1º São mantidas a Constituição de 24 de janeiro de 1967 e as Constituições Estaduais, com as modificações constantes deste Ato Institucional'.

É claro que, depois, a vigência dos Atos Institucionais se colocou de outra forma. Os Atos Institucionais, depois da promulgação da Emenda Constitucional n. 1, de 17 de outubro de 1969, passaram a vigorar não mais por força de sua outorga originária, mas por força do disposto no art. 182 da Constituição, com a redação que lhe foi dada por essa Emenda Constitucional:

'Art. 182. Continuam em vigor o Ato Institucional n. 5, de 13 de dezembro de 1968, e os demais Atos posteriormente baixados.

Parágrafo único. O Presidente da República, ouvido o Conselho de Segurança Nacional, poderá decretar a cessação da vigência de qualquer desses Atos ou dos seus dispositivos que forem considerados desnecessários.'

A situação, pois, se inverteu. O Ato Institucional n. 5, de 13 de dezembro de 1968, recebia a Constituição de 1967 e a mantinha em vigor, com as modificações que introduzia. A Emenda Constitucional n. 1, de 17 de outubro de 19669, faz exatamente o contrário: mantém em vigor, temporariamente, os Atos institucionais, porque o parágrafo único do art. 182 permite exatamente a cessação da vigência desses Atos, ou por inteiro, ou parceladamente. E tal vigência cessou por força da Emenda Constitucional n. 11, de 13 de outubro de 1978, a partir de 1º de janeiro de 1979.[223]

Celso Ribeiro Bastos registra que "esse Ato marca-se por um autoritarismo ímpar do ponto de vista jurídico, conferindo ao Presidente da República uma quantidade de poderes de que provavelmente poucos déspotas na história desfrutaram, tornando-se marco de um novo surto revolucionário, dando a tônica do período vivido na década subsequente. O Ato Institucional nº 5, como visto, fundava uma nova ordem jurídica, igualando-se à própria Constituição de 1967".[224]

---

[223] FERREIRA FILHO. Manoel Gonçalves. *O Poder Constituinte*. 4. ed. São Paulo: Saraiva, 2005, p. 66-67.
[224] BASTOS, Celso Ribeiro. *Curso de Direito Constitucional*. São Paulo: Celso Bastos Editor, 2002, p. 214-215.

Não há dúvidas, portanto, que ato autoritário produzido no Palácio das Laranjeiras, durante a reunião do Conselho de Segurança Nacional foi uma manifestação do autoproclamado "Poder Constituinte originário", que instaurou uma nova ordem jurídico-constitucional ilegítima, recebendo a Carta de 1967, com profundas modificações no desenho político-institucional do Estado brasileiro e, por essas razões, o AI-5 consistiu em uma Carta ditatorial outorgada, no topo da hierarquia normativa, com traços totalitários, "porque, se Constituição houve depois de 1967, esta foi decorrente do Ato Institucional nº 5, de 13 de dezembro de 1968".[225]

Em decorrência da linha dura do regime naqueles anos de chumbo, para além da arena política, profissionais liberais que lutavam contra a ditadura, jornalistas,[226] escritores, poetas e até artistas foram perseguidos, presos, censurados e muitos forçados ao exílio, como Caetano Veloso, Chico Buarque, Gilberto Gil, Glauber Rocha, Paulo Coelho, Raul Seixas, Cacá Diegues, Nara Leão, entre outros.

Ruy Castro lembra que, no final de 1968, o presidente encaminhou ofício curto e grosseiro ao chanceler Magalhães Pinto, cobrando a expulsão de um certo primeiro-secretário do corpo diplomático brasileiro, com 26 anos de serviços prestados, que foi considerado subversivo: "Assunto: Vinícius de Moraes. Demita-se esse vagabundo. Ass. Arthur da Costa e Silva".[227]

Ruy Castro revela que "Vinícius recebeu a notícia em alto-mar, a bordo da banheira de sua cabine no navio Eugênio C. Chorou convulsivamente, porque adorava o Itamaraty, embora detestasse a burocracia do serviço público e nunca tivesse ligado para a carrière".[228] Enquanto Vinícius aportava em Lisboa, no dia 19 de novembro de 1968, para divulgar a cultura brasileira juntamente com Chico Buarque e Nara Leão, sua aposentadoria compulsória era publicada no diário oficial.

Em 16 de junho de 2010, o então presidente Luís Inácio Lula da Silva sancionou a Lei 12.265, que promoveu *post mortem* o poeta

---

[225] FERREIRA FILHO. Manoel Gonçalves. *O Poder Constituinte*. 4. ed. São Paulo: Saraiva, 2005, p. 74.
[226] Em 25 de outubro de 1975, o regime torturou e assassinou o jornalista Wladimir Herzog, filho de imigrantes judeus, e forjou um suicídio absolutamente impossível, nos porões do DOI-CODI. Na fotografia, o jornalista apareceu "enforcado" na cela, por uma cinta de pano amarrada a uma grade que ficava a apenas a 1,62 metro de altura do chão. A vítima, portanto, era mais alta do que a grade onde supostamente se enforcou.
[227] CASTRO, Ruy. *Chega de saudade*: a história e as histórias da Bossa Nova. São Paulo: Companhia das Letras, 2016, p. 406.
[228] *Ibidem*, p. 406.

e diplomata Marcus Vinícius da Cruz de Mello Moraes a "Ministro de Primeira Classe da Carreira Diplomática", assegurando aos atuais dependentes os benefícios da pensão correspondentes ao cargo a que tinha direito.

No dia 13 de setembro de 2021, em discurso no Instituto dos Advogados Brasileiros (IAB) durante a entrega da Medalha Sobral Pinto por 50 anos de advocacia plena, Técio Lins e Silva recordou que na supressão dos *habeas corpus* passou a se utilizar da estratégia de entrar com o mesmo remédio heroico sob o título de "Petição", não apenas em busca da liberdade do preso político, mas para localizá-lo e evitar fosse torturado ou desaparecido. Relembrou que era uma vitória para as famílias quando certo Almirante despachava a velada petição de *habeas corpus*.

Alguns meses antes da edição do AI-5, na sessão plenária de 20 de março de 1968, o Supremo Tribunal Federal se debruçou sobre um dos mais importantes julgamentos de sua história, senão o mais relevante sob o ângulo pedagógico, em razão das consequências sofridas pelo Tribunal ante a análise da supremacia da Constituição em face de atos usurpadores da soberania popular.

Cuidava-se do Inquérito Policial nº 2, da Guanabara, de relatoria do ministro Gonçalves de Oliveira. No caso concreto, acusava-se o ex-presidente da República João Goulart e outros em inquérito policial militar por suposta prática de crimes comuns durante o exercício das suas funções. A questão central era saber se as investigações contra ex-presidente da República por atos cometidos no exercício do cargo deveriam ser julgadas pelo STF ou por instâncias ordinárias, isto é, os delitos comuns perante a Justiça Federal e os alegados crimes contra a segurança nacional perante a Justiça Militar.

Nos termos da então vigente Carta de 1967 (art. 114) e conforme a súmula da jurisprudência dominante do STF,[229] mantinha-se nessa Corte o foro por prerrogativa de função. Entretanto, o Ato Institucional nº 2 (art. 16, I), em sentido diametralmente oposto à norma constitucional, fez cessar o foro privilegiado para aqueles que tivessem os seus direitos

---

[229] Victor Nunes Leal revelou que a dificuldade em rememorar a vasta jurisprudência do STF foi essencial para a criação da "súmula como método de trabalho". Por tal razão, declarou que, "mais de uma vez, em conversas particulares, tenho mencionado que a Súmula é subproduto da minha falta de memória, pois fui eu afinal o relator, não só da respectiva emenda regimental, como dos seus primeiros 370 enunciados" (LEAL, Victor Nunes. Passado e futuro da súmula do STF. *Revista de Direito Administrativo*, Rio de Janeiro, v. 145, p. 14, 1981).

políticos suspensos pelos próprios atos institucionais, pelo Código Eleitoral ou pela Lei Orgânica dos Partidos Políticos.

Colhidos os votos dos presentes, o presidente suscitou questão de ordem para saber se haveria quórum para declarar a inconstitucionalidade superveniente do AI-2 e para se definir a natureza jurídica e hierarquia dos referidos atos.

Durante os debates, Thompson Flores tentou tapar o sol com a peneira: "Senhor Presidente, acho que se trata de matéria constitucional, mas não estou vendo que o Tribunal esteja declarando a inconstitucionalidade de alguma coisa, se houvesse declaração de inconstitucionalidade, parece-me que esse quórum, que se discute, teria seus efeitos, mas não vejo tal declaração. O que o Tribunal declarou inconstitucional? Foi o ato? [...] Não vejo forma de inconstitucionalidade na matéria". De outro lado, com objetividade solar, Victor Nunes Leal assentou que "o ato conflitante com a Constituição é também de natureza constitucional".[230]

A maioria, formada por 7 votos, manifestava-se pela inconstitucionalidade do AI-2 e a consequente competência do Supremo para processar e julgar o ex-presidente Jango. Acompanhando o voto-condutor proferido pelo ministro Gonçalves de Oliveira (Relator), votaram os ministros Themístocles Cavalcanti, Adauto Cardoso, Evandro Lins e Silva, Hermes Lima, Victor Nunes Leal e Laffayete de Andrade. A minoria de 6 votos era integrada pelos ministros Thompson Flores, Djaci Falcão, Amaral Santos, Barros Monteiro, Eloy da Rocha e o Presidente Luiz Gallotti, que conseguiram adiar o julgamento para contemplar a presença dos ministros Aliomar Baleeiro e Adalício Nogueira.

Na retomada do julgamento, na sessão plenária de 27 de março de 1968, renovada a leitura do relatório, o ministro Aliomar Baleeiro resolveu apresentar ao Tribunal a seguinte confissão: "Notoriamente, fui adversário político do Dr. João Marques Goulart, durante uns 14 anos e não sei mesmo quantas vezes me pronunciei sobre atos dele, quer como Ministro do Trabalho, quer como Vice-Presidente ou, finalmente, Presidente da República. Muitas vezes, por certo. [...] Recebi os autos ontem à noite, junto de não sei quantos memoriais para a sessão de hoje. Eram dois ou três volumes e foi impossível ler tudo".

---

[230] Inquérito Policial nº 2, da Guanabara, Relator Ministro Gonçalves de Oliveira, Tribunal Pleno, julgado de 20.03.1968.

O Relator Gonçalves Oliveira ponderou então que se houvesse eventual denúncia no STF, o ministro poderia decidir as dúvidas então manifestadas no tocante ao seu suposto impedimento ou suspeição. Djaci Falcão, mais conclusivo, assentou: "quer-me parecer que inocorre seja impedimento, quer suspeição, no sentido processual".

Com isso, o ministro Baleeiro votou no sentido "de que os efeitos do Ato Institucional nº 2, privando fôro por prerrogativa de função os cidadãos que exerceram cargos e tiveram seus direitos políticos cassados, sobrevivem no tempo. Deixo de me alongar em fundamentação deste meu modo de entender, porque, nas notas taquigráficas, há exaustiva explanação".

A mesma posição foi acompanhada pelo ministro Adalício Nogueira e como ambos votaram com a divergência, o placar do julgamento inverteu para 8 x 7, permanecendo impedido de votar o ministro Oswaldo Trigueiro, que já havia funcionado em processo conexo como Procurador-Geral da República.[231]

O resultado deste julgamento produziu a mais grave sequência de atentados contra a história do Poder Judiciário brasileiro. Mesmo tendo vencido, a linha dura do regime militar percebeu que a independência e coragem daqueles ministros não seria capitulada. Por isso, em 16 de janeiro de 1969, baseado no AI-5, um decreto do presidente Costa e Silva aposentou compulsoriamente os ministros Victor Nunes Leal (vice-presidente do Tribunal), Hermes Lima e Evandro Lins e Silva. Inconformados e em ato de protesto, o decano Antônio Carlos

---

[231] No precedente conexo, em 30 de junho de 1965, o então PGR, Oswaldo Trigueiro, pediu desmembramento da Ação Penal 163 quanto aos indiciados João Goulart e Evandro Lins e Silva, tendo em conta que eles teriam foro por prerrogativa de função ao tempo dos atos praticados, em 1962. Deferido o pedido, na sequência, o Procurador da República Alcino de Paula Salazar pediu arquivamento da ação penal contra Lins e Silva e, depois de declinada a competência, em 17 de abril de 1967, a Justiça Criminal do Distrito Federal reconheceu a prescrição para 31 indiciados e arquivou, a pedido do Ministério Público, o processo contra outros 8 investigados. Por fim, em petição de aditamento, de 19 de abril de 1967, o MP pediu arquivamento quanto ao processo criminal em relação a João Goulart, mas dando seguimento em ação cível. À ocasião, o juiz distrital assentou: "Admitindo- se, 'gratia argumentandi', que houve qualquer reprovabilidade quanto às funções do Sr. JOÃO GOULART, como Presidente da República, forçoso é reconhecer que já foi ele apenado com a deposição e o amarulento exílio. De certa forma se incidiria até, no proibitivo 'bis in idem', parece-me, sujeitá-lo a mais outras expiações, além da que já se figura ingente, qual seja, a impossibilidade horrorosa, de pisar, tranquilo, o solo sagrado que o viu nascer, desta bendita Terra Brasileira, em consequência do exercício do direito não escrito, mas sempre latente e inegável, de REVOLUÇÃO, contra ele aplicado em processo sumaríssimo, sem prévia audição de defesa. [...] 'Ex positis', fica excluído o Sr. JOÃO BELCHIOR DE MARQUES GOULART destes autos, que só não mando arquivar, face a necessidade de serem completadas as diligências referentes aos indiciados remanescentes [...]". (Processos 5298/65 e 38933/66, ambos do Distrito Federal).

Lafayette de Andrada e o ministro Antônio Gonçalves de Oliveira, então presidente do STF, renunciaram aos cargos e pediram aposentadoria.

O resultado da tensão entre as fardas e as togas foi a mutilação da Suprema Corte, que perdeu 5 grandes ministros para o regime autoritário, como represália às suas posições independentes garantistas, bem como por suas relações políticas anteriores. Victor Nunes Leal, por exemplo, havia sido ministro-chefe da Casa Civil do governo de Juscelino Kubitscheck, entre 1956 e 1959, posto também ocupado por Evandro Lins e Silva, no governo de João Goulart. Na mesma linha, Hermes Lima foi o primeiro-ministro do regime parlamentarista, entre 1962 e 1963.

Com a enorme baixa na Suprema Corte, o Ato Institucional nº 6, editado em 1º de fevereiro de 1969, na contramão do AI-2, que aumentou o número de ministros de 11 para 16, para indicar aliados do regime, resolveu novamente manipular o quórum de composição do Supremo Tribunal Federal e, em uma ardilosa manobra de "cavalo-de-pau" com 360 graus na Praça dos Três Poderes, decretou a redução do número de ministros de 16 para 11, com o fito de estabilizar a maioria absoluta a favor do regime e legitimar atos autoritários.

À ocasião, o regime militar considerou não haver exaurido o seu poder constituinte "para atingir ideais superiores do movimento revolucionário", tendo "admitido, por conveniência da própria Justiça, a necessidade de modificar a composição e de alterar a competência do Supremo Tribunal Federal, visando a fortalecer sua posição de Corte eminentemente constitucional e, reduzindo-lhes os encargos, facilitar o exercício de suas atribuições". Referido ato também transferiu do STF para a Justiça Militar a competência para processar e julgar civis, inclusive Governadores e secretários de Estado, por crimes contra a segurança nacional.[232]

Os atos institucionais seguintes continuaram atribuindo poder ao regime por meio da suspensão de eleições e cassações (AI-7, de 26 de fevereiro de 1969), delegação de poderes aos Executivos locais para implementarem reformas administrativas por decreto (AI-8, de 2 de abril de 1969), fixação de regras para reforma agrária e propriedade, cassações e aposentadorias, incluindo a de 219 professores e pesquisadores, outros 15 deputados dissidentes e jornalistas, bem como com o fechamento de emissoras de rádio (AI-9, de 25 de abril de 1969).

---

[232] Ato Institucional nº 6, de 1º de fevereiro de 1969, publicado no DOU de 3.2.1969. Disponível em: http://www.planalto.gov.br/ccivil_03/ait/ait-06-69.htm. Acesso em: 6 maio 2021.

Foram, ainda, aplicadas penas acessórias em virtude da cassação de mandatos eletivos e da suspensão de direitos políticos, atingindo mais de 500 pessoas (AI-10, de 16 de maio de 1969).

No cenário de degradação democrática, após o estabelecimento de novo calendário eleitoral nos municípios (AI-11, de 14 de agosto de 1969), o presidente Costa e Silva apresentou grave enfermidade. O boletim médico indicava trombose no cérebro e recomendação de repouso absoluto, fato que levou a junta militar a baixar ato normativo, divulgado pela agência nacional de rádio e TV, para impedir a posse do vice-presidente civil Pedro Aleixo, transferindo o comando do país aos ministros das três Forças Armadas (AI-12, de 1º de setembro de 1969), uma espécie de *golpe dentro do golpe*.

O AI-13 e o AI-14, baixados respectivamente em 5 e 10 de setembro de 1969, estabeleceram a pena de banimento do território brasileiro para a pessoa que se tornasse inconveniente, nociva ou perigosa à segurança nacional e previram a pena de morte nos casos de guerra externa, psicológica adversa, revolucionária ou subversiva.

O pano de fundo político para a edição dos referidos atos foi o sequestro do embaixador americano Charles Burke Elbrick no dia 4 de setembro de 1969 por movimentos revolucionários da luta armada – o Movimento Revolucionário Oito de Outubro (MR-8) e a Ação Libertadora Nacional (ALN) – em troca da libertação de 15 prisioneiros políticos[233] e da divulgação de manifesto de repúdio ao regime militar. Realizada a troca, no dia 9 de setembro os presos libertados foram banidos do território nacional até o advento da Lei de Anistia, em 1979, no governo do general João Batista Figueiredo.

Em seguida, o AI-15, de 11 de setembro de 1969, estabeleceu data para eleições nos municípios sob intervenção federal. Com o afastamento do presidente Costa e Silva, foi baixada nova Lei de Segurança Nacional (Decreto 898), impondo mais repressão, cassações e censura à imprensa livre. Em 7 de outubro de 1969, o general Emílio Garrastazu Médici e o almirante Rademaker foram indicados para a sucessão presidencial, em prejuízo do vice eleito, Pedro Aleixo.

---

[233] 1. Agnaldo Pacheco da Silva; 2. Flávio Aristides Freitas Tavares; 3. Gregório Bezerra; 4. Ivens Marchetti de Monte Lima; 5. João Leonardo Silva Rocha; 6. José Dirceu de Oliveira e Silva; 7. José Ibraím; 8. Luiz Gonzaga Travassos da Rosa; 9. Maria Augusta Carneiro Ribeiro; 10. Mário Roberto Galhardo Zaconato; 11. Onofre Pinto; 12. Ricardo Villas Boas de Sá Rêgo; 13. Rolando Fratti; 14. Ricardo Zaratini; e 15. Vladmir Gracindo Soares Palmeira.

O AI-16 e o AI-17, ambos de 14 de outubro de 1969, declararam a vacância e fixaram data para eleições e posse nos cargos de presidente e vice-presidente da República, bem como autorizaram o presidente da República a transferir dissidentes para reservas militares.

CAPÍTULO 15

CARTA EMENDADA

Emenda Constitucional sem Congresso. Carta Constitucional Outorgada de 1969. Nuances Jurisdicionais da EC 1/69. Enfraquecimento do Regime Militar. Lei de Anistia. Pluripartidarismo Restabelecido.

Logo em seguida, em 17 de outubro de 1969, considerando o recesso do Congresso Nacional determinado pelo já mencionado Ato Complementar nº 38, de 13 de dezembro de 1968, os Ministros da Marinha de Guerra Augusto Rademaker, do Exército Lyra Tavares e da Aeronáutica Souza e Mello, com base nos atos institucionais 5 e 16, "promulgaram" a Emenda Constitucional nº 1, sob o incrementado título de "Constituição da República Federativa do Brasil" em substituição ao "Constituição do Brasil", expresso na Carta de 1967.

Com efeito, mesmo sem a participação do Congresso Nacional, o Triunvirato Militar publicou a EC 1/69, com 200 (duzentos) artigos embutidos no 1º, alterando integralmente a Carta de 1967, com substanciosas modificações na estrutura do Estado, de maneira a ampliar o poder centralizador do Executivo.

Tratava-se de uma Emenda Constitucional integral, na prática, uma nova Carta emendada e outorgada, à margem do Congresso Nacional que havia feito papel de fantoche na aprovação da Carta de 1967. O teatro da Constituinte convocada pelo AI-4, que chegou ao cúmulo de paralisar o relógio do Plenário do Congresso, para cumprir prazo fixado pela ditadura, agora estava desfeito pela Junta Militar. Na verdade, após o AI-5 e a EC 1/69, nenhum dispositivo da Carta de 1967, que durou 2 anos e 8 meses, ficou de pé, ressalvado o título, por conveniência ficcional do regime militar.

Ao dissecar os últimos momentos da referida Junta Militar, Elio Gaspari percebe que não se tratava de mera emenda, uma vez que "a Junta despediu-se outorgando uma nova Constituição, que se tornou conhecida pelo nome de Emenda nº 1. Produto de um poder usurpado, viveu até 1988, sob a maldição da origem militar. É verdade que ela resultou de um momento de radicalização institucional da ditadura na qual os militares se atribuíram a prerrogativa de desenhar (sem consegui-lo) o Colégio Eleitoral que escolheria o presidente da República".[234]

Por isso, em outras palavras, seja do ponto de vista formal ou material, é absolutamente incorreto afirmar que a *Carta Congressual* de 1967 tenha durado mais de 2 anos e 8 meses, pois a irrealidade do carimbo de mera "Emenda Constitucional 1/69" com a manutenção do *status* ficcional e do título de "Constituição" de 1967 não podem modificar a história constitucional da nação brasileira. Portanto, a Carta de 1967 morreu mutilada pelo Ato Institucional 5/68 e foi integralmente soterrada pela Emenda Constitucional 1/69, o que restou foi apenas um espectro, um título fantasma "Constituição da República Federativa do Brasil de 1967".

Com absoluta precisão, José Afonso da Silva assenta que "teórica e tecnicamente, não se tratou de emenda, mas de nova Constituição. A emenda só serviu como mecanismo de outorga, uma vez que verdadeiramente se promulgou texto integralmente reformulado, a começar pela denominação que se lhe deu: Constituição da República Federativa do Brasil, enquanto a de 1967 se chamava apenas Constituição do Brasil".[235]

Na jurisdição constitucional, a EC 1/69 manteve o modelo de 1967 e admitiu a instituição da representação interventiva pelos Estados (art. 15, §3º, "d"). Por outro lado, na representação interventiva, a competência para suspender o ato estatal passou a ser do Presidente da República e não mais do Poder Legislativo (art. 11, §2º). A Emenda nº 1 previu ainda, em seu art. 15, §3º, "d", o controle de constitucionalidade da lei municipal em face da Carta Estadual, para fins de intervenção no município.

Em seguida, a Emenda nº 7, de 1977, trouxe algumas inovações no sistema de controle de constitucionalidade, como a representação

---

[234] GASPARI, Elio. *A ditadura escancarada*. São Paulo: Companhia das Letras, 2002. p. 135.
[235] SILVA, José Afonso da. *Curso de Direito Constitucional Positivo*. 20. ed. São Paulo: Malheiros, 2002, p. 87.

para fins de interpretação de lei ou ato normativo federal ou estadual, outorgando, no artigo 119, inciso I, alínea "e", legitimidade ao Procurador-Geral da República para convocar o pronunciamento do Pretório Excelso, no intuito de evitar o aumento das demandas.

No mais, a referida emenda veio a solucionar a controvertida questão sobre o cabimento de liminar em representação de inconstitucionalidade, quando reconheceu expressamente em seu artigo 119, inciso I, alínea "p", a competência do Supremo Tribunal Federal para conhecer de pedido cautelar quando formulado pelo Procurador-Geral da República.[236]

Com o enfraquecimento do regime militar, o presidente João Batista Figueiredo sancionou a Lei 6.683, de 28 de agosto de 1979, denominada Lei de Anistia, polêmico ato normativo que concedeu perdão a todos – inclusive aos assassinos, torturadores e estupradores – que cometeram crimes supostamente políticos ou conexos e eleitorais, bem como aos que tiveram seus direitos políticos suspensos e aos servidores públicos civis e militares punidos e demitidos com fundamento nos Atos Institucionais e Complementares, no período compreendido entre 2 de setembro de 1961 e 15 de agosto de 1979.

Destaca-se, na história recente, a posição do ministro Enrique Ricardo Lewandowski, intransigente defensor dos direitos humanos no Supremo Tribunal Federal:

> Ora, como a Lei de Anistia não cogita de crimes comuns, e emprega, de forma tecnicamente equivocada, o conceito de conexão, segue-se que a possibilidade de abertura de persecução penal contra os agentes os Estado que tenham eventualmente cometido os delitos capitulados na legislação penal ordinária, pode sim, ser desencadeada, desde que se descarte, caso a caso, a prática de um delito de natureza política ou cometido por motivação política.[237]

No campo político-partidário, a Lei 6.767, de 20 de dezembro de 1979, restabeleceu o pluripartidarismo e extinguiu as agremiações políticas existentes, com fulcro no AI-4. A Aliança Renovadora Nacional (ARENA) foi rebatizada como Partido Democrático Social (PDS), que mais tarde tornou-se o Partido Progressista Renovador

---

[236] MARTINS, Ives Gandra da Silva; MENDES, Gilmar Ferreira. *Controle concentrado de constitucionalidade*: comentários à lei n. 9.868, de 10/11/1999. São Paulo: Saraiva, 2001, p. 44.

[237] BRASIL. Supremo Tribunal Federal. ADPF 153/DF, Rel. Min. Eros Grau, julgamento de 30 de abril de 2010.

(PPR) e, sucessivamente, Partido Progressista Brasileiro (PPB), Partido Progressista e atualmente Progressistas (PP). Outros dissidentes da ARENA, da Frente Liberal, formaram o Partido da Frente Liberal (PFL), atual Democratas (DEM).

Formaram-se outras agremiações, como o Partido dos Trabalhadores (PT), Partido Democrático Trabalhista (PDT), Partido Popular (PP), Partido Trabalhista Brasileiro (PTB) e o MDB, rebatizado como Partido (PMDB) e hoje novamente denominado MDB.

Os fatores reais do poder estavam redesenhados, com novas forças políticas organizadas, e um grande desejo tomava conta do país, pela liberdade e pelo fortalecimento da democracia. O regime ainda daria seus últimos suspiros de autoritarismo e violência, mas já se consolidava na sociedade uma vontade incontrolável de contenção do poder repressivo do Estado e de exercer plenamente os direitos da cidadania, traço predominante da Sexta República que se avizinhava.

CAPÍTULO 16

CONSTITUIÇÃO CIDADÃ

Redemocratização. Atentados a Bomba. Quadro Repressor. Crise Econômica. ABC Paulista. Manifestações Populares. Diretas Já. Transição Democrática. Tancredo, Ulysses e Sarney. Constituição de 1988. Autonomia e Fidelidade Partidária. Tormentas Presidenciais. Estado Policialesco. Tropeços Democráticos. Crise Permanente dos Fatores Reais de Poder.

No início dos anos 80, ante o espírito da redemocratização, o regime militar se via enfraquecido pelo desgaste político de duas décadas e pelo recrudescimento da inflação, alta no desemprego e renovada violência da ditadura, a exemplo do triste episódio da sede da Ordem dos Advogados do Brasil (OAB), em 27 de agosto de 1980, quando uma carta-bomba endereçada ao presidente nacional Seabra Fagundes assassinou a secretária Lyda Monteiro da Silva, funcionária mais antiga da entidade, com 43 anos de serviços prestados. Durante o cortejo do corpo, mais de dez mil pessoas gritavam contra o Estado de terror e cantavam o hino nacional na chegada do cemitério São João Batista.

Outro ataque ocorreu em 30 de abril de 1981, no Centro de Convenções do Riocentro, durante evento comemorativo do Dia do Trabalhador, do qual participavam 20 mil jovens. As bombas que seriam plantadas pelo sargento Guilherme Pereira do Rosário e pelo capitão Wilson Dias Machado explodiram dentro do veículo onde estavam os militares, no estacionamento do Riocentro, matando o próprio sargento. Outro artefato explodiu na estação que fornecia energia elétrica ao evento. Esses terríveis acontecimentos catalisaram o processo de abertura democrática. Como bem registrou o jornalista Elio Gaspari, "a bomba do capitão Wilson racharia a estrutura do palácio do Planalto".[238]

A forte repressão e a violência do regime militar impuseram a prisão de líderes sindicais do ABC paulista, entre os quais Luiz Inácio Lula da Silva, então presidente do Sindicato dos Metalúrgicos. Em 19 de abril de 1980, Lula foi preso em São Bernardo do Campo/SP por policiais do Departamento de Ordem Política e Social (DOPS), órgão de repressão do regime. Permaneceu recluso por 31 dias[239] e foi indiciado nos termos da Lei de Segurança Nacional, junto com outros dez dirigentes sindicais, no contexto de legítimas paralisações dos trabalhadores por reajuste salarial e estabilidade no emprego.

A liberdade sindical no Brasil[240] sempre encontrou uma série de obstáculos, conforme explicou José Francisco Siqueira Neto em conferência no Tribunal Superior do Trabalho, em abril de 2012, pois o modelo é incongruente e "não proporciona os resultados e o dinamismo que um sistema democrático e coerente institucionalmente poderia provocar", em razão de problemas que refletem no próprio pacto federativo, uma vez que, na esfera sindical "a pulverização de sindicatos reflete quase na mesma proporção que a proliferação de municípios".[241]

A luta dos operários do ABC paulista transmudou então para uma batalha pela própria democracia, contra o aparato repressivo do Estado, em um cenário de desaparecimento de pessoas e de assassinatos, característica típica de regimes totalitários. Para Siqueira Neto, a força do sindicato dos metalúrgicos do ABC é "porque combinaram aglutinação de trabalhadores com relevância produtiva e mobilização política".[242]

---

[238] GASPARI, Elio. *A Ditadura Acabada*. Rio de Janeiro: Intrínseca, 2016, p. 218.

[239] No período em que esteve preso, em 12 de maio Lula perdeu a mãe, Eurídice Ferreira de Melo, conhecida como Dona Lindú, por conta de um câncer e, na ocasião, foi autorizado pelo então chefe do DOPS, o delegado Romeu Tuma, a comparecer ao velório. Paradoxalmente, na democracia, em 29 de janeiro de 2019, enquanto cumpria execução antecipada de pena posteriormente anulada pelo Supremo Tribunal Federal, Lula foi proibido pela Vara Federal de Curitiba, de comparecer ao velório do irmão Genivaldo Inácio da Silva.

[240] Para um estudo aprofundado em defesa da liberdade sindical, nos moldes do direito comparado, cf. SIQUEIRA NETO, José Francisco. Liberdade Sindical e representação dos trabalhadores nos locais de trabalho no Brasil: obstáculos e desafios. *ILADES/Policy Paper*, Bonn, n. 25, 1999.

[241] SIQUEIRA NETO, José Francisco. Liberdade Sindical no Brasil: desafios e possibilidades. *Rev. TST*, Brasília, vol. 78, n. 2, p. 98-99, abr./jun. 2012.

[242] SIQUEIRA NETO, José Francisco. *Op. cit*. p. 100.

Ao relembrar o contexto histórico, em discurso proferido na sede da Ordem dos Advogados do Brasil em 1º de outubro de 2013, Lula afirmou que "a luta contra o regime alcançou um novo patamar com a formação dos novos partidos. Espaço conquistado pelos trabalhadores, pelo povo brasileiro, pelos governos sociais, por força de esquerda e pelos diversos setores democráticos. Aos novos partidos e às organizações nacionais, como OAB, CNBB, ABI e UNE, somou-se a Central Única dos trabalhadores, criada em 83, além do Movimento Sem Terra, além de muitos outros movimentos populares e organizações. O Movimento pelas Diretas Já foi a culminação de anos de resistência à ditadura em torno de uma palavra de ordem que resumiu o anseio nacional pelo retorno à democracia".[243]

A propósito dos Estados de Exceção, Nicolau Maquiavel assim se manifestou sobre aqueles que, por atos criminosos, chegaram ao poder como Agátocles da Sicília (361 a.C.), homem privado e de pouca fortuna que, ao entrar e ascender na carreira militar, conseguiu utilizar o aparato do Exército para, com violência, se tornar o Rei de Siracusa: "todavia não se pode dizer que haja virtude em exterminar concidadãos, trair os amigos, não ter fé, nem piedade, nem religião; pois é possível conquistar o poder por esses meios, mas não a glória".[244]

Além do quadro repressor, uma forte crise econômica e novos fatores de poder estavam mobilizados, por isso o povo foi às ruas clamar pela realização de eleições diretas para presidente e vice-presidente da República. O movimento denominado "Diretas Já" se agigantou em apoio à Emenda Constitucional de autoria do deputado Dante de Oliveira, que estabelecia eleições diretas.

Uma série de comícios, passeatas e manifestações desabrochou pelo Brasil, a primeira foi realizada no município de Abreu Lima/PE, em 31 de março de 1983, organizada pelo PMDB, seguida das manifestações de Goiânia/GO, em 15 de junho de 1983. Em novembro do mesmo ano, em Curitiba/PR e na praça Charles Miller, defronte ao Estádio do Pacaembu, em São Paulo.

Em 1984, no dia 10 de abril, 1 milhão de pessoas se reuniu em frente à Igreja da Candelária, no Rio de Janeiro, e no dia 16 de abril mais de 1,5 milhão de pessoas se reuniu no Vale do Anhangabaú, no centro de São Paulo. A campanha pelas Diretas totalizou mais de 30 (trinta) comícios.

---

[243] SILVA, Luiz Inácio Lula da. *25 anos da Constituição Federal*: uma homenagem da advocacia. Brasília: OAB, Conselho Federal, 2013, p. 45.
[244] MAQUIAVEL, Nicolau. *O príncipe*. São Paulo: Companhia das Letras, 2010, p. 73-74.

Apesar das sucessivas e colossais manifestações, outros fatores reais de poder da Constituição Material do Brasil estavam mobilizados, de modo que, em 25 de abril de 1984, a emenda das eleições diretas (PEC 5, de 2 de março de 1983) foi derrotada, rejeitada na Câmara dos Deputados, por conta da manobra de aliados do regime militar que esvaziaram a sessão, com a baixa de 112 deputados, impedindo que o quórum regimental para aprovação fosse atingido, embora se computassem 298 votos favoráveis, apenas 65 contrários e 3 abstenções.

Em 15 de janeiro de 1985, ocorreu a última eleição indireta para presidente da República no Brasil. O Colégio Eleitoral elegeu o então governador de Minas Gerais, Tancredo Neves (PMDB), sob a égide da Carta de 1967.

O ministério da nova República foi anunciado no dia 12 de março de 1985, apenas três dias antes da posse. Tancredo não estava bem, aos 75 anos de idade, sentia fortes dores abdominais que tentava disfarçar. O médico Renault Matos Ribeiro, que bem conhecia o seu paciente, sabia que o problema não era comum e determinou uma bateria de exames logo no mesmo dia 13.

Tancredo seguiu com seus exames no dia 14, quando se encontrou com José Sarney, na granja do Riacho Fundo, onde teriam a última reunião de trabalho. O espaço, construído em 1963, era a residência oficial dos presidentes do regime militar, onde atualmente funciona o Instituto de Saúde Mental do Distrito Federal.

Naquele mesmo dia, após discurso de despedida no Congresso Nacional, o vice-presidente eleito foi procurado, em particular, pelo doutor Renault, que lhe revelou o real estado de saúde de Tancredo. Não seria a divulgada faringite, como pensava Sarney, mas uma crise aguda de apendicite, segundo o médico, que aproveitou para medir a pressão do vice, que registrava elevados 19 por 10.[245]

No dia seguinte, após uma missa em São João del Rei, terra natal de Tancredo, Sarney se sentou ao seu lado e percebeu que ele não estava bem. Após comungar, o presidente saiu às pressas sem cumprimentar ninguém e, no mesmo dia, foi internado no Hospital de Base.

Ulysses Guimarães não queria adiar a posse programada e, combinado com Tancredo, decidiu que Sarney deveria tomar posse em seu lugar, por responsabilidade com o país. Segundo o próprio Ulysses, em relevante depoimento ao jornalista Luiz Gutemberg, "Era esse também

---

[245] ECHEVERRIA, Regina. *Sarney*: a biografia. São Paulo: Leya, 2011, p. 299.

o entendimento do próprio Tancredo, que, tão lúcido quanto doente, se certificou comigo, antes de seguir para a cirurgia, de que deveria ser a solução".[246]

Sarney resistiu e disse: "Não, Ulysses, eu não vou assumir. A nação espera por Tancredo. Será uma grande decepção. Vou tomar posse junto com Tancredo, nada me custa esperar por ele, e dentro de uma semana, segundo me disse o Renault, ele estará em condições de assumir o governo".[247]

No seu diário de memórias manuscritas, José Sarney revelou o seu estado emocional naqueles dias, em que rezava e às vezes chorava, trancado em seu escritório:

> Minha recusa era uma fuga. Eu tinha medo. Na minha cabeça estavam milhões de brasileiros olhando-me e apupando-me como o injusto beneficiário, que, por maquiavelismo, fizera tudo, rompera com o PDS, e agora, ajudado pelas forças do imprevisto, arrebatava o Tancredo da glória desse dia. Eu me recusava, porque não era verdade, a enfrentar essa versão. Eu estava preso de mim mesmo, humilhado por estar ali e o destino ter-me colocado para evitar o pior, ou seja, que a transmissão do poder fosse um dia de tragédia e retrocesso institucional. Mas meus olhos não podiam ver a realidade. Eles viam a garça negra.

No dia 15 de março de 1985, às 10 horas, José Sarney foi empossado no cargo de presidente da República em exercício. No dia 23 de março de 1985, Tancredo Neves enviou uma carta a Sarney, documento histórico reprografado por Regina Echeverria, cujo conteúdo é o testemunho fiel do espírito daqueles dias:

> Caro Sarney,
>
> A Nação está registrando o exemplo de irrepreensível correção moral que o prezado amigo lhe transmite no exercício da presidência da República.
>
> Na política, o exemplo é mais importante que o discurso. O discurso é efêmero pela sua própria natureza, o seu efeito termina com a leitura de sua divulgação por mais eloquente e oportuno que seja ele. O exemplo, ao contrário, contribui para a construção ética da consciência do nosso povo que, na solidariedade que tem demonstrado, tem me dado forças para superar estes momentos.

---

[246] GUTEMBERG, Luiz. *Moisés codinome Ulysses Guimarães*: uma biografia. São Paulo: Companhia das Letras, 1994, p. 561.
[247] *Ibidem*, p. 301, 317.

O seu exemplo, Presidente Sarney, ficará memorável em nossa história.
Um cordial abraço para a Marli.
Tancredo Neves.[248]

No mês que seguiu, em 21 de abril de 1985, Tancredo não resistiu e faleceu com infecção generalizada. José Sarney precisou conduzir o país na difícil travessia da transição democrática até a promulgação da Constituição Federal de 1988.

Apenas no ano seguinte, em 1989, durante a gestão de Sarney, o Brasil restabeleceu a sua primeira eleição direta para presidente da República, após um quarto de século e 21 anos de regime militar. Foi a 16ª eleição direta da história do país.[249] Ao rememorar a jornada da travessia constitucional na presença do Relator da Assembleia Constituinte, Bernardo Cabral, José Sarney assentou que:

> [...] o compromisso da convocação da Constituinte fez parte, como disse, desse arcabouço formulado por Tancredo Neves e Ulysses Guimarães. Arcabouço esse em torno de que, numa noite, na casa de Tancredo, nos reunimos Tancredo, Ulysses, Aureliano Chaves, Marcos Maciel, e ajudando na redação, Mauro Santayana. Celso Furtado e eu também participamos um pouco. Formulou-se o que devia ser a transição democrática. Dentro desse arcabouço, a primeira preocupação do ponto de vista constitucional era a convocação de uma Assembleia Nacional Constituinte. Assim, nasceu a obrigação, o objetivo, o primeiro ato na direção da reconstitucionalização do país, a convocação da Assembleia Constituinte. [...] Então, nós, a partir daquele momento, firmamos o pacto da Aliança Democrática, pacto esse que, com a morte de Tancredo, me coube cumprir, e eu executei fielmente. [...] Então essa preocupação da Constituição de 88 deve ser inserida, como eu disse, dentro da concepção que o Tancredo teve dentro da Nova República. Qual era a finalidade dela? Era realmente restaurar o Estado de Direito.[250]

A Constituição da República Federativa do Brasil, promulgada em 5 de outubro de 1988, consolidou a vitória do processo de redemocratização, após 21 anos de regime militar. Os trabalhos da Assembleia Nacional Constituinte convocada pelo presidente José Sarney e

---

[248] *Ibidem*, p. 322.
[249] BRASIL. TSE. Disponível em: https://www.tse.jus.br/eleitor/glossario/termos/eleicao-direta. Acesso em: 4 maio 2021.
[250] SARNEY, José. *25 anos da Constituição Federal*: uma homenagem da advocacia. Brasília: OAB, Conselho Federal, 2013, p. 34-37.

instalada no dia 1º de fevereiro de 1987 duraram mais de 20 meses, com a participação de 72 senadores e 487 deputados federais.

A Constituição de 1988 foi denominada "Constituição Cidadã" pelo então Deputado Federal Ulysses Guimarães, presidente da Assembleia Nacional Constituinte, em razão da ampla participação de cidadãos – 72.719 sugestões foram coletadas, por meio do projeto "Diga Gente e Projeto Constituição", que distribuiu 5 milhões de formulários, disponibilizados nas agências dos correios – e também de entidades representativas, por meio dos Constituintes, com 12 mil sugestões coletadas.

A marca maior da Constituição Federal de 1988 é, sem dúvida, o fortalecimento do rol de direitos e garantias fundamentais dos cidadãos, para evitar que abusos voltassem a ocorrer no Estado Democrático de Direito.[251]

Nesse sentido, Lewandowski destaca que "a Constituição de 1988, com seu núcleo republicano derivou de um sentimento de repulsa ao regime de exceção passado pelos governos militares, bem como de repúdio ao passado histórico de autoritarismo político e de exclusão social, consubstanciando um projeto de desenvolvimento nacional que busca a superação das desigualdades, a efetivação dos direitos fundamentais e a consolidação da democracia".[252]

Sobre os fundamentos da República Federativa do Brasil, Alexandre de Moraes recorda a soberania, a cidadania, a dignidade da pessoa humana e os valores sociais do trabalho e da livre-iniciativa que constituem o Estado Democrático de Direito.[253]

No plano político-partidário, a Constituição alçou o "pluralismo político", entre outros, como princípio fundamental da República (art. 1º, V), com ampla liberdade para a criação, fusão, incorporação e extinção das legendas, resguardadas a soberania nacional, o regime democrático, o pluripartidarismo e os direitos fundamentais da pessoa humana. A Constituição assegurou também aos partidos

---

[251] "As garantias constitucionais, nelas incluída a segurança jurídica, são basilares ao Estado Democrático de Direito, constituindo-se em mecanismos de tutela aos direitos fundamentais, sem os quais o regime democrático não se realiza plenamente. O grau de civilidade de uma sociedade pode ser aferido pela observância e atenção dispensadas a tais garantias fundamentais". COÊLHO, Marcus Vinícius Furtado. *Garantias constitucionais e segurança jurídica*. Belo Horizonte: Fórum, 2015, p. 155.
[252] LEWANDOWSKI, Enrique Ricardo. Reflexões em Torno do Princípio Republicano. *Revista Justiça & Cidadania*, ed. 74, p. 6-11, set. 2006.
[253] MORAES, Alexandre. *Direito Constitucional*. 34. ed. São Paulo: Atlas, 2018, p. 53-55.

políticos autonomia para definir sua estrutura interna, organização e funcionamento, devendo os seus estatutos fixarem normas de fidelidade e disciplina partidárias (art. 17).

A propósito do tema, ao defender e estruturar o instituto da fidelidade partidária, Augusto Aras, em tese acadêmica acolhida pelo Supremo Tribunal Federal, revela a sua importância orgânica para a democracia representativa,[254] mas em estudo complementar adverte para os riscos da perniciosa "ditatura intrapartidária imperante no nosso sistema político",[255] que precisa ser superada.

Na seara da jurisdição, ocorreram inúmeras inovações que aperfeiçoaram de forma significativa o controle jurisdicional de constitucionalidade das leis. Entre as principais novidades introduzidas pela Constituição de 1988, destacam-se a ampliação do rol de legitimados à propositura da ação direta de inconstitucionalidade (art. 103); a criação da figura do Advogado-Geral da União (art. 103, §3º); a instituição da ação direta de inconstitucionalidade por omissão (art. 103, §2º) e do mandado de injunção (art. 102, I, "q"), além de se prever a possibilidade de os Estados-membros utilizarem a ação direta de inconstitucionalidade para fiscalizar a constitucionalidade das leis e atos normativos municipais e estaduais em face das Constituições Estaduais, por força do artigo 125, §2º.[256]

Com a ampliação e o aperfeiçoamento do sistema *concentrado* pela Constituição de 1988, isto é, da impugnação das leis diretamente no Supremo Tribunal Federal, por diversos fatores de poder constitucional, o sentido do modelo recursal pela via difusa, com decisão restrita a cada caso concreto, tornou-se bastante reduzido. É que, na prática, uma decisão de inconstitucionalidade contra uma lei abstrata vale para todos (*erga omnes*), enquanto na via extraordinária do recurso os efeitos da decisão ficam adstritos somente às partes do litígio (*inter partes*).

Gilmar Ferreira Mendes observa que a Constituição Federal de 1988 "reduziu o significado do controle de constitucionalidade incidental ou difuso, ao ampliar, de forma marcante, a legitimação para propositura da ação direta de inconstitucionalidade (CF, art. 103), permitindo que, praticamente, todas as controvérsias constitucionais

---

[254] ARAS, Augusto. *Fidelidade Partidária*: a perda do mandato parlamentar. Rio de Janeiro: Lumen Juris, 2006, p. 300 e ss.
[255] ARAS, Augusto. *Fidelidade e Ditadura (Intra)Partidárias*. Bauru: Edipro, 2011, p. 150 e ss.
[256] ALMEIDA NETO, Manoel Carlos de. *O novo controle de constitucionalidade municipal*. Rio de Janeiro: Forense, 2011.

relevantes sejam submetidas ao Supremo Tribunal Federal mediante processo de controle abstrato de normas".[257]

Desse modo, o sistema brasileiro seguiu na combinação dos métodos *difuso-incidental*, que permitem o controle de constitucionalidade a qualquer juízo independentemente da instância ou grau de jurisdição, pela via de exceção, introduzido pela Constituição de 1891, de inspiração norte-americana, e o *concentrado-principal* para exercer a fiscalização abstrata da constitucionalidade de leis ou atos normativos, no modelo austríaco inserido pela Emenda Constitucional nº 16, de 1965.

Em mais de três décadas de existência da Constituição cidadã (32 anos), não foram poucas as turbulências de natureza eminentemente políticas a reprisar o nosso passado histórico em ambiente fértil para novas rupturas institucionais.

Em 1992, o então presidente da República Fernando Affonso Collor de Mello – primeiro presidente eleito diretamente após o regime militar – renunciou antes de ser condenado pelo Senado à perda do mandato, por 76 votos a favor e 3 contra, em processo de *impeachment*, ficando inelegível por 8 anos.

Em 13 de dezembro de 1994, o Supremo Tribunal Federal, por 5 votos a 3, absolveu o ex-presidente Collor da acusação de corrupção passiva por fatos relacionados ao processo de impedimento[258] e 22 anos depois, em 24 de abril de 2014, o Supremo, por decisão unânime, absolveu o ex-presidente Collor das acusações de peculato, falsidade ideológica e corrupção passiva durante o seu mandato, na linha do voto condutor da ministra-relatora Cármen Lúcia.

A referida ação foi recebida pela Justiça Federal de Brasília, em agosto de 2000, e somente em 2007 foi distribuída no Supremo Tribunal Federal, em razão da eleição do ex-presidente Collor no cargo de Senador da República, em 2006.

Mais recentemente, em 31 de agosto de 2016, a presidente da República Dilma Rousseff – primeira mulher eleita diretamente, por duas vezes, em 2010 e 2014, para ocupar o maior cargo do Executivo – teve o seu segundo mandato cassado por decisão do Senado Federal, por 61 votos a 20, mas manteve os seus direitos políticos, por 42 votos a 36, assumindo a presidência da República o seu vice, Michel Miguel Elias Temer Lulia.

---

[257] MARTINS, Ives Gandra da Silva; MENDES, Gilmar Ferreira. *Controle concentrado de constitucionalidade*: comentários à lei n. 9.868, de 10.11.1999. São Paulo: Saraiva, 2001, p. 62.
[258] Ação Penal 307/DF, Relator Ministro Ilmar Galvão, Tribunal Pleno, de 13.12.1994.

Ao refletir sobre referido acontecimento histórico durante aula na Faculdade de Direito do Largo São Francisco (USP), onde é Professor Titular de Teoria do Estado, Enrique Ricardo Lewandowski, ministro do Supremo Tribunal Federal que presidiu o julgamento do pedido de *impeachment* de Dilma Rousseff no Senado, pronunciou que "o presidencialismo de coalisão saiu com grande número de partidos políticos, até por erro do Supremo, que acabou com a cláusula de barreira. Deu no que deu, nesse *impeachment*, a que todos assistiram e devem ter a sua opinião sobre ele. Mas encerra novamente um ciclo daqueles aos quais me referia, a cada 25, 30 anos, no Brasil, nós temos um tropeço na nossa democracia. Lamentável. Quem sabe vocês, jovens, consigam mudar o rumo da história".[259]

Em 2018, o presidente Michel Temer já contabilizava mais de 30 pedidos de *impeachment* por fatos que aprofundaram a enorme crise política vivida no país, que, desde 2014, estava soterrado por uma avalanche de escândalos[260] policialescos verdadeiros e falsos, cujo pano de fundo é a velha luta dos fatores reais de poder marcados por influências internas e externas no contexto da geopolítica.[261]

Entre tantas barbaridades, sintomáticas do colapso constitucional brasileiro, não deve ser esquecida a operação batizada com título espetaculoso de "ouvidos moucos", com 105 policiais de vários Estados, números milionários fantasiosos sobre bolsas de ensino para atrair mídia.[262] Investigação que matou o então Reitor da Universidade Federal de Santa Catarina (UFSC), professor Luiz Carlos Cancellier de

---

[259] Aula proferida em 26 de setembro de 2016, no Largo São Francisco.

[260] Para maior compreensão das engrenagens e dos antecedentes daquilo que o jornalista Mário Rosa denominou como "A era do escândalo", cf. obra paradigmática: ROSA, Mário. *A era do escândalo*: lições, relatos e bastidores de quem viveu as grandes crises de imagem. São Paulo: Geração Editorial, 2003.

[261] "A partir do Congresso de Viena (1814-15), presidido pelo habilidoso estadista austríaco Klemens von Metternich, no qual foram redesenhadas as fronteiras da Europa após a derrota de Napoleão Bonaparte, bem como lançadas as bases do direito internacional moderno, firmou-se o entendimento de que as relações diplomáticas entre as nações devem constituir uma política de Estado, não de governo, dado o seu impacto geracional". *In*: LEWANDOWSKI, Enrique Ricardo. *Geopolítica constitucional*. São Paulo: Folha de São Paulo, de 31 de dezembro de 2021, p. A3.

[262] "Por ali e por contatos discretos e seletivos com alguns jornalistas, a polícia federal desrespeitara o sigilo da investigação para vazar hora e local das buscas e apreensões, de modo a permitir que repórteres, fotógrafos e cinegrafistas registrassem a movimentação da força policial que seguidores nas redes sociais definiam como 'orgulho do Brasil'. Isso não era uma exceção, mas a regra nesse tipo de operação policial, normalmente batizada com nomes curiosos" (MARKUN, Paulo. *Recurso Final*: a investigação da Polícia Federal que levou ao suicídio de um reitor em Santa Catarina. Rio de Janeiro: Objetiva, 2021, p. 12).

Olivo, de 59 anos, uma inocente vítima de meras futricas acadêmicas potencializadas por nefastos operadores do Estado Policial, de triste memória.

No dia 14 de setembro de 2017, sem antecedentes criminais, com domicílio certo e, ressalte-se, sem nunca ter sido ouvido, o Reitor foi preso, algemado e acorrentado nos pés, submetido a um interrogatório de 6 horas, com vexatória revista íntima, na delegacia e na penitenciária, mantido sem roupas por duas horas na frente de outras pessoas, até vestir o uniforme laranja de presidiário, como se definitivamente condenado fosse, contra a Constituição do Brasil e contra todas as garantias civilizatórias do devido processo legal, cujo berço remonta 800 anos atrás, na Magna Carta inglesa de 1215.

Devastado e humilhado com a violência e a injustiça do Estado policialesco, em um extremo ato de luta, o professor atirou-se do 7º andar de um shopping center, em Florianópolis, com um bilhete manuscrito no bolso: "A minha morte foi decretada quando fui banido da Universidade!!!". O relatório final do inquérito revelou não apenas a inocência do professor, mas que o título de batismo da operação só pode ter sido produzido e inspirado no espelho do retrocesso, imagem e semelhança de quem a idealizou. A família do Reitor aguarda justiça.[263]

Sobre esse período, o jornalista Bernardo Mello Franco contabiliza 1.025 dias de tormenta, em uma profunda crise política que atingiu dois presidentes da República.[264] Durante esse turbulento ciclo ainda em 2018, ano de eleições presidenciais, o ex-presidente da República Luiz Inácio Lula da Silva figurava como primeiro colocado nas pesquisas, mas foi atingido por uma implacável caçada judicial[265] impulsionada por uma junção de *fatores reais de poder* que lhe retirou da disputa eleitoral. Expedido o mandado de prisão, a ordem foi cumprida no Sindicato dos Metalúrgicos do ABC paulista, onde Lula falou para uma multidão de trabalhadores. Na ocasião, durante seu longo discurso, afirmou que "os poderosos podem matar uma, duas ou três rosas, mas jamais poderão deter a chegada da primavera".[266]

---

[263] Cf. documentário sobre o caso Cancellier, in: NASSIF, Luís. *Levaram o Reitor*. São Paulo: TVGGN, 2021.

[264] FRANCO, Bernardo Mello. *Mil dias de tormenta*: a crise que derrubou Dilma e deixou Temer por um fio. Rio de Janeiro: Objetiva, 2018, p. 9.

[265] MARTINS, Cristiano Zanin; MARTINS, Valeska Teixeira Zanin; VALIM, Rafael. *Lawfare*: Waging War through Law. New York: Routledge Focus, 2022, p. 15-81.

[266] Cf. Folha de São Paulo. Disponível em: https://www1.folha.uol.com.br/poder/2018/04/leia-a-integra-do-discurso-do-ex-presidente-lula-antes-de-se-entregar-a-pf.shtml. Acesso em: 1º maio 2021.

Em seguida, Lula foi levado de São Paulo, em um avião monomotor,[267] para uma delegacia regional de polícia federal em Curitiba/PR, onde permaneceu preso por 580 dias, de 7 de abril de 2018 a 8 de novembro de 2019, para cumprimento antecipado da pena, isto é, antes do trânsito em julgado da sentença condenatória, por ordem do então juiz da 13ª Vara Federal Criminal de Curitiba, que, após abandonar a magistratura para dar seguimento a sua notória vocação política, foi considerado incompetente, suspeito e parcial no caso de Lula, por decisões definitivas do Supremo Tribunal Federal, em 8 de março de 2021 (Segunda Turma) e em 23 de junho de 2021 (Tribunal Pleno).[268]

Atualmente, o país continua em sua estranha normalidade institucional, ou seja, em estado de crise permanente, com múltiplos pedidos de *impeachment* protocolados contra o presidente da República, em uma conjuntura de elevadíssima intolerância política, de disseminação de notícias falsas e de aversão ao debate de ideias.

É preciso compreender que o combustível que alimenta a usina de força das crises nacionais é a tensão permanente entre os interesses antagônicos dos fatores reais de poder que regem a nossa nação, os quais compõem a *Constituição material paralela* do Brasil, que será examinada no capítulo final desta obra.

---

[267] "No aeroporto paulistano, um incidente quase encrespou a operação. Ao contrário dos colegas, sempre respeitosos com o ex-presidente e seus advogados, o mal-encarado delegado (...), se dirigiu de maneira áspera a Zanin [Advogado de Lula]: – Vamos ter que algemar o presidente. Pela primeira vez viu-se o afável Cristiano Zanin elevar o tom de voz e responder com dureza: – Nada disso! Não, senhor! Algemado ele não embarca. O senhor está violando o mandado de prisão, que veda expressamente a utilização de algemas em qualquer hipótese. Algemado o presidente não embarca. O policial perdeu a parada, mas não a pose: – Então levarei as algemas comigo durante o voo. Se for necessário elas serão utilizadas. Zanin foi seco: – Isso não será necessário, não acontecerá" (MORAIS, Fernando. *Lula*: a biografia. São Paulo: Companhia das Letras, 2021).

[268] BRASIL. Supremo Tribunal Federal. HC 164.493, HC 193.726, ambos do Paraná.

CAPÍTULO 17

CONSTITUIÇÕES PARALELAS

Garantias dos Regimes Democráticos. Seis Repúblicas. Constituição Material Paralela. Progressismo, Conservadorismo e Autoritarismo. Fatores Reais de Poder e as Constituições Escritas. Batalha das Constituições Paralelas escrita e não escrita. Regras do Jogo Democrático nas Arenas Jurídica e Política. Sabotagem e Demolição de Instituições Democráticas. Sopros Totalitários. Autoritarismo Escamoteado. Retrocesso Civilizatório. Mitigação e Proteção das Liberdades de Expressão e de Imprensa. Preservação da Democracia.

Desde as lutas travadas nas matrizes dos movimentos constitucionalistas, a experiência histórica da humanidade demonstra que as Constituições escritas e formais não são suficientes para garantir a sobrevivência do regime democrático, ao contrário, não raro essas leis fundamentais são outorgadas como instrumentos de legalização do poder ilegítimo e usurpador da soberania popular, por meio de Cartas constitucionais simultâneas, com roupagem de atos ou decretos normativos, que passam a ocupar o topo da pirâmide hierárquica do Estado.

A realidade empírica brasileira – da jornada do Império às nossas Seis Repúblicas (velha, revolucionária, autoritária, populista, militar e cidadã) – é portadora de um número tão elevado de Constituições, ora promulgadas, ora outorgadas ou simplesmente decretadas, que comprovam a existência de fatores reais de poder, os quais compõem uma espécie de Constituição material paralela sempre viva, não escrita, caótica e incontrolável, com poder e força para modificar a realidade político-jurídica, derrubando textos constitucionais, seja para o bem-estar e restauração do Estado Democrático, seja para usurpá-lo em deploráveis golpes de Estado.

O espírito dual e inconformado do constitucionalismo brasileiro foi muito bem capturado por Fábio Konder Comparato, ao afirmar que: "É preciso entender que sempre tivemos duas Constituições: a oficial e a subliminar. Essa duplicidade começou em 1824, logo após a Independência, quando promulgamos nossa primeira Constituição. Esse sistema de duplicidade constitucional vigorou desde então, sem cessar. Até mesmo durante os regimes autoritários ou ditatoriais, fizemos questão de promulgar uma Constituição".[269]

Não custa relembrar que, diversamente dos países que possuem Constituições formais longevas como EUA (1789), Holanda (1814), Noruega (1814), Bélgica (1831), Dinamarca (1849), Argentina (1853), entre outros, o Brasil passou por múltiplas Constituições formais, 1 Constituição alienígena, que durou 24 horas, 1 Emenda Constitucional integral, 21 Leis Constitucionais, 9 Atos do Comando Supremo da Revolução, 17 Atos Institucionais, 105 Atos Complementares e poderosos decretos destituídos da roupagem e do título formal de "Constituição", mas com natureza de leis fundamentais, no topo da hierarquia normativa e traços de Poder Constituinte de fato, muitas vezes usurpador.

As Constituições escritas do Brasil tombaram em razão do conflito matizado por três movimentos cíclicos dos fatores reais de poder que compõem a nossa Constituição material paralela, sociológica e não escrita: i) o *progressismo*, que move a sociedade para frente, em direção à criação e recuperação de direitos civis e políticos fundamentais, inclusive de minorias, para transformação multicultural e científica e elevação do seu padrão civilizatório; ii) o *conservadorismo*, que busca a preservação de direitos adquiridos da ordem social, moral e nacionalista, da liberdade política e econômica e da estabilidade das instituições tradicionais como a propriedade, a igreja e a família; iii) o *autoritarismo*, camuflado em roupagem geralmente conservadora e que, brandindo bandeiras do moralismo, segurança e ordem públicas, assalta a soberania popular, reprime os direitos civis e políticos fundamentais, subordina os poderes Legislativo e Judiciário ao Executivo e, por essas razões, propõe verdadeiro retrocesso civilizatório.

É importante relacionar, em breve resumo, como esses três movimentos sociológicos de luta por direitos e por poder (*progressismo*, *conservadorismo* e *autoritarismo*) impactaram a história do

---

[269] COMPARATO, Fábio Konder. Num Brasil de duas Constituições concomitantes, a democracia é incompleta. *Revista IHU*, 30 abr. 2018.

constitucionalismo brasileiro, como eles outorgaram e promulgaram os nossos 14 textos constitucionais, os quais ocuparam o todo da hierarquia normativa[270] do Estado brasileiro.

A primeira (1ª) Constituição aplicada no Brasil, a espanhola, de Cádiz, vigorou interinamente por 24 horas, entre os dias 21 e 22 de abril de 1821. *La Pepa*, como era conhecida, foi jurada e publicada por decreto de D. João VI, em razão da vontade liberal e da pressão do povo reunido na Praça do Comércio, no Rio de Janeiro, mas morreu pelo fator de poder imperial, o *autoritarismo* calçado com a força das armas.

A (2ª) Carta Imperial de 1824, primário texto constitucional genuinamente brasileiro, foi fruto do processo de independência e durou 65 anos (1824-1889). Além dos três poderes clássicos desenhados por Montesquieu, previa um quarto poder arbitral, acima de todos os outros, o moderador, exercido diretamente pelo Imperador, na senda do *Pouvoir Royal* de Benjamin Constant. Com o avanço do sistema eleitoral, organizações de natureza partidária floresceram, com ideologias próprias e bem definidas, para além do *conservadorismo* reinante, como a "Liga Progressista" e o "Centro Liberal".

Com a promulgação da Lei Áurea, em 1888, a monarquia sentiu o sabor da popularidade, mas foi obrigada a enfrentar os reflexos do *establishment* de fazendeiros escravocratas, além de fatores reais de poder insatisfeitos com o Império, consubstanciados nos barões, viscondes, banqueiros, marqueses e militares que não conseguiam mais esconder o ideário republicano e federalista, conforme examinado nos capítulos 3 e 4.

Nascia a República e morria aos 65 anos, o mais longevo texto constitucional do Brasil, a *Carta imperial* de 1824, por força de um *progressismo* liberal e democrático consubstanciado em uma (3ª) *Carta emergencial*, outorgada pelo *"Governo Provisório da República dos Estados Unidos do Brasil"* por meio do Decreto 1, de 15 de novembro de 1889, que, investido do poder constituinte de fato, proclamou a República, encerrou o império unitário e instalou uma república, conferindo ampla autonomia aos Estados-membros, mas com subordinação ao novo pacto federativo. Esse texto constitucional vigorou por 1 ano e 3 meses, até a promulgação da (4ª) *Constituição republicana*, de 24 de fevereiro de 1891,

---

[270] "A Constituição escrita, portanto, é o mais alto estatuto jurídico de determinada comunidade, caracterizando-se por ser a lei fundamental de uma sociedade. A isso corresponde o conceito de constituição legal, como resultado da elaboração de uma Carta escrita fundamental, colocada no ápice da pirâmide normativa e dotada de coercibilidade". *In:* MORAES, Alexandre de. *Direito Constitucional.* 34 ed. São Paulo: Atlas, 2018, p. 43.

que aperfeiçoou o desenho do mapa político-institucional da nação, no ideário republicano e federativo, descrito nos capítulos 5 e 6.

Mas o sonho da República nasceu com vicissitudes incontornáveis no sistema eleitoral fadado a produzir eleições fraudadas. A República das Espadas dos marechais e a subsequente República do Café com Leite das oligarquias paulista e mineira se revezavam no poder, consolidando a política dos governadores, que detinham as chaves do tesouro nacional, os arsenais e a pólvora para massacrar conspirações. Após quatro décadas, consolidou-se um forte sentimento de repulsa e de busca da verdade eleitoral sufragada nas urnas, somado à maior crise econômica da história mundial, em 1929.

Conforme detalhado nos capítulos 7, 8 e 9, esse movimento foi capitaneado por Getúlio Vargas, que formou uma Aliança Liberal, com ideologia nacionalista, protecionista e populista, somou forças com militares conservadores e nacionalistas remanescentes das revoltas tenentistas e tomou as rédeas da Revolução de 1930, que, longe de configurar uma revolução popular, tinha as suas raízes em velhos fatores de poder, bem ilustrados na frase do governador de Minas Gerais, Antônio Carlos Ribeiro de Andrada, que havia cedido a sua candidatura a Vargas: "façamos a revolução antes que o povo faça".[271]

Apagavam-se as luzes da República Velha e se acendiam os novos e velhos fatores reais de poder que gravitavam em torno de Vargas, o qual iniciava a sua própria era de domínio, com profundas e significativas transformações que atravessaram duas Repúblicas, em um governo de 15 anos consecutivos, entre 1930 e 1945, no qual foram editados três textos constitucionais pelo poder constituinte de fato, uma (5ª) *Carta provisória*, outorgada pelo Decreto 19.398, de 11 de novembro de 1930, que ocupou o topo da hierarquia normativa do país por 3 anos e 8 meses, até a promulgação da (6ª) *Constituição revolucionária*, de 16 de julho de 1934, de brevíssima duração, uma vez que os revolucionários de 1930 abraçaram o retrocesso, pois as bandeiras do *progressismo* que criava direitos civis, políticos e sociais e as do *conservadorismo* que buscava a preservação de direitos da ordem social, moral e nacionalista, da liberdade política e econômica transmudaram para o *autoritarismo* que matou a Constituição de 1934 e outorgou a da (7ª) *Carta polaca*, de 10 de novembro de 1937, que, no discurso de produzir um "Estado Novo", extinguiu a Justiça Eleitoral inspirada na malfadada pregação

---

[271] SALDANHA, Nelson. *Op. cit.*, p. 292.

decisionista de Carl Schmitt pela hegemonia do Executivo e, portanto, possuía natureza fascista, ditatorial e manteve Vargas no poder, turbinada pela decretação de poderosas Leis Constitucionais, até a redemocratização do país, em 1945.

O "Estado Novo" morreu e teve o seu velório preparado pelo bico da pena de José Linhares, que, em 23 de janeiro de 1946, decretou a última Lei Constitucional, a de número 21, que determinava a proclamação pelo Tribunal Superior Eleitoral do Presidente da República eleito em 2 de dezembro de 1945, Eurico Gaspar Dutra.

A heterogênica Constituinte liberal de 1946 reunia fatores de poder dos mais variados campos. Participaram democratas, republicanos, socialistas, comunistas, católicos, getulistas, integralistas, em movimentos conservadores e progressistas. O resultado foi uma Constituição promulgada com traços liberais, que restaurou valores democráticos subtraídos pelo Estado Novo, em especial, direitos civis e políticos, pluripartidarismo, independência dos poderes, princípio federativo, autonomia para Estados e Municípios, liberdade de culto e de pensamento e ampliação das conquistas do Estado social para o trabalhador.

Todo esse espírito democrático recuperado, de restauração e conservação dos direitos anteriormente adquiridos, bem como a vontade de progresso, aspectos que forjaram a (8ª) *Constituição liberal*, de 18 de setembro de 1946, foram gradativamente mitigados e mutilados durante os seus 20 anos de vigência.

No auge da crise, em 13 de março de 1964, ao mesmo tempo em que o então presidente João Goulart realizava gigantesco comício na Central do Brasil para anunciar as suas *reformas de base* para milhares de operários, com a participação de líderes socialistas no palanque, outros fatores de poder da sociedade civil mobilizavam os *conservadores* e promoviam enormes passeatas, com milhares de pessoas, denominadas "Marchas por Deus e pela Família", visando sensibilizar a opinião pública contra o Governo.

Esse período foi marcado por uma série de denúncias contra o governo, conspirações e levantes militares, que, somados aos movimentos conservadores descritos no capítulo 10, desaguaram na autoproclamada Revolução de 1964, que implementou o regime militar por outros 21 anos no Brasil.

Na realidade, o *conservadorismo* de movimentos sociais, com o apoio de fatores internos e externos, foi determinante para a implementação do *autoritarismo* consubstanciado no regime militar, que destruiu e sepultou a Constituição de 1946, por meio de sucessivos atos institucionais, complementares e do Comando Supremo da Revolução, que usurparam a soberania popular, suprimiram direitos civis, políticos e sociais e implementaram a supremacia do Poder Executivo através de censura, violência e repressão, com o fechamento efetivo de casas legislativas e a submissão do Judiciário. Em 9 de abril de 1964, o Regime Militar publicou a sua primeira Lei Fundamental, com roupagem de Ato Institucional, era uma (9ª) *Carta troica* outorgada por um triunvirato militar que representava o autoproclamado "Poder Constituinte originário da Revolução Vitoriosa", que mutilava a Constituição de 1946, mas, de fato, instituía uma nova ordem Constitucional no país. Na sequência, em 27 de outubro de 1964, o regime publica uma nova (10ª) *Carta autoritária*, outorgada por meio do Ato Institucional nº 2, o qual evoca o mesmo poder constituinte originário de fato, se coloca no topo da hierarquia das normas do Estado e mantém a Constituição de 1946 subordinada e despedaçada, naquilo que a nova *Carta* constitucional não a revogou.

Nesse ambiente normativo insalubre o AI-4 determinou que o então subserviente Congresso Nacional se reunisse para obrigatoriamente aprovar a (11ª) *Carta Congressual*, de 24 de janeiro de 1967, uma verdadeira outorga, por um Legislativo mutilado e tão submisso ao regime militar que lançou mão de insólito artifício para cumprir o prazo determinado pela ditadura: a paralisação do relógio do Plenário do Congresso Nacional.

E, por compreender que a Carta de 1967 não era satisfatória para garantir o projeto autoritário, em 13 de dezembro de 1968, o Regime Militar igualmente lançou mão do autoproclamado poder constituinte originário para editar o mais violento de todos os seus atos, o mais nefasto texto constitucional que já vigorou no Estado brasileiro, uma (12ª) *Carta ditatorial* denominada Ato Institucional nº 5, que aprofundou a ditadura militar e manteve a Carta de 1967 subordinada, no pouco que sobrou. De fato, a *Carta ditatorial* consubstanciada no AI-5 se manteve em vigor, simultaneamente, como uma espécie de "Constituição ditatorial sombra" até a sua revogação, em 11 de outubro de 1978.

Durante esse período, em 17 de outubro de 1969, sobreveio a (13ª) *Carta emendada*, pela inusitada fórmula de Emenda Constitucional nº 1, com 200 artigos embutidos no 1º, revogando e reescrevendo integralmente a Carta de 1967, para incorporar o conteúdo normativo dos atos institucionais, na sombra do AI-5, institucionalizando mais um degrau do retrocesso constitucional de um Estado autoritário que durou 21 anos, conforme detalhado nos capítulos 11, 12, 13, 14 e 15.

Com o enfraquecimento do regime, em 1979, o presidente João Batista Figueiredo sancionou a chamada Lei de Anistia, controverso ato normativo que concedeu perdão a todos (inclusive aos assassinos, sequestradores, torturadores e estupradores) os que cometeram crimes supostamente políticos ou conexos, crimes eleitorais, bem como aos que tiveram seus direitos políticos suspensos e aos servidores públicos civis e militares punidos e demitidos com fundamento nos Atos Institucionais e Complementares.

No campo das agremiações políticas, a Lei 6.767, de 1979, restabeleceu o pluripartidarismo e extinguiu as agremiações existentes. Assim, os fatores reais do poder estavam redesenhados, com novas forças políticas organizadas, um grande anseio tomava conta do país, pela liberdade e pelo fortalecimento da democracia. O regime ainda daria seus últimos suspiros de autoritarismo, mas já se consolidava na sociedade uma vontade incontrolável de contenção do poder repressivo do Estado e de pleno exercício dos direitos da cidadania, traço predominante da República Cidadã que se desenhava.

Além desse quadro repressor, uma aguda crise econômica e novos fatores de poder estavam mobilizados. O povo saiu às ruas pela realização de eleições diretas para presidente e vice-presidente da República. O movimento denominado "Diretas Já" se agigantou em apoio à Emenda Constitucional de autoria do deputado Dante de Oliveira, que apontava para as eleições diretas. A emenda foi derrotada na Câmara dos Deputados pelas forças conservadoras do retrocesso, em 25 de abril de 1984, por falta de quórum, mas a semente democrática estava bem plantada pelos democratas.

A (14ª) Constituição da República Federativa do Brasil, promulgada em 5 de outubro de 1988, consolidou a vitória do processo de redemocratização, após 21 anos de regime militar. Os trabalhos da Assembleia Nacional Constituinte convocada pelo presidente José Sarney e instalada no dia 1º de fevereiro de 1987 duraram mais de 20 meses, com a participação de 72 senadores e 487 deputados federais.

A Constituição de 1988 foi denominada "Constituição Cidadã" pelo Deputado Federal Ulysses Guimarães, presidente da Assembleia Nacional Constituinte, em razão da ampla participação de entidades representativas, por meio dos Constituintes, com 12 mil sugestões coletadas, e dos cidadãos por meio do projeto "Diga Gente e Projeto

Constituição", que distribuiu 5 milhões de formulários, disponibilizados nas agências dos correios, coletando 72.719 sugestões.

O traço marcante da Constituição Federal de 1988 é, sem dúvida nenhuma, o fortalecimento do rol de direitos e garantias fundamentais dos cidadãos, para evitar que abusos voltassem a ocorrer no Estado Democrático de Direito.

A seguir, o quadro completo dos 14 textos constitucionais que estiveram em vigor no Brasil, todos dissecados ao longo desde estudo, os quais instauraram uma nova ordem constitucional, investidos de um poder constituinte de fato ou de direito, legítimo ou usurpador da soberania popular, e que ocuparam o topo da pirâmide hierárquica das leis nacionais, durante certo lapso temporal.

COLAPSO CONSTITUCIONAL DO BRASIL - PROFUSÃO DE TEXTOS CONSTITUCIONAIS

	CONSTITUIÇÕES DO BRASIL	NOMENCLATURA FORMAL	VIGÊNCIA INICIAL	SUBSCRITOR	VIGÊNCIA FINAL	DURAÇÃO	PERÍODO	PIRÂMIDE NORMATIVA	ARTIGOS
1ª	CONSTITUIÇÃO JURADA (1821)	Constituição Política da Monarquia Espanhola, Cadiz, 18.03.1812	21.04.1821	D. João VI (Decreto Real)	22.04.1821	1 dia	Brasil Colônia	Topo da hierarquia jurídica	384
2ª	CARTA NATIVA (1824)	Constituição Política do Império do Brasil	25.03.1824	D. Pedro I	15.11.1889	65 anos e 7 meses	Brasil Império	Topo da hierarquia jurídica	179
3ª	CARTA EMERGENCIAL (1889)	Decreto 1/1889	15.11.1889	Marechal Manoel Deodoro da Fonseca	24.02.1891	1 ano e 3 meses	Primeira República	Topo da hierarquia jurídica	11
4ª	CONSTITUIÇÃO REPUBLICANA (1891)	Constituição da República dos Estados Unidos do Brasil	24.02.1891	Prudente José de Moraes Barros	11.11.1930	39 anos e 8 meses	Primeira República	Topo da hierarquia jurídica	91
5ª	CARTA PROVISÓRIA (1930)	Decreto 19.398/1930	11.11.1930	Getúlio Vargas	16.07.1934	3 anos e 8 meses	Segunda República	Topo da hierarquia jurídica	18
6ª	CONSTITUIÇÃO REVOLUCIONÁRIA (1934)	Constituição da República dos Estados Unidos do Brasil	16.07.1934	Ribeiro de Andrada (presidente da Constituinte)	10.11.1937	3 anos e 3 meses	Segunda República	Topo da hierarquia jurídica	187
7ª	CARTA POLACA (1937)	Constituição dos Estados Unidos do Brasil	10.11.1937	Getúlio Vargas	18.09.1946	8 anos e 10 meses	Terceira República	Topo da hierarquia jurídica	187
8ª	CONSTITUIÇÃO LIBERAL (1946)	Constituição dos Estados Unidos do Brasil	18.09.1946	Fernando de Mello Vianna (presidente da Constituinte)	Limitada pelo AI, de 09.04.64; AI-2, de 27.10.65, até a Carta de 15.03.67	20 anos e 5 meses	Quarta República	Topo, até o advento do AI-1 e AI-2	222
9ª	CARTA TROICA (1964)	Ato Institucional	09.04.1964	Triunvirato Militar - Gen. Costa e Silva, Ten. Brig. Correia de Mello, Vice-Alm. Augusto Rademaker	31.01.1966 (art. 11)	1 ano e 9 meses	Quinta República	Topo da hierarquia jurídica	11
10ª	CARTA AUTORITÁRIA (1965)	Ato Institucional 2	27.10.1965	Marechal Humberto de Alencar Castello Branco	15.03.1967 (art. 33)	1 ano e 4 meses	Quinta República	Topo da hierarquia jurídica	33
11ª	CARTA CONGRESSUAL (1967)	Constituição da República Federativa do Brasil	15.03.1967 (publicada em 24.01.67)	Batista Ramos (Pr. da Mesa da Câmara) e Moura Andrade (Pr. da Mesa do Senado)	Limitada pelo AI-5, de 13.12.68, revogada pela EC 1, de 30.10.69	2 anos e 8 meses	Quinta República	Topo, até o advento do AI-5	189
12ª	CARTA DITATORIAL (1968)	Ato Institucional 5	13.12.1968	Gen. Arthur Costa e Silva	01.01.1979 (art. 4 da EC 11/78)	10 anos	Quinta República	Topo da hierarquia jurídica	12
13ª	CARTA EMENDADA (1969)	Emenda Constitucional 1/1969	30.10.1969	Triunvirato Militar - Alm. Augusto Rademaker; Gen. Lyra Tavares; Brig. Souza e Mello	Sombreada pelo AI-5, de 13.12.68, até a Constituição de 05.10.1988	18 anos e 11 meses	Quinta República	Topo da hierarquia jurídica	2 artigos, com 200 embutidos no 1º
14ª	CONSTITUIÇÃO CIDADÃ (1988)	Constituição da República Federativa do Brasil	05.10.1988	Ulysses Guimarães (presidente da Constituinte)	Em vigor	Atual < 33 anos	Sexta República	Topo da hierarquia jurídica	250

ALMEIDA NETO, Manoel Carlos de. O Colapso das Constituições do Brasil: uma reflexão pela democracia. São Paulo: FADUSP, 2021

É necessário rememorar a breve evolução histórica por razão da morte das nossas Constituições escritas para demonstrar que, para garantir a sobrevivência do Estado Democrático de Direito no Brasil, é preciso estar atento ao conflito permanente entre os fatores reais de poder e as Constituições formais. De um lado, esses elementos reais de força político-social consubstanciam a nossa Constituição material paralela, não escrita e pertencente ao mundo do ser, com força e poder para modificar ou revogar os textos constitucionais escritos. De outro lado, a nossa atual Constituição formal, escrita pelos Constituintes de 1988, que salvaguarda o *dever ser* das regras do jogo democrático e da cidadania. O resultado desse duelo é o nascimento e a morte de regras constitucionais, pelo *progressismo, conservadorismo* ou *autoritarismo*.

Na defesa das regras do jogo democrático, Bobbio adverte que o Direito é feito pelos juízes, enquanto as Constituições são feitas pelas forças políticas, "uma coisa é a Constituição formal, outra coisa a Constituição real, ou material, como dizem os juristas, e é com esta segunda que se deve ajustar as contas".[272]

É necessário, pois, que os elementos de poder legítimos estejam permanentemente mobilizados e firmes no propósito de defender e fortalecer as instituições democráticas antes, durante e depois da manifestação escrita do Poder Constituinte originário, para impedir retrocessos, uma vez que a longevidade de uma Constituição escrita está diretamente ligada ao equilíbrio de forças político-sociais que correspondem aos fatores de poder que regem um país.

Uma das mais relevantes batalhas entre as *Constituições Paralelas do Brasil*, entre tantas outras, ocorreu no campo jurídico do Supremo Tribunal Federal, o STF.[273] De um lado, a Constituição escrita reza que "ninguém será considerado culpado até o trânsito em julgado da sentença penal condenatória". De outro lado, a Constituição não escrita era impulsionada por fatores reais de poder que buscavam – e ainda buscam – uma significativa mutação constitucional pela via jurídico-interpretativa, a permitir o encarceramento de réus em processos penais após decisão condenatória em 2ª instância recursal, antes, portanto, de uma sentença judicial definitiva.

---

[272] BOBBIO, N. *O futuro da democracia*: uma defesa das regras do jogo. Trad. Marco Aurélio Nogueira. Rio de Janeiro: Paz e Terra, 1986, p. 135.

[273] BRASIL. Supremo Tribunal Federal. Ações Declaratórias de Constitucionalidade 43, 44 e 54, Rel. Min. Marco Aurélio, Sessão Plenária de 7.11.2019.

O debate constitucional não era novo. Durante os trabalhos da Assembleia Nacional Constituinte, inúmeras propostas que pretendiam limitar o princípio constitucional da presunção de inocência foram rejeitadas, como a Emenda Substitutiva 670, do deputado Bonifácio de Andrada: "Presume-se inocente todo acusado, até que haja declaração judicial de culpa"; a Emenda 4014, do deputado Theodoro Mendes: "O acusado terá direito a ampla defesa, será presumido inocente antes de condenado e, quando preso ou detido, será ouvido na presença de seus defensores"; a Emenda 28.797, do Deputado Jorge Leite: "o acusado terá direito a ampla defesa, será presumido inocente antes de condenado", entre outras, todas descartadas pelo Poder Constituinte fundacional.

Diante da opção do Constituinte originário, no Supremo a ministra Rosa Weber advertiu: "Gostemos ou não, esta é a escolha político-civilizatória manifestada pelo Poder Constituinte, e não reconhecê-la importa reescrever a Constituição para que ela espelhe o que gostaríamos que dissesse, em vez de a observarmos. O Supremo Tribunal Federal é o guardião do texto constitucional, não o seu autor".[274]

Na mesma linha, o ministro Gilmar Ferreira Mendes ressalvou: "Contudo, essa opção precisaria ser feita pelo legislador brasileiro e não por nós julgadores, que devemos interpretar a Constituição Federal e a legislação nos limites lá fixados. Não podemos alterar os textos constitucional e legal, que são expressos ao determinar que se aguarde o trânsito em julgado. Precisamos perceber que essa é uma opção do Poder Legislativo, e é lá o local onde tal debate deve se dar de modo legítimo e louvável".[275]

Em sentido contrário, o ministro Luiz Fux defendeu que o Tribunal sopesasse a opinião pública sobre o tema e atuasse também a partir de uma função política: "Não cabe a este Tribunal desconsiderar a existência de um descompasso entre a sua jurisprudência e a hoje fortíssima opinião popular a respeito do tema. Sua função política, participando da soberania popular ao lado dos outros poderes, é relevante no exercício da *judicial review*".[276]

Em clara alusão ao sentido sociológico de Constituição preconizado por Lassalle e à luta dos fatores reais de poder que compõem

---

[274] *Ibidem*, p. 181.
[275] *Ibidem*, p. 334.
[276] *Ibidem*, p. 237.

a Constituição material analisada no capítulo 2 deste livro, o ministro Ricardo Lewandowski refletiu:

> A nossa Constituição – convém lembrar – não é uma mera folha de papel, que pode ser rasgada sempre que contrarie as forças políticas do momento. Ao revés, a Carta Magna possui força normativa suficiente para fazer com que seus preceitos, notadamente aqueles que garantem os direitos individuais e coletivos das pessoas, sejam cabalmente observados, ainda que anseios momentâneos, mesmo aqueles tidos como prioritários em um determinado momento histórico – a exemplo do combate à corrupção, que um setor mais mobilizado da sociedade, politicamente motivado, hoje reclama com estridência – requeiram solução diversa. É que a única saída legítima para qualquer crise, real ou imaginária, em um regime que se pretenda democrático, consiste justamente no incondicional respeito às normas constitucionais.[277]

O então decano do STF, ministro Celso de Mello, ressaltou que "Nada compensa a ruptura da ordem constitucional, porque nada recompõe os gravíssimos efeitos que derivam do gesto de infidelidade ao texto da Lei Fundamental, como adverte Konrad Hesse", e justificou a sua posição: "É que uma Constituição democrática – muito mais do que um estatuto de organização do poder e de garantia das liberdades públicas – reveste-se de alta significação emblemática, pois representa a expressão mais intensa do processo de transformação histórica da sociedade e do Estado, nela concentrando-se o modelo legitimador das práticas governamentais e do exercício dos direitos, garantias e deveres individuais e coletivos".[278]

Sobre a pressão da opinião pública ou publicada nos veículos de comunicação, o ministro-decano rebateu: "Se é certo, portanto, Senhor Presidente, que esta Suprema Corte constitui, por excelência, um espaço de proteção e defesa das liberdades fundamentais, não é menos exato que os julgamentos do Supremo Tribunal Federal, para que sejam imparciais, isentos e independentes, não podem expor-se a pressões externas, como aquelas resultantes do clamor popular e da pressão das multidões, sob pena de completa subversão do regime constitucional dos direitos e garantias individuais e de aniquilação de inestimáveis prerrogativas essenciais que a ordem jurídica assegura a qualquer réu mediante instauração, em juízo, do devido processo penal".[279]

---

[277] *Ibidem*, p. 255.
[278] *Ibidem*, p. 354.
[279] *Ibidem*, p. 351.

Em 7 de novembro de 2019, nos autos das Ações Declaratórias de Constitucionalidade 43, 44 e 54, de relatoria do ministro Marco Aurélio, autor do voto-condutor que foi acompanhado pela ministra Rosa Weber e pelos ministros Ricardo Lewandowski, Gilmar Mendes, Celso de Mello e o então presidente José Antônio Dias Toffoli,[280] por apertada maioria de 6 votos a 5, o plenário do Supremo confirmou a necessidade de trânsito em julgado para a execução da prisão em segunda instância, conforme o Texto Constitucional escrito.

Apesar dos múltiplos fatores reais de poder mobilizados em grupos relevantes da sociedade brasileira que pretendiam reescrever a Constituição, o duelo judicial das *Constituições Paralelas do Brasil* no referido julgamento do Supremo Tribunal Federal, longe de significar um abalo em nossas instituições democráticas, ao contrário, as fortaleceu.

É que os cinco ministros cujos votos restaram vencidos no referido julgamento – os ministros Alexandre de Moraes, Edson Fachin, Roberto Barroso, Luiz Fux e Cármen Lúcia – proferiram substanciosos votos, todos lastreados nos mais elevados fundamentos e princípios da Constituição formal, que autorizariam, no olhar desses julgadores, uma interpretação constitucional no sentido de que a Constituição Federal brasileira não condiciona o início da execução da pena de prisão, ao trânsito em julgado da decisão judicial condenatória.

Fora da arena jurídica, não são frágeis nem desimportantes os fundamentos defendidos por grupos de poder da sociedade civil mobilizados no firme propósito de modificar a Constituição escrita, por razões legítimas civilizatórias ou ilegítimas de escalada de poder político. Todavia, o campo democrático mais legítimo e recomendável para reescrever a Constituição, sem dúvida nenhuma, é o Congresso Nacional, expressão da soberania popular que abriga o Poder Constituinte derivado, com autorização do povo para aprimorar e reformar as normas constitucionais escritas.

Deixando de lado o campo jurídico, o perigo de vida para as Constituições realmente surge quando, para muito além de compreensíveis batalhas judiciais de hermenêutica constitucional, os fatores

---

[280] "Decisão: O Tribunal, por maioria, nos termos e limites dos votos proferidos, julgou procedente a ação para assentar a constitucionalidade do art. 283 do Código de Processo Penal, na redação dada pela Lei nº 12.403, de 4 de maio de 2011, vencidos o Ministro Edson Fachin, que julgava improcedente a ação, e os Ministros Alexandre de Moraes, Roberto Barroso, Luiz Fux e Cármen Lúcia, que a julgavam parcialmente procedente para dar interpretação conforme. Presidência do Ministro Dias Toffoli. Plenário, 07.11.2019" (Cf. Extrato de Ata. *Ibidem*, p. 487-489).

reais de poder – por razões ilegítimas – objetivam mitigar e até derrubar instituições democráticas.

Para além dos Tribunais, na arena política, a Constituição Cidadã de 1988, pactuada em uma folha de papel, convive com o risco permanente de ser rasgada por certos e históricos fatores reais de poder que compõem a nossa Constituição material paralela, real e não escrita, os quais ressurgem de maneira cíclica, sob o mesmo viés caótico e autoritário, para retroceder nos direitos e garantias fundamentais, enfraquecer e demolir as instituições do Estado Democrático de Direito.

De fato, são alarmantes os atuais movimentos de grupos organizados da sociedade em campanha aberta pelo fechamento do Congresso Nacional e do Supremo Tribunal Federal, em busca de uma hegemonia do Poder Executivo, na mesma linha ideológica de Carl Schmitt, que, em 1931, foi a base de sustentação teórica do Estado totalitário nazista, conforme já examinado no segundo capítulo.

Esses velhos grupos de fatores reais de poder são os mesmos que, no Brasil, redigiram a Carta polaca de 1937 e implementaram um regime militar que durou 21 anos, em 1964. Não é por outra razão que essas alianças inclusive saem hoje nas ruas com faixas e cartazes pregando abertamente o retorno da ditadura militar, o fechamento do Congresso Nacional e do Supremo Tribunal Federal.

Hannah Arendt expõe sobre o modo perturbador com que os regimes totalitários cuidavam da questão constitucional, sempre no objetivo de suprimir liberdades democráticas, e lembra que "a Constituição stalinista de 1936 teve exatamente o mesmo papel que a Constituição de Weimar sob o regime nazista: completamente ignorada, nunca foi abolida", uma vez que os nazistas governaram por uma avalanche de leis e decretos,[281] embalados pelos fatores reais de poder da Constituição material alemã.

Por outro lado, o exemplo das Constituições não escritas de países como a Inglaterra e Israel demonstra que regimes democráticos vigorosos podem existir e sobreviver desde que os fatores reais de poder dos Estados mantenham bons costumes democráticos em suas Constituições materiais.

O resultado do *inconformismo constitucional permanente* e atemporal que reina em nosso país é o colapso das nossas Constituições. Os fatores reais de poder que compõem a nossa *Constituição material*

---

[281] ARENDT, Hannah. *Origens do totalitarismo*. Trad. Roberto Raposo. São Paulo: Companhia das Letras, 2012, pp. 440, 532 e 533.

paralela, notadamente os autoritários, não possuem nenhum compromisso com a estabilidade constitucional democrática do Brasil, onde já vigoraram quatorze textos constitucionais e, por essa razão, são os responsáveis pela balbúrdia institucional e pelo retrocesso estampado em índices inaceitáveis de desenvolvimento humano.

É preciso atentar para o fato de que a Constituição material paralela do Brasil, consubstanciada nos fatores reais de poder, possui também um viés autoritário escamoteado e costuma mitigar as liberdades públicas, como a de reunião, de informação e de expressão, pela via da censura e aparelhamento das instituições democráticas, muitas vezes autonomizadas,[282] em detrimento dos direitos e garantias fundamentais, devidamente abrigados na Constituição cidadã.

A aludida liberdade de expressão não vive sem a liberdade de imprensa, essas devem caminhar lado a lado, sob pena de sua nulidade, por violar a própria essência democrática defendida. A propósito, John Stuart Mill assentou que "nenhuma sociedade onde tais liberdades não estejam inteiramente respeitadas é livre, qualquer que seja a sua forma de governo, e ninguém é completamente livre naquela em que elas não existam absolutas e irrestritas", e advertiu mais: "o dano peculiar de silenciar a expressão de uma opinião é o de que se está roubando a raça humana, tanto a posteridade quanto a geração atual e ainda mais aqueles que discordam da opinião do que aqueles que a sustentam".[283]

É imprescindível permanente atenção para identificar os movimentos autoritários que sempre andaram pelas ruas do Brasil que, camuflados em bandeiras clássicas do conservadorismo, em proteção da ordem, moralidade, segurança, liberdade, propriedade, família, pervertem esses preciosos anseios sociais para assaltar a soberania popular, reprimir os direitos civis e políticos e subordinar o Legislativo e o Judiciário à hegemonia do Executivo.

Esse retrocesso civilizatório é perquirido por movimentos autoritários que possuem como método de trabalho uma atividade constante e organizada de ataque às instituições do Estado, as quais pretendem desacreditar, no propósito de arregimentar fatores reais de poder para derrubar a Constituição democrática.

---

[282] LEWANDOWSKI. E. R. Autonomização das corporações. *Folha de São Paulo*, edição impressa, 6 maio 2019.
[283] MILL, John Stuart. *Utilitarism, on liberty and representative government*. London: Dent & Sons, 1968, p. 122-218.

É fundamental repudiar o autoritarismo, preservar as instituições democráticas, a classe política como expressão da soberania popular, a imprensa livre, a Ordem dos Advogados do Brasil, o Ministério Público e o Poder Judiciário, com realce para o Supremo Tribunal Federal, a quem os constituintes de 1988 confiaram, precipuamente, a guarda da Constituição.

POSFÁCIO

A HISTÓRIA COMO TRAGÉDIA OU COMO FARSA

O primeiro passo para se compreender as vicissitudes pelas quais passaram as Constituições brasileiras é conhecer a verdadeira história delas. Não se mostra aceitável que, passados mais de duzentos anos desde a vigência da primeira Constituição – diga-se, alienígena –, datada 21 de abril de 1821, *La Pepa*, que passou a vigorar no Brasil-Colônia por decreto real de D. João VI, a nação ainda não tenha uma percepção clara acerca dos fatos e circunstâncias que determinaram a vida e a morte de suas leis supremas.

Não há sequer consenso quanto ao número exato de Cartas Magnas que vigoraram entre nós. Exatamente por isso é que a obra *O Colapso das Constituições do Brasil: uma reflexão pela democracia*, da lavra do professor Manoel Carlos de Almeida Neto, possui o mérito de revelar, com ineditismo acadêmico e rigor científico, quais foram e no que consistiram os quatorze textos constitucionais que vigoraram no Brasil, desde o período colonial até os dias atuais, passando pelo Império e as distintas fases da República.

A grande maioria dos doutrinadores, e mesmo instituições de Estado como o Senado e a Câmara dos Deputados, converge em reconhecer a vigência, entre nós, de apenas sete Constituições, desconsiderando as evidências de que estivemos submetidos a mais outros sete diplomas normativos de hierarquia constitucional, situados no topo do ordenamento jurídico, responsáveis, cada qual a seu tempo, pela instauração de um novo arranjo político-institucional, por obra de um poder constituinte originário, de fato ou de direito.

Lastreado em uma releitura dos clássicos da Teoria Geral do Estado, particularmente enriquecida com as percepções de Agamben, Arendt, Bobbio, Bodin, Constant, Engels, Esmein, Heller, Hobbes,

Kelsen, Lassalle, Locke, Malberg, Maquiavel, Marx, Mill, Montesquieu, Rousseau, Schmitt, Sieyès, Tocqueville, dentre outros pensadores de escol, o autor da presente obra percorre extensamente os últimos dois séculos de nossa cronologia histórica para demonstrar que não é possível ignorar a insopitável propensão dos brasileiros – quiçá atávica – em alterar, de tempos em tempos, a realidade política, econômica e social por meio de uma – não raro heterodoxa – atividade constituinte.

O resultado dessa verdadeira compulsão legiferante produziu mais sete textos constitucionais, além dos sete oficialmente reconhecidos, possivelmente resultante, nas palavras do autor, de um "inconformismo constitucional permanente". Trata-se, para ele, de um fenômeno sociológico que corresponde a um "sentimento atemporal de aversão a certa Constituição escrita promulgada ou outorgada".

Complementa a ideia assentando que tal inconformismo levou a "movimentos invariáveis de fomento constitucional – legítimos ou ilegítimos – em busca de concreta alteração, supressão ou revogação da Lei Fundamental, no todo ou em parte relevante, em razão das diferentes percepções do que seja uma Constituição".

A partir dessa compreensão, explica, com invulgar didatismo, que, além das Cartas Políticas consensualmente reconhecidas pelos estudiosos, a saber, as de 1824, 1891, 1934, 1937, 1946, 1967 e 1988, outros textos, dotados de supremacia, porquanto situados no ápice da pirâmide normativa, vigoraram em território nacional, a exemplo da Constituição de Cádiz, espanhola, jurada e publicada no Brasil em 21 de abril de 1821, mas que vigorou apenas até o dia subsequente. Não obstante a sua efemeridade, pondera que ela "integra a história constitucional do Brasil e nos ajuda a compreendê-la".

Inclui, ademais, o Estatuto Constitucional de Emergência, de 15 de novembro de 1889, que colocou fim ao Império, proclamou a República e governou a nação por um ano e três meses. Também arrola a Carta Constitucional Provisória, de 11 de novembro de 1930, que comandou o país por três anos e oito meses.

Abarca, ainda, a Carta Institucional, de 9 de abril de 1964, baixada por um triunvirato militar, bem assim a Carta Institucional 2, de 27 de outubro de 1965, e a Carta Institucional 5, de 13 de dezembro de 1968, todas dotadas de preâmbulos, nos quais se esclarece que foram outorgadas em nome de um autoproclamado *"Poder Constituinte originário da Revolução Vitoriosa"* para fundar uma nova ordem político-institucional.

Por fim, faz menção à Emenda Constitucional 1, de 30 de outubro de 1969, em verdade uma nova Constituição, a qual, na prática, revogou e reescreveu a totalidade dos dispositivos da Carta de 1967, imposta pelos detentores do poder ao Congresso Nacional, cuja aprovação se deu dentro do prazo estipulado pelo Ato Institucional 4/1966, marcada, convém recordar, por um episódio de triste memória: a paralisação do relógio do plenário da Assembleia Constituinte para cumprir o referido limite temporal, conforme revelado no capítulo 15 desta obra.

Analisa, também, com característica proficiência, 21 Leis Constitucionais, 17 Atos Institucionais, 9 Atos do Comando Supremo da Revolução, 105 Atos Complementares e outros decretos de exceção que integraram a nossa – nem sempre recomendável – crônica constituinte.

Ao defender a existência de quatorze textos constitucionais no Brasil, promulgados ou outorgados, o autor não está isolado. Ao contrário, sua constatação encontra amparo na opinião de renomados constitucionalistas, como Afonso Arinos, Aurelino Leal, Alexandre de Moraes, Paulo Bonavides, Celso Ribeiro Bastos, Ferreira Filho, Pimenta Bueno, Ruy Barbosa, José Afonso da Silva, Nelson Saldanha, Victor Nunes Leal, Gilmar Mendes, Fábio Konder Comparato, entre outros, que reconhecem a força normativa superior de certos atos normativos, situados no topo do ordenamento legal pátrio, incompreensivelmente excluídos do cômputo dos diplomas legais dotados de *status* constitucional.

Essa realidade, ainda carecedora de uma explanação mais abrangente por parte da literatura especializada, é agora decifrada pelo autor no presente livro, cujo maior mérito é o de "retirar os esqueletos" de nosso "armário constitucional", ao revelar os bastidores da gênese das várias "constituições" brasileiras, fazendo-o por meio de uma linguagem simples e despretensiosa, própria daqueles que conhecem em profundidade o assunto do qual tratam.

Outro aspecto relevantíssimo, enfrentado com invulgar originalidade, é o permanente conflito entre as constituições escritas *versus* as não escritas, mediante o qual busca explicar o nascimento e a morte de nossas Cartas Políticas, quer as legitimamente promulgadas, quer as impostas pela força.

Nesse sentido, identifica três movimentos que coincidem com os "fatores reais do poder", quais sejam: o *progressismo*, "que move a sociedade para frente, em direção à criação e recuperação de direitos civis e políticos fundamentais, inclusive de minorias, para transformação multicultural e científica e elevação do seu padrão civilizatório"; o *conservadorismo*, "que busca a preservação de direitos adquiridos da ordem social, moral e nacionalista, da liberdade política e econômica e da estabilidade das instituições tradicionais como a propriedade, a igreja e a família"; e, finalmente o *autoritarismo*, "camuflado em roupagem geralmente conservadora e que brandindo bandeiras do moralismo, segurança e ordem públicas, assalta a soberania popular, reprime os direitos civis e políticos fundamentais, subordina os poderes Legislativo e Judiciário ao Executivo e, por essas razões, propõe verdadeiro retrocesso civilizatório".

A partir daí conclui que a atual "Constituição cidadã", assim batizada por Ulysses Guimarães – a qual, a rigor, encontra expressão em um prosaico maço de folhas de papel –, precisa conviver com o constante risco de ser rasgada pelos fatores reais do poder, que compõem "a nossa verdadeira Constituição material paralela, real e não escrita, os quais ressurgem de maneira cíclica, sob o mesmo viés caótico e autoritário, para retroceder nos direitos e garantias fundamentais, enfraquecer e demolir as instituições do Estado Democrático de Direito".

Isso porque, segundo assevera, "são alarmantes os atuais movimentos de grupos organizados da sociedade em campanha aberta pelo fechamento do Congresso Nacional e do Supremo Tribunal Federal, em busca de uma hegemonia do Poder Executivo, na mesma linha ideológica de Carl Schmitt, que, em 1931, foi a base de sustentação teórica do Estado totalitário nazista".

Como se vê, este último trabalho de Manoel Carlos de Almeida Neto, fruto de uma longa e proveitosa pesquisa de pós-doutorado na Faculdade de Direito da Universidade de São Paulo, revela não apenas os dotes acadêmicos de um estudioso do Direito, mas também – e sobretudo – como o nosso passado ainda permanece envolto em densas e escuras nuvens, cumprindo desvendá-lo, sempre e cada vez mais, para que não se materialize a advertência do filósofo alemão Karl Marx, lançada em seu famoso *18 Brumário de Luís Bonaparte*, segundo a qual "todos os fatos e personagens de grande importância histórica ocorrem, por assim dizer, duas vezes [...]: a primeira como tragédia, a segunda como farsa".

Enrique Ricardo Lewandowski
Professor Titular da Faculdade de Direito da USP.
Ministro do Supremo Tribunal Federal.

REFERÊNCIAS

ACCIOLI, Wilson. *Instituições de Direito Constitucional*. Rio de Janeiro: Forense, 1979.

ACKERMAN, Bruce. *O Brasil precisa de nova Constituição*. Correio Braziliense, de 13 de julho de 2020.

ADUSP. *O Livro Negro da USP*: o controle ideológico na Universidade. São Paulo: Associação dos Docentes da USP, 1979.

AGAMBEN, Giorgio. *Estado de Exceção*. Trad. Iraci D. Poleti. São Paulo: Boitempo, 2004.

AGRA, Walber de Moura. *Curso de Direito Constitucional*. 9. ed. Belo Horizonte: Fórum, 2018.

AJNENKIEL, Andrzej. *Polskie Konstytucje*. Varsóvia: Wiedza Powszechna, 1983.

ALMEIDA NETO, Manoel Carlos de. *Direito Eleitoral Regulador*. São Paulo: Revista dos Tribunais, 2014.

ALMEIDA NETO, Manoel Carlos de. *O Novo Controle de Constitucionalidade Municipal*. Rio de Janeiro: Forense, 2011.

ALMEIDA NETO, Manoel Carlos de. Juiz Constitucional: Estado e poder no século XXI. In: LEMBO, Cláudio; CAGGIANO, Monica Herman; ALMEIDA NETO, Manoel Carlos de (Coord). *Juiz Constitucional*: Estado e poder no século XXI. São Paulo: Revista dos Tribunais, 2015.

ALVES, Francisco de Assis. *As Constituições do Brasil*. São Paulo: IASP, 1985.

ARAS, Augusto. *Fidelidade Partidária*: a perda do mandato parlamentar. Rio de Janeiro: Lumen Juris, 2006.

ARAS, Augusto. Fidelidade e Ditadura (Intra)Partidárias. Bauru: Edipro, 2011.

ARENDT, Hannah. *Escritos judaicos*. Barueri: Amarilys, 2016.

ARENDT, Hannah. *Origens do totalitarismo*. Trad. Roberto Raposo. São Paulo: Companhia das Letras, 2012.

BAILYN, Bernard. *The Debate on the Constitution. Part One*. New York: The Library of America, 1993.

BALEEIRO, Aliomar. A Constituição de 1946. In: *Constituições brasileiras*, vol. V, 3. ed. Brasília: Senado Federal, 2012.

BARBI, Celso Agrícola. Evolução do controle da constitucionalidade das leis no Brasil. *Revista de Direito Público*, São Paulo, n. 4, 1968.

BARBOSA, Ruy. *Cartas de Inglaterra*: o Congresso e a Justiça no Regimen Federal. 2. ed. São Paulo: Livraria Acadêmica Saraiva & C., 1929.

BARBOSA, Ruy. *Comentários à Constituição Federal brasileira*. v. V. São Paulo: Saraiva, 1934.

BARBOSA, Ruy. *Excursão Eleitoral aos Estados de Bahia e Minas Geraes:* Manifestos à Nação. São Paulo: Casa Garraux, 1910.

BASTOS, Celso Ribeiro. *Curso de Direito Constitucional*. São Paulo: Celso Bastos, 2002.

BOBBIO, N. *O futuro da democracia: uma defesa das regras do jogo*. Marco Aurélio Nogueira (trad.). Rio de Janeiro: Paz e Terra, 1986.

BOBBIO, N.; MATTEUCCI, Nicola; PASQUINO, Gianfranco. *Dicionário de Política*. 11. ed. Brasília: UnB, 1998.

BODIN, Jehan. *Les Six Livres de La République*. Paris: Jacques Du Puys, 1576.

BONAVIDES, Paulo. A prevalência de Cádiz sobre Filadélfia no berço do constitucionalismo brasileiro. *In:* LEMBO, Cláudio; CAGGIANO, Monica Herman; ALMEIDA NETO, Manoel Carlos de (Coord.). *Juiz Constitucional*: Estado e poder no século XXI. São Paulo: Revista dos Tribunais, 2015.

BONAVIDES, Paulo. As nascentes do constitucionalismo luso-brasileiro, uma análise comparativa. *Revista del Instituto de Investigaciones Jurídicas*. México: Universidad Nacional Autónoma de México, 2004.

BONAVIDES, Paulo. *Curso de Direito Constitucional*. 25. ed. São Paulo: Malheiros, 2010.

BRASIL. Câmara dos Deputados. *Annaes da Assembléa Nacional Constituinte 1933-1934*. v. II, Brasília: Imprensa Oficial, 1934.

BRASIL. Constituição do Brasil de 1967 (anais). v. 1. Brasília: 1969.

BRASIL. *Coleção de Leis do Brasil – 1945*, v. 6 e 7. Rio de Janeiro: Imprensa Nacional, 1946.

BRASIL. Coleção de Leis do Brasil – 1889, Páginas 1 a 6 Vol. 1.

BRASIL. Supremo Tribunal Federal. *Ações Declaratórias de Constitucionalidade 43, 44 e 54*, Rel. Min. Marco Aurélio, Sessão Plenária de 7/11/2019.

BRASIL. Tribunal Superior Eleitoral. *60 anos do TSE*: sessão comemorativa no TSE, homenagens do Senado Federal e da Câmara dos Deputados. Brasília: TSE, 2005.

BRITO, Edvaldo. *Limites da Revisão Constitucional*. Porto Alegre: Sérgio Antônio Fabris, 1993.

CANOTILHO, J. J. Gomes. *Direito Constitucional e Teoria da Constituição*. 7. ed. Coimbra: Almedina, 2003.

CAPELA, José Viriato. As freguesias do Distrito de Braga nas memórias paroquiais de 1758. Braga: Barbosa & Xavier, 2003.

CAPELA, José Viriato. Eleições e sistemas eleitorais nos municípios portugueses de Antigo Regime. *In:* CRUZ, Maria Antonieta (Org.). *Eleições e sistemas eleitorais*: perspectivas históricas e políticas. Porto: Universidade Porto Editorial, 2009.

CASTRO, Ruy. *Chega de saudade*: a história e as histórias da Bossa Nova. São Paulo: Companhia das Letras, 2016.

CAVALCANTI, Themístocles Brandão. *A Constituição de 1967*. In: *Constituições brasileiras*. volume VI. 3. ed. Brasília: Senado Federal, 2012.

CHEVALLIER, Jean-Jacques. *As grandes obras políticas de Maquiavel a nossos dias*. Rio de Janeiro: Agir, 2002.

CLÈVE, Clèmerson Merlin. *O controle da constitucionalidade das leis e do poder de tributar na constituição de 1988*. Belo Horizonte: Del Rey, 1992.

CLÈVE, Clèmerson Merlin. *A fiscalização abstrata da constitucionalidade no direito brasileiro*. São Paulo: RT, 2000.

COÊLHO, Marcus Vinícius Furtado. *Garantias constitucionais e segurança jurídica*. Belo Horizonte: Fórum, 2015.

COMPARATO, Fábio Konder. *A Afirmação Histórica dos Direitos Humanos*. São Paulo: Saraiva, 2007.

COMPARATO, Fábio Konder. Num Brasil de duas Constituições concomitantes, a democracia é incompleta. *Revista IHU*, 30 abr. 2018.

CONSTANT, Benjamin. *Cours de Politique Constitutionnelle*. Tome I. Paris: Librairie de Guillaumin, 1872.

COTRIM NETO, A. B. A primeira Constituição rígida do Brasil. In: *Revista de Direito do Ministério Público do Estado da Guanabara*, criada pelo Decreto 1.174, de 2 de agosto de 1966, ano I, n. 2, , vol. 2, p. 30-34, maio/ago.1967.

DALLARI, Adilson de Abreu. Por que convocar uma Constituinte e redigir uma nova Constituição Federal. *Revista Consultor Jurídico*, 5 nov. 2020.

ECHEVERRIA, Regina. *Sarney*: a biografia. São Paulo: Leya, 2011.

ELY, John Hart. *Democracy and distrust*. Cambridge: Harvard University Press, 1980.

ESMEIN, Adhemar. *Éléments de Droit Constitutionnel Français et Comparé*. 5. ed. Paris: Recueil Sirey, 1909.

ESPÍNDOLA. Eduardo. *A Nova Constituição do Brasil*. Rio de Janeiro: Freitas Bastos, 1945.

ESPANHA. Congreso de Los Diputados. Constitución de 1812. Disponível em: https://www.congreso.es/cem/const1812. Acesso em: 21 abr. 2021.

FACHIN, Luiz Edson. *Direito Civil*: sentidos, transformações e fim. Rio de Janeiro: Renovar, 2015.

FERREIRA FILHO, Manoel Gonçalves. *Curso de Direito Constitucional*. 5. ed. São Paulo: Saraiva, 1975.

FERREIRA FILHO, Manoel Gonçalves. *O Poder Constituinte*. 4. ed. São Paulo: Saraiva, 2005.

FERREIRA FILHO, Manoel Gonçalves. A Constituição de 1946. *In*: PORTO, Walter Costa (Org.). *Constituições do Brasil*. Brasília: Instituto Tancredo Neves e Fundação F. Naumann, 1987.

FERREIRA, Luís Pinto. *Princípios Gerais do Direito Constitucional Moderno*. 5. ed., vol. I, São Paulo: Revista dos Tribunais, 1971.

FERREIRA, Manoel Rodrigues. *A evolução do sistema eleitoral brasileiro*. Brasília: Senado Federal, 2001.

FIGUEIREDO, Afonso Celso de Assis. *Oito Anos de Parlamento*. Brasília: UnB, 1983.

FRANCO, Afonso Arinos de Melo. *Curso de Direito Constitucional brasileiro*. 3. ed. Rio de Janeiro: Forense, 2019.

FRANCO, Bernardo Mello. *Mil dias de tormenta*: a crise que derrubou Dilma e deixou Temer por um fio. Rio de Janeiro: Objetiva, 2018.

FUNDAÇÃO GETÚLIO VARGAS. CPDOC. Vargas: para além da vida. A Carta-testamento e o legado de Vargas. Disponível em: https://cpdoc.fgv.br/producao/dossies/AEraVargas2/artigos/AlemDaVida/CartaTest amento. Acesso em: 10 jun. 2021.

GASPARI, Elio. *A ditadura envergonhada*. São Paulo: Companhia das Letras, 2002.

GASPARI, Elio. *A ditadura escancarada*. São Paulo: Companhia das Letras, 2002.

GASPARI, Elio. *A ditadura derrotada*. São Paulo: Companhia das Letras, 2003.

GASPARI, Elio. *A ditadura encurralada*. São Paulo: Companhia das Letras, 2004.

GASPARI, Elio. *A ditadura acabada*. Rio de Janeiro: Intrínseca, 2016.

GOYARD-FABRE, Simone. *Jean Bodin et le Droit de la Republique*. Paris: PUF, 1989.

GRIMM, Dieter. Jurisdição Constitucional e Democracia. *Revista de Direito do Estado*, Rio de Janeiro, n. 4, 2006.

GUEDES, Néviton. O cerco a Hans Kelsen e a crônica de uma injustiça. *Revista Consultor Jurídico*, 30 jul. 2012.

GUTEMBERG, Luiz. *Moisés codinome Ulysses Guimarães*: uma biografia. São Paulo: Companhia das Letras, 1994.

HELLER, Hermann. *Teoría del Estado*. México: Fondo de Cultura Económica/CFE, 2002.

HENIG, Ruth Beatrice. *The Weimar Republic*: 1919-1933. London: Routledge, 1998.

HESSE, Konrad. *A força normativa da constituição*. Trad. Gilmar Ferreira Mendes. Porto Alegre: Fabris, 1991.

HESSE, Konrad. *Elementos de Direito constitucional da República Federal da Alemanha*. Porto Alegre: Fabris,1998.

HOBBES, Thomas. Leviatã, ou a Matéria, a Forma e o Poder de um Estado Eclesiástico e Civil. Trad. Rosina D'Angina. São Paulo: Ícone, 2014.

HOLANDA, Sérgio Buarque de. *História da Civilização Brasileira*. II – O Brasil Monárquico, 5 – Do Império à República. São Paulo: Bertrand, 1992.

HOLANDA, Sérgio Buarque de. *Raízes do Brasil*. São Paulo: Companhia das Letras, 2014.

JOBIM, Nelson; PORTO, Walter Costa. *Legislação Eleitoral no Brasil*: do século XVI a nossos dias. v. 1. Brasília: Senado Federal, 1996.

KELSEN, Hans. *Autobiografia de Hans Kelsen*. Trad. Gabriel Nogueira Dias e José Ignácio Coelho Mendes. Rio de Janeiro: Forense Universitária, 2011.

KELSEN, Hans. *Jurisdição Constitucional*. São Paulo: Martins Fontes, 2003.

KELSEN, Hans. *Teoria Pura do Direito*. São Paulo: Martins Fontes, 2000.

LACOMBE, Américo Jacobina; FRANCO, Afonso Arinos de Mello. *A vida dos grandes brasileiros:* Rui Barbosa. São Paulo: Três, 2001.

LASSALLE, Ferdinand. *A Essência da Constituição*. Rio de Janeiro: Lumen Juris, 2001.

LEAL, Aurelino. *Historia Constitucional do Brasil*. Brasília: Ministério da Justiça, 1994.

LEAL, Victor Nunes. *Coronelismo, Enxada e Voto*. 7. ed. São Paulo: Companhia das Letras, 2012.

LEAL, Victor Nunes. Passado e futuro da súmula do STF. *Revista de Direito Administrativo*, Rio de Janeiro, v. 145, 1981.

LEWANDOWSKI, Enrique Ricardo. *Crise Institucional e Salvaguardas do Estado*. Dissertação de Mestrado. São Paulo: Faculdade de Direito da USP, 1980.

LEWANDOWSKI, Enrique Ricardo. *Proteção dos Direitos Humanos na Ordem Interna e Internacional*. Rio de Janeiro: Forense, 1984.

LEWANDOWSKI, Enrique Ricardo. *Pressupostos materiais e formais da intervenção federal no Brasil*. São Paulo: Revista dos Tribunais, 1994.

LEWANDOWSKI, Enrique Ricardo. Geopolítica constitucional. *Folha de São Paulo*, edição impressa, 31 dezembro 2021.

LEWANDOWSKI, Enrique Ricardo. *Globalização, Regionalização e Soberania*. São Paulo: Juarez de Oliveira, 2004.

LEWANDOWSKI, Enrique Ricardo. Reflexões em Torno do Princípio Republicano. *Revista Justiça & Cidadania*, ed. 74, set. 2006.

LEWANDOWSKI, Enrique Ricardo. Autonomização das corporações. *Folha de São Paulo*, edição impressa, 6 maio 2019.

LIRA NETO, João de. *Getúlio*: da volta pela consagração popular ao suicídio (1945-1954). São Paulo: Companhia das Letras, 2014.

LOCKE, John. *Segundo Tratado sobre o Governo:* ensaio relativo à verdadeira origem, extensão e objetivo do Governo Civil. Trad. E. Jacy Monteiro. São Paulo: Abril Cultural, 1973.

MALBERG, R. Carré. *Contribution à la theorie générale de l'État*. Tome Premier. Paris: Recueil Sirey, 1920.

MAQUIAVEL, Nicolau. *O príncipe*. São Paulo: Companhia das Letras, 2010.

MARKUN, Paulo. *Farol alto sobre as diretas*: 1969-1984. São Paulo: Benvirá, 2014.

MARKUN, Paulo. *Recurso Final:* a investigação da Polícia Federal que levou ao suicídio de um reitor em Santa Catarina. Rio de Janeiro: Objetiva, 2021.

MARTINS, Cristiano Zanin; MARTINS, Valeska Teixeira Zanin; VALIM, Rafael. *Lawfare:* Waging War through Law. New York: Routledge Focus, 2022.

MARTINS, Ives Gandra da Silva; MENDES, Gilmar Ferreira. Controle concentrado de constitucionalidade: comentários à lei n. 9.868, de 10/11/1999. São Paulo: Saraiva, 2001.

MARX, Karl; ENGELS, Friedrich. *Escritos sobre España*: extractos de 1854. Madrid: Trotta, 1998.

MATOS, Miguel. O Código de Machado de Assis: migalhas jurídicas. São Paulo: Migalhas, 2021.

MEIRELLES, Hely Lopes. *Direito Municipal Brasileiro*. 14. ed. São Paulo: Malheiros, 2006.

MILL, John Stuart. Utilitarism, on liberty and representative government. London: Dent & Sons, 1968.

MILL, John Stuart. *Considerações sobre o governo representativo*. Trad. Manoel Innocêncio de L. Santos. Brasília: Universidade de Brasília, 1981.

MIRANDA, Jorge. *Manual de direito constitucional*. Coimbra: Coimbra, 1985.

MONTESQUIEU. *De l'Esprit des Lois. Oeuvres complètes*. v. II, Dijon, Bibliothèque de La Pléiade. Paris: Gallimard, 1951.

MORAES, Alexandre de. *Direito Constitucional*. 34. ed. São Paulo: Atlas, 2018.

MORAIS, Fernando. *Lula: a biografia*. São Paulo: Companhia das Letras, 2021.

MOREIRA, Regina da Luz. *CSN um sonho feito de aço e ousadia*. 2. ed. Rio de Janeiro: Fundação CSN, 2005.

NASSIF, Luís. *Levaram o Reitor*. São Paulo: TVGGN, 2021.

NICOLAU, Jairo Marconi. *Eleições no Brasil*: do Império aos dias atuais. Rio de Janeiro: Zahar, 2012.

NOGUEIRA, Octaciano. *1824/Constituições brasileiras*. Brasília: Senado Federal, 2012.

ORWELL, George. *1984*. Trad. Alexandre Hubner. São Paulo: Companhia das Letras, 2009.

PIMENTA BUENO, José Antônio. Direito Público Brasileiro e Análise da Constituição do Império. Brasília: Senado Federal, 1978.

PONTES DE MIRANDA, Francisco Cavalcanti. *Comentários à Constituição Federal de 10 de novembro de 1937*. Rio de Janeiro: Irmãos Pongetti, 1938.

PORTO MACEDO JR., Ronaldo. *Carl Schmitt e a fundamentação do Direito*. São Paulo: Max Limonad, 2001.

RECONDO, Felipe. *Tanques e togas: o STF e a ditadura militar*. São Paulo: Companhia das Letras, 2018.

RIBEIRO, Fávila. *Direito eleitoral*. 5. ed. Rio de Janeiro: Forense, 2000.

RIVERO, Jean. *Les Libertés Publiques*. Paris: Presses Universitaires de France, 1977.

RODRIGUES, José Honório. *Atas do Conselho de Estado*. Conselho de Estado, O Quinto Poder? Brasília: Senado Federal, 1978.

ROSA, Mário. *A era do escândalo:* lições, relatos e bastidores de quem viveu as grandes crises de imagem. São Paulo: Geração Editorial, 2003.

ROUSSEAU, Jean-Jacques. *Du contract social; ou, Principes du droit politique*. Amsterdam: Chez Marc Michel Rey, 1762.

SALDANHA, Nelson Sampaio. *História das Ideias Políticas no Brasil*. Brasília: Senado Federal, 2001.

SAMPAIO, Nelson de Souza. A Justiça Eleitoral. *Revista Brasileira de Estudos Políticos*, Belo Horizonte, ano 16, n. 34, p. 114, jul. 1972.

SARNEY, José. *25 anos da Constituição Federal*: uma homenagem da advocacia. Brasília: OAB, Conselho Federal, 2013.

SARNEY, José. *Constituição de Cadiz*: Fórum Parlamentar Ibero-Americano, 2012.

SCHMITT, Carl. *Der Hüter der Verfassung*. 5. ed. Berlin: Duncker & Humblot, 2016.

SCHMITT, Carl. *O Guardião da Constituição*. Belo Horizonte: Del Rey, 2007.

SCHMITT, Carl. *Teoría de la Constitución*. México: Nacional, 1996.

SERRANO, Pedro Estevam Alves Pinto. *Autoritarismo e golpes na América Latina*: breve ensaio sobre jurisdição e exceção. São Paulo: Alameda, 2016.

SIEYÈS, Emmanuel Joseph. *Qu'est-ce que le Tiers État?* Genève: Droz, 1970.

SILVA NETO, Manoel Jorge e. *Curso de Direito Constitucional*. Rio de Janeiro: Lumen Juris, 2006.

SILVA, Daniela Romanelli da. *Democracia e Direitos Políticos*. Campinas: Editor-Autor, 2005.

SILVA, José Afonso da. *Curso de Direito Constitucional Positivo*. 20. ed. São Paulo: Malheiros, 2002.

SILVA, José Afonso da. *Aplicabilidade das normas constitucionais*. São Paulo: Malheiros, 2000.

SILVA, Luiz Inácio Lula da. *25 anos da Constituição Federal*: uma homenagem da advocacia. Brasília: Conselho Federal da OAB, 2013.

SILVA, Virgílio Afonso da. A Constitucionalização do Direito: os direitos fundamentais nas relações entre particulares. São Paulo: Malheiros, 2011.

SIQUEIRA NETO, José Francisco. Liberdade Sindical e representação dos trabalhadores nos locais de trabalho no Brasil: obstáculos e desafios. *ILADES/Policy Paper*, Bonn, n. 25, Friedrich-Ebert-Stiftung, 1999.

SIQUEIRA NETO, José Francisco. Liberdade Sindical no Brasil: desafios e possibilidades. *Revista do TST*, Brasília, vol. 78, n. 2, abr./jun. 2012.

SOARES DE SOUZA, Francisco Belisário. *O Sistema Eleitoral no Império*. Brasília: Senado Federal, 1979.

STRECK, Lenio Luiz. *Jurisdição Constitucional*. 5. ed. Rio de Janeiro: Forense, 2018.

TAVARES, André Ramos. *Curso de Direito Constitucional*. 15. ed. São Paulo: Saraiva, 2017.

TEIXEIRA, J. H. Meirelles. *Curso de Direito Constitucional*. São Paulo: Forense Universitária, 1991.

TEMER, Michel. *Elementos de Direito Constitucional*. 18. ed. São Paulo: Malheiros, 2002.

TOCQUEVILLE, Alexis de. *Lembranças de 1848*: as jornadas revolucionárias de 1848. São Paulo: Companhia das Letras, 1991.

VALIM, Rafael. *Estado de Exceção*. São Paulo: Contracorrente, 2017.

VELLOSO, Carlos Mário da Silva. A Reforma Eleitoral e os rumos da democracia no Brasil. *In*: ROCHA, Cármen Lúcia Antunes; VELLOSO, Carlos Mário da Silva (Org.). *Direito Eleitoral*. Belo Horizonte: Del Rey, 1996.

VENTURA, Zuenir. *1968*: o ano que não terminou. Rio de Janeiro: Nova Fronteira, 1988.

Esta obra foi composta em fonte Palatino Linotype, corpo 10
e impressa em papel Pólen 70g (miolo) e Supremo 300g (capa)
pela Gráfica Paulinelli, em Belo Horizonte/MG.